Dieser Band gehört zu einem auf 16 Bände angelegten Abriß der deutschen Literatur vom Mittelalter bis zur Gegenwart, dessen Charakteristikum auf dem Wechselspiel von Text, Darstellung und Kommentar beruht.
Die Reihe ist als Einführung vor allem für Schüler und Studenten konzipiert. Sie dient selbstverständlich auch allen anderen Interessierten als Kompendium zum Lernen, als Arbeitsbuch für einen ersten Überblick über literarische Epochen.
Das leitende Prinzip ist rasche Orientierung, Übersicht und Vermittlung der literaturgeschichtlichen Entwicklung durch Aufgliederung in Epochen und Gattungen. Die sich hieraus ergebende Problematik wird in der Einleitung angesprochen, die auch die Grundlinien jedes Bandes gibt. Jedem Kapitel steht eine kurze Einführung als Überblick über den Themen- oder Gattungsbereich voran. Die signifikanten Textbeispiele und ihre interpretatorische Aufschlüsselung werden ergänzt durch bio-bibliographische Daten, durch eine weiterführende Leseliste, ausgewählte Forschungsliteratur und eine synoptische Tabelle, die die Literatur zu den wichtigsten Ereignissen aus Politik, Wirtschaft, Kunst und Wissenschaft in Beziehung setzt.

Die deutsche Literatur

Ein Abriß in Text und Darstellung

Herausgegeben von
Otto F. Best und Hans-Jürgen Schmitt

Band 2

Philipp Reclam jun. Stuttgart

Mittelalter II

Herausgegeben von
Hans Jürgen Koch

Philipp Reclam jun. Stuttgart

Allgemeine Angaben zu Leben und Werk der Autoren finden sich an den im Inhaltsverzeichnis mit einem Sternchen versehenen Stellen

Universal-Bibliothek Nr. 9605 [4]

Schrift: Linotype Garamond-Antiqua. Printed in Germany **1977**
Herstellung: Reclam Stuttgart
ISBN 3-15-009605-7

Inhalt

Einleitung

Jede Darstellung einer geistes- oder literaturgeschichtlichen Epoche muß notgedrungen das vereinfachen, was bei genauerem Hinsehen als ein komplexes Neben- und Ineinander sich gegenseitig bedingender Entwicklungen sichtbar wird. Noch während die gesellschaftstragenden Schichten des Hochmittelalters sich bemühen um den Ausgleich zwischen Kirche und Reich, um die Verbindung von Gott und Welt im System scholastischen Denkens, von ritterlich-höfischem Weltdienst und Gottesdienst, zeigen sich bereits deutliche Tendenzen einer Erstarrung, werden Prozesse einer realistischen Durchdringung von Teilwirklichkeiten erkennbar, die das Spätmittelalter prägen und in die Neuzeit hinüberweisen. Der Gedanke einer idealen Einheit von innerem Weltbild und äußerer Weltgestaltung bestimmt wohl das gesamte Mittelalter; aber während er sich in der hochhöfischen Dichtung als verpflichtendes Ideal manifestiert, wird er im späten Mittelalter als eine kaum noch erfüllbare Verpflichtung begriffen.
Walther von der Vogelweide hat in seiner späten Lied- und Spruchdichtung diese Bedrohung gesehen; als er um 1230 stirbt, sind die Themen vorgegeben, an denen sich Dichtung und Denken der Späteren in allen Widersprüchen orientieren wird. Walthers Tod mag als literaturhistorische Zäsur stehen. Der Übergang von der klassisch-höfischen zur spätmittelalterlichen Dichtung aber vollzieht sich gleitend, durch mehrere Jahrzehnte bis ins 14. und sogar 15. Jahrhundert hinein. Er ist keineswegs eine Zäsur wie etwa zwischen 1170 und der plötzlich auftretenden hochhöfischen Dichtung; nicht prinzipiell sprachliche und inhaltlich-emanzipatorische Momente bestimmen diesen Übergang zum späten Mittelalter, sondern geschichtliche, soziale, wirtschaftliche und wissenschaftliche Kräfte verändern die Inhalte und Bedingungen von Literatur.

Geschichtlich und damit auch sozial geprägt wird die Zeit des Übergangs zum späten Mittelalter durch den seit etwa 1230 deutlicher werdenden Niedergang der kaiserlichen Zentralgewalt. Auf dem Hoftag zu Worms 1231 muß Heinrich VII. den Versuch aufgeben, durch einen Bund mit Ministerialen und den Städten eine Stärkung kaiserlicher Rechte zu erreichen: die Fürsten erzwingen ein »statutum in favorem principum«, das ihnen die gleichen territorialen Herrschaftsrechte zubilligt wie den Kirchenfürsten. Die Auflösung des staufischen Reiches findet 1250 mit dem Tod Friedrichs II. ihr sichtbares Zeichen; er wird von den Zeitgenossen als Katastrophe empfunden und bedeutet für die höfisch-ritterliche Gesellschaft das Ende ihres übernationalen Standes- und Sendungsbewußtseins. Das Interregnum (1254 bis 1273) bringt für den deutschen Adel den Verlust seiner politischen Rolle und seiner wirtschaftlichen Absicherungen. Die rasche Entwicklung der Geldwirtschaft, die Gründung von Städtebünden (z. B. die Hanse) und die gesellschaftlich-wirtschaftliche Emanzipation des Stadtbürgertums haben bis zur Wahl Rudolfs von Habsburg (1273) die allgemeine Situation tiefgreifend verändert. Die Hoffnungen des Adels auf eine neue kulturelle und politische Blütezeit lassen sich auch unter dem Habsburger nicht mehr realisieren; sie schlagen um in einen tiefen Pessimismus, in eine allgemeine Endzeitstimmung, die in den Zeitereignissen ebenso Bestätigung findet wie aus ihnen erst entsteht: 1271–73: Hungersnot in Deutschland; 1280: Aufstände der Textilarbeiter in Frankreich; 1282: Sizilianische Vesper (Vertreibung der Franzosen aus Sizilien); 1291: Fall von Akkon; 1294/95: erste Geldentwertung (in Frankreich); 1306: Meuterei der Handwerker in Paris; 1315–17: große Hungersnot im Abendland; 1348: Pestepidemie in Europa.

Im allgemeinen Verfall der politischen Ordnungen gewinnen kirchliche Lehre und Frömmigkeit noch einmal, wie schon in althochdeutscher Zeit, die Funktion einer neuen Ordnungsmacht. Zwischen 1270 und 1325 wird die Dichtung weitgehend durch geistliche Thematik und Marienfrömmigkeit bestimmt; kirchliche Literatur und Ordensdichtung finden weite Verbreitung. Die religiöse Erneuerung wird jedoch von kirchenpolitischen Auseinandersetzungen erschüttert und eingeengt. Das Jahr 1300 wird mit außerordentlichem Prunk als kirchliches Jubeljahr gefeiert, 1302 begründet Bonifatius VIII. mit der Bulle *Unam sanctam* den höchsten Machtanspruch des Papstes; aber 1305 muß Clemens V. auf Weisung Philipps des Schönen von Frankreich seinen Papstsitz von Rom nach Avignon verlegen. Die »Babylonische Gefangenschaft« des Papstes (bis 1377), der machtpolitische Streit um Päpste und Gegenpäpste mit allen daraus entstehenden Folgen für Klerus und Kirche, das alles bietet den Gläubigen wenig Schutz und institutionelle Geborgenheit. Ein Rückzug in neue Formen einer kollektiven Gläubigkeit und einer seit dem 12. und 13. Jahrhundert sich entwickelnden Laienfrömmigkeit ist die Folge. Bürgerliche Laienschichten entwickeln nun unter dem Einfluß der Bettelmönche und Franziskaner eine neue Gläubigkeit, die in ihrem Heilsverlangen die individuelle Vereinigung mit Gott in der »unio mystica«, in der mystischen Versenkung, erhofft; Gewißheit und neue Erkenntnis des Göttlichen sucht das Individuum selbst, ohne die Ordnungen der Kirche, durch ein Abscheiden vom Irdischen, durch die *Imitatio Christi* (Thomas von Kempen, um 1420), im Leiden und im Absterben des Leibes durch Askese. Die mystischen Schriften Meister Eckharts, Seuses und Taulers, aber auch die Geißlerlieder sind Zeichen der Weltflucht in einer Zeit, die gerade erst beginnt, sich mit der Welt und ihrer gewandelten Wirklichkeit auseinanderzusetzen.

Vor und neben der mystischen Laienbewegung versuchen die kirchliche Schulphilosophie und insbesondere die Spätscholastik nun eine Synthese von christlicher Heilslehre und Wissenschaft, insbesondere der antiken Philosophie. Thomas von Aquin (1224–74) hatte in seinen beiden *Summen* die »Verchristlichung der aristotelischen Philosophie« erreicht; als Philosoph gab er der Theologie seiner Zeit eine rationale

Dimension, durch die sie zur Wegbereiterin für neue Wissenschaftserkenntnisse im 14. und 15. Jahrhundert wurde, vor allem auf dem Gebiet der Naturwissenschaften. Auch hierin zeichnet sich ein Paradigma für die Widersprüchlichkeiten der Zeit ab, wobei Scholastik und Mystik eher als komplementäre denn als widersprüchliche Erscheinungen zu begreifen sind.

Die Anwendung der Vernunft und Philosophie auf die Inhalte der Theologie, aus der Absicht, möglichst klare, rationale Belege für die Glaubensinhalte zu erreichen, führte in der Hochscholastik insbesondere bei den beiden Franziskanern Roger Bacon (1210–92) und Wilhelm von Ockham (1285–1347) zur Entwicklung neuer Erkenntnismethoden: bei Bacon zur Nutzung des naturwissenschaftlichen Experiments als theologische Erkenntnismethode, wobei er die Mathematik zur Grundlage jeder Naturwissenschaft erklärt; bei Ockham zur Entwicklung eines Gegensatzes von Glauben und Wissen in der nominalistischen Deutung der Universalien. Die nominalistische Theologie Ockhams vertrat eine irrationale Gottesidee, die sie mit einer vom Subjekt her bestimmten Wahrheits- und Wirklichkeitsauffassung konfrontierte. Dieser »Dualismus« stellte das mittelalterliche Weltbild und tradierte Ordnungsgefüge bis in seine Grundlagen in Frage; aber er setzte auch neue Kräfte und Möglichkeiten frei, in denen Spätmittelalter und Neuzeit sich entwickeln konnten.

Die durch die Hochscholastik und insbesondere durch Ockhams Nominalismus vorgegebenen Dimensionen neuen Denkens und Forschens werden besonders an den Universitäten und Hochschulen erprobt. Diese prägen als dritte geistige Macht neben Kaiser und Kirche nunmehr die mittelalterliche Kultur. Vor allem die Universität von Paris, seit 1255 in Fakultäten gegliedert, entfaltet starke Einflüsse in Europa. In Prag gründet Karl IV. 1348 die erste deutschsprachige Universität; es folgen die Gründungen von Wien (1365), Heidelberg (1386), Köln (1388), Erfurt (1389). Im 15. Jahrhun-

dert kommen hinzu die Universitäten von Leipzig (1409), Rostock (1419), Greifswald (1456) und Freiburg (1457). Sie alle entstehen aus dem Geist der Scholastik, sind in Fakultäten organisiert und bilden neben Geistlichen vor allem Juristen und Ärzte zu einer neuen, stadt-gesellschaftlich wichtigen geistigen Elite heran. Spezialwissenschaften bilden sich aus, besonders auf dem naturwissenschaftlich-mathematischen Gebiet: Mathematik, Physik, Astronomie, Alchimie (Chemie). Bereits 1296 hatte Bacon mit seinem *Traktat über den Magnetismus* Experiment und Beobachtung als tragfähige Fundamente neuen Forschens etabliert. Auf dem Gebiet der Optik, das die Gelehrten des 14. Jahrhunderts besonders beschäftigte, ermöglichen Experiment und Mathematik neue Erkenntnisse: Robert Grosseteste entdeckt bei Beobachtungen des Regenbogens die Lichtbrechung, Bacon befaßt sich intensiv mit den optischen Gesetzen an Spiegeln und Linsen, Dietrich von Freiberg (gest. 1311) unternimmt Versuche mit wassergefüllten Glasballons und mit Kristallkugeln, er untersucht das Licht- und Farbspektrum. Die ersten Brillen sind bereits am Ende des 13. Jahrhunderts nachweisbar.
Naturwissenschaftliche Erkenntnisse und Erfindungen wurden im 14. Jahrhundert auch bereits unmittelbar für die technisch-wirtschaftliche Entwicklung nutzbar gemacht. Um 1300 wird der Kompaß durch Ergänzung mit der Windrose für die Schiffahrt eingesetzt. In Nürnberg wird um die Mitte des 14. Jahrhunderts ein mechanisches Verfahren für den Drahtzug gefunden, um 1400 folgt die Erfindung des Eisengusses. Mitte des 14. Jahrhunderts wird in Deutschland Schießpulver hergestellt und dadurch das gesamte mittelalterliche Kriegswesen grundlegend verändert. Die erste deutsche Papiermühle entsteht 1390 in Nürnberg, und um 1400 wird mit dem Holzschnitt die erste graphische Drucktechnik erfunden, die zur Grundlage des um 1440 von Gutenberg geschaffenen Buchdrucks mit Schrifttypen wird. Auch die Architektur und Glasmalerei der späten Gotik dürften

durch die mathematisch-naturwissenschaftlichen Erkenntnisse des 14. Jahrhunderts wesentlich beeinflußt worden sein.
Die Blütezeit imperialer Macht und Kultur des Mittelalters zwischen 1180 und 1270 etwa gründet wesentlich auf einem bis dahin ungekannten landwirtschaftlichen Wohlstand und einem einschneidenden Rückgang der großen Hungersnöte in Europa. Umfangreiche Rodungen führen zur Ausbreitung des Ackerlandes; durch die Ostkolonisation werden zwischen 1220 und 1300 neue Ackerkulturen erschlossen, und bereits um 1250 beginnen die großen Kornexporte aus den östlichen Provinzen, besonders aus Brandenburg; der Getreidehandel expandiert in Europa. Mit der Ausweitung der Anbauflächen kommt es auch zu einer Intensivierung der Viehwirtschaft. Am Beginn des 14. Jahrhunderts erscheinen in Europa erste technische Abhandlungen über die Landwirtschaft.
Entwicklung und Einsatz neuer technischer Geräte fördern die Fortschritte auch in der Landwirtschaft. Wassermühlen und Windmühlen werden zunächst in der Landwirtschaft, später auch in der Textilverarbeitung genutzt. Auf den Baustellen gotischer Architektur werden neue Hilfsmittel entwickelt oder eingesetzt; in der ersten Hälfte des 13. Jahrhunderts finden sich bereits Schubkarren, Flaschenzug, Schraubenwinde und hydraulische Holzsäge. Die Textilindustrie erlebt im 13. Jahrhundert durch technische Neuerungen wie Walkerei, Spinnrad und den horizontalen Trittwebstuhl einen ungeahnten Aufstieg. Sie liefert mit der Herstellung von Qualitätstuchen und Seidenstoffen der Selbstdarstellung höfischer Gesellschaftskultur den äußeren, den »stofflichen« Rahmen. (Vgl. dazu die Kleidung der Minnesänger in der Manesse-Handschrift und das Motiv der Seidenhaube im *Helmbrecht*!) In ihrer Gesamtheit führen die technischen Fortschritte in Landwirtschaft und Handwerk zu einer Expansion des »exportierenden« Handels auf den Land- und Seewegen. Durch ihn wird der wirtschaftliche Wohlstand des 13. Jahrhunderts begründet, auch wenn die Formen und Methoden dieses Handels zunächst noch primitiv bleiben:

Zahlungen erfolgen von Hand zu Hand, der Wechsel als Zahlungsmittel wird erst nach 1300 üblich, schriftliche Verträge sind selten und werden von besonderen Berufsschreibern ausgefertigt.

Wirtschaftlich-technische Neuerungen und allgemeiner Wohlstand entwickeln sich im 13. Jahrhundert in den noch festgefügten Grenzen einer in Geistliche, Ritter und Bauern gegliederten ständischen Gesellschaft. Dieses soziale Gleichgewichts- oder Harmoniemodell aber wird auch durch die explosive Bevölkerungszunahme am Ende des 13. und Beginn des 14. Jahrhunderts zerbrochen. Die Bevölkerung Europas wächst zwischen 1200 und 1300 von 61 auf 73 Millionen an; die Einwohnerzahl Frankreichs steigt zwischen 1200 und 1340 von 12 auf 21 Millionen, die Deutschlands von 8 auf 14 Millionen. Dieser Bevölkerungsanstieg führt zu einer Landflucht und zum Anwachsen der Städte; die Bevölkerung von Florenz etwa wächst zwischen 1200 und 1330 von 10 000 auf 90 000 Einwohner. In den Städten entwickeln sich notgedrungen neue, spezifisch stadt-gesellschaftliche Sozialstrukturen: Patrizier, Handwerkszünfte und Arme. Eine privilegierte Minderheit vermögender Kaufleute, üben Patrizier soziale und wirtschaftliche Macht in den Kommunen aus; die Zunftbürgerschaft, als Rückgrat der Stadt-Gesellschaft, sucht zunächst ihr Auskommen mit dem Patriziat. Im 14. und 15. Jahrhundert aber gerät sie zunehmend in machtpolitische Konflikte mit der städtischen Oberschicht; die Aufnahme von Handwerkern in die Stadträte führt zu einer Demokratisierung der politischen Machtverhältnisse in den Städten. Ein gemeinsames kulturelles und soziales Macht- und Selbstbewußtsein entwickeln Patriziat und Zünfte nicht zuletzt daraus, daß sie sich als Kulturmäzene (Manesse in Zürich) und Bewahrer großer Literaturtraditionen (Meistersingerschulen; Konrad von Würzburg als bürgerlicher »Auftragsdichter«) verstehen. Während Adel und Ritter unter dem Druck politischer und wirtschaftlicher Entwicklungen ihre kulturtragende Ordnungsfunktion verlieren, etablieren

Patrizier und Zünfte in den Städten eine neue ständische Minderheitenkultur.
Grenzen des allgemeinen wirtschaftlichen, technischen und sozialen Wachstums werden jedoch bereits am Beginn des 14. Jahrhunderts sichtbar. Die landwirtschaftliche Produktion stagniert, neue Hungersnöte sind die Folge (vgl. Synoptische Tabelle). Handwerk und »Industrie« haben die Möglichkeiten ihrer technischen Neuerungen ausgeschöpft. Aus der Wirtschaftskrise entwickelt sich eine tiefe Sozialkrise für Adel und Stadtbürger. Hunger, Geldentwertung und stagnierender Handel führen zu Streiks, Revolten und Aufruhr besonders unter den Handwerkern und Arbeitern in den Städten (vgl. Synoptische Tabelle). Besonders schwer getroffen werden Militär- und Landaristokratie, die bei stagnierenden Einkünften die Reste ständischer Feudalmacht zu verlieren drohen und mit politisch-kriegerischen Mitteln ihre Lage zu verändern suchen.
Bereits am Beginn des 14. Jahrhunderts, das ein Jahrhundert der Katastrophen wird, zerbrechen die alten politischen und geistigen Ordnungen des Mittelalters vollends; aus den neuen Ansätzen in Theologie (Mystik, Scholastik) und Wissenschaften (Naturwissenschaften, Philosophie) entstehen unter Erschütterungen erst am Ende des Mittelalters neue, tragfähige Ordnungen. Bis etwa 1350 bleibt in Literatur und Wissenschaft das Neue überschaubar, bleiben die Spuren des Alten erkennbar. Humanistisches Gedanken- und Schriftgut, das von Italien über den Hof Karls IV. in Prag nach Deutschland vordringt, und der Versuch seiner Adaption führen seit der Mitte des 14. Jahrhunderts dann zunächst zu einem völligen Verfall aller literarischen Formen und Ordnungen; erst im 16. Jahrhundert bilden sich neue, klar erkennbare Strukturen heraus, die in einer geistigen Renaissance das Mittelalter ablösen.

Eine darstellende Auswahl, und erst recht jede Wertung spätmittelalterlicher Literatur und Dichtung, muß die hier skizzierten geschichtlichen, sozialen, wirtschaftlichen und wissenschaftlichen Entwicklungen berücksichtigen, wenn sie nicht jede nachhöfische Literatur im Verhältnis zu ihren Vorbildern als »Verfall« werten will. Vor diesem höchst uneinheitlichen zeitgeschichtlichen Hintergrund der Jahre 1230 bis 1450 sind allgemeine Aussagen über die Literatur der Zeit möglich, aber in ihrer Aussagekraft auch begrenzt. Der »Verlust der *mâze*« (de Boor) als Kennzeichen der nachklassischen Literatur erklärt sich ebenso aus den Bedingungen der Zeit und den Bedingtheiten ihrer Gesellschaft wie die soziale Stellung etwa der fahrenden Spruchdichter und die Relevanz ihrer zeitkritischen Sprüche. Wenn eben diese sozial weitgehend bindungslosen Spruchdichter, wie ja auch der Stadtbürger Konrad von Würzburg, ihre Ordnungsvorstellungen an den Verbindlichkeiten und Normen einer absterbenden höfischen Standeskultur orientieren, dann ist darin nicht allein dichterisches Epigonentum zu erkennen, sondern auch der Versuch, durch geistige und gesellschaftlich gesicherte Orientierung eigenes soziales Selbstbewußtsein zu finden und zu etablieren; dieses um so mehr, als nun der Dichter seines Publikums nicht mehr sicher sein kann und es sich geradezu erst schaffen muß unter veränderten gesellschaftlichen Bedingungen. Verfall des Formgefühls, Stilmischung und Stilunsicherheit, Aufgabe der Qualität zugunsten der Quantität, der Idealität zugunsten der Realität, Verlust der Originalität und dichterischen Individualität – solche und andere Befunde über die späthöfische und spätmittelalterliche Literatur erweisen sich als an Vergangenem orientierte Verkürzungen in einer zeitgeschichtlich mehrdimensionalen Entwicklung, in der Literatur keineswegs mehr eine dominierende Rolle spielt. Mehr noch als an den klassischen Gattungsbegriffen von Lyrik, Epik und Drama müßte sich eine Darstellung spätmittelalterlicher Literatur an den Themen und Gegenständen der breit einsetzenden Fachliteratur und Lehrdichtung orientieren, um ein zutreffendes Bild der geistigen Strö-

mungen in dieser Zeit zu bieten und erst daraus ihre literarischen Formen und Inhalte zu klären.
Die Literatur der Stauferzeit war um wenige Namen zentriert; die Literaturgeschichte des späten Mittelalters ist eine Geschichte der Gattungen und literarischen Typik; große dichterische Einzelleistungen sind kaum erkennbar. Lehr- und Spruchdichtung der Zeit schließen inhaltlich und formal an die höfische Spruchpoesie eines Walther oder Freidank an; die zumeist fahrenden Dichter aus bürgerlichem Stand ziehen mahnend und die Mißstände der Zeit geißelnd durch das Land. Ihre Themen sind die Politik, die Mode, die Fehler der Kirche und Kleriker, die verfallende Moral der Zeit. Sie richten mit den Maßstäben der höfisch-ritterlichen Idealität; nicht dem Neuen, sondern der Bewahrung des Alten gilt das Interesse eines sozial ortlosen Standes der fahrenden Dichter. Aber ihre Themen sind Gegenwartsthemen, Themen der Zeit und ihrer Ängste. Darin sind Lehr- und Spruchdichtung ebenso Kulturdokument, wie es Chronik, Rechtsbuch, religiöse Erbauungsliteratur und Fachliteratur sind; denn diese sind Emanationen eines neuen, dinglichen Interesses an der Wirklichkeit, so wie Lehre und Spruch die geistigen und moralischen Ängste der Menschen angesichts sie verunsichernder Wirklichkeit spiegeln. Besonders die Spruchdichtung nimmt in ihren umfänglichen Formen wesentliche Elemente und Funktionen der Lyrik auf, soweit sie nicht aufging in der allegorischen Dichtung wie Minneallegorie, allegorische Lehrdichtung in Fabel und Beispieldichtung.
Die Lyrik der nachklassischen und spätmittelalterlichen Zeit bleibt – ebenso wie die Spruchdichtung – formal-inhaltlich an den Normen höfischer Standesdichtung orientiert. Aber ihr fehlt die Kraft zu eigenständiger Formung zeitgebundenen Erlebens; auch die Lyrik bleibt konservativ-bewahrend, selbst bei bürgerlichen Dichtern wie Konrad von Würzburg. Wenn sie bei adligen Dichtern der Spätzeit entsteht, etwa Ulrich von Winterstetten, Ulrich von Lichtenstein oder Oswald von Wolkenstein, wird deutlich: Die Bewahrung von

Formen und Traditionen kann nicht verhindern, daß sich in identischen Begriffen neues, anderes Verständnis von Idee und Wirklichkeit ausdrückt. Das höfische *wîp* wird schon bei Johannes Hadloub als bürgerliche Ehefrau begriffen; *minne* meint entspiritualisierte Liebe und *zuht und mâze* sind nun Begriffe eher aus dem »Knigge« als Normen einer geistigen Verfassung. Einerseits wird die Lyrik der höfischen Klassik im 14. und 15. Jahrhundert zu den großen Sammelhandschriften kompiliert, andererseits dient sie dem städtischen Meistersang der Zünfte als formales Vorbild stilisierter Reimereien; im Volkslied schließlich werden Themen und Elemente des höfischen Minnesangs bewahrt oder durch »Zersingen« verändert. Die Romantik hat die »dichtende Volksseele« gründlich verkannt, indem sie im Volkslied des Mittelalters nicht Ausläufer des Minnesangs, sondern Schöpfungen eines musisch-dichtenden Volksgemüts sah. (Vgl. Bd. 8 und 9 dieser Reihe.) Geistliche Lyrik und geistliches Volkslied der Zeit sind zumeist Kontrafakturen – Unterlegung geistlicher Texte unter bekannte weltliche Melodien. Im Meistersang vereinigen sich schließlich epigonale Lyrik der Zeit und spätmittelalterliche Spruchdichtung der Fahrenden zur Kunstübung eines neuen Standes von kulturellen »Aufsteigern«. (Vgl. Bd. 3 dieser Reihe.)

In der Epik bleiben zunächst die großen Artus-Themen bestimmend; aber sie verkommen zunehmend in den ungeheuren Stoffmassen aus fabulöser und gelehrsamer Erzählfreude der Zeit. Man »vollendet« die großen höfischen Vorbilder: den *Tristan* Gottfrieds sowie Wolframs *Titurel* und *Willehalm.* Im rechten Dienst an den großen Meistern geschieht solches Fortdichten im preziös-geblümten Stil der gelehrten Epigonen, die auch hier in der Beherrschung der Sprache ebenso die *mâze* verloren haben wie in der Bewältigung ihrer ausufernden Stoffe. Dabei nimmt schließlich auch die Epik den zeittypischen Zug zur Lehrhaftigkeit an. Die Schriften und besonders die Predigten der Mystiker, in denen sich erste dichterische Prosasprache ausformt, wirken ebenso auf die

Epik ein wie etwa die Kleinformen von Novelle, Schwank und Legende. Sie insbesondere waren die zeitadäquaten Formen, in denen sich Realismus und Frömmigkeit, die Lust am Fabulieren und an der Zote mitteilen ließen. Novelle und Schwank, durch den Stricker und Konrad von Würzburg gesellschaftsfähig gemacht, fanden weite Verbreitung, zumal wenn sie hinter dem Anspruch von Belehrung und Mahnung grobe Possen und nackte Erotik mitteilen konnten. Die Chronistik der Zeit und die Prosaübersetzungen französischer Romane (Elisabeth von Nassau-Saarbrücken) haben schließlich zur Prosaauflösung höfischer Epen geführt; zunächst wieder für ein adliges Publikum, während die bürgerlichen Schichten sich an den zu Prosa-Volksbüchern verkommenen höfischen Epen begeisterten.

Das seit dem 12. Jahrhundert in Ansätzen bekannte geistliche Drama lateinischer Schrift wird im 14. und 15. Jahrhundert nicht nur in deutsche Sprache gebracht; es wird in den Handlungssträngen erweitert, mit Realismus in Szenen und Figuren angereichert und in seiner Spieldauer zu großen, mehrtägigen Volksfesten erweitert. Die kirchlichen Anlässe bleiben wohl bestimmend für Passions-, Oster- und Mysterienspiele, doch durch Szenenerweiterungen werden die Spiele selbst auf die Darstellung der gesamten biblischen Heils- und Weltgeschichte ausgedehnt. Bürger und zumeist Fahrende waren nun die Darsteller, Geistliche nur noch die Hauptdarsteller und Regisseure. Im 15. Jahrhundert setzt dann mit den Fastnachtspielen die Entwicklung zum weltlichen Drama ein, das in den Jahreszeiten- und Neidhartspielen vereinzelte Vorläufer schon im 13. Jahrhundert hatte.

Anschauung und Verständnis von Welt und Wirklichkeit haben sich im späten Mittelalter gegenüber der Zeit bis 1230 grundlegend gewandelt. Welt ist zur Wirklichkeit für den Menschen geworden; sie ist nicht länger statisch, sondern wandelbar, trügerisch und bei aller Freude an ihren Erscheinungen doch zutiefst verunsichernd, weil sie den direkten

Blick auf das Jenseits nicht länger freigibt. Für das Leben und die Widersprüchlichkeiten in der Welt braucht der Mensch Anweisung und Führung: in Lehrdichtung, Legende, Allegorie, Heilsdrama, Fabel und Spruch lassen sich Lebensgefühl und Lebensangst des späten Mittelalters besser fassen als in den idealisierend-transzendierenden Literaturwerken der großen höfischen Vorbilder.

Dissonanzen, Widersprüche, Kontraste – sie bestimmen auch die Literatur der Zeit; neben Weltfreude steht Weltangst, neben derber Sinnlichkeit in der Schwankdichtung die leidenschaftliche Gottsuche in der mystischen Erbauungsliteratur. Es fehlen die konkreten und ideellen Leitbilder, es fehlen Mitte und gemeinsamer Nenner; »die tausend Nenner sind der eine Nenner, auf den man diese Epoche vom Zusammenbruch des Stauferreichs bis zur Renaissance bringen kann« (P. Wapnewski). Ob schließlich in solchem Widerspruch und Wandel literarischer Formen und Themen unbedingt nur ein »Verfall« großer Literatur gesehen werden muß oder ob darin nicht gerade die Voraussetzungen für einen befreienden Neubeginn im 15. Jahrhundert liegen, das festzustellen. bleibt noch immer Aufgabe der Forschung. Sie hat gerade hier sehr viel nachzuholen für ein gerechtes Urteil über diese Zeit, und sie muß sich dabei sicherlich von manchen alten, zum Teil noch aus der Romantik stammenden Vorurteilen trennen.

I. Kulturdokumente

Beginnend im 13. Jahrhundert, löst sich die Literatur zunehmend aus ihren Bindungen an Theologie und adlige Standeskultur. Die gesellschaftliche Differenzierung und Umschichtung des späten Mittelalters zeigt ihre Spiegelung in der Differenzierung und »Popularisierung« des Geschriebenen nach Inhalt, Form und Leserschicht. Die Kultur des späten Mittelalters erschließt sich in der Gebrauchs- und Wissenschaftsliteratur der Zeit deutlicher noch als die des frühen Mittelalters oder der höfischen Blütezeit in deren literarischen Denkmälern. War Wirklichkeit der Kultur dort aus poetischer Allegorie, Sprache und Stilisierung nur zu erschließen, so ist sie nun in der Fülle der nichtliterarischen Erzeugnisse der Zeit unmittelbar abzulesen. Neue technische Voraussetzungen (Papierherstellung, Drucktechnik), neue Kommunikationsbereiche in und zwischen Städten, Zünften und Universitäten sowie neue Erfahrungshorizonte haben die Fach- und Gebrauchsliteratur in ihrer Zeit zur »eigentlichen Literatur« gemacht. Sie war ungleich weiter verbreitet als die »klassischen« Werke der höfischen Dichtung, deren Handschriften zumeist auch erst aus dem späten Mittelalter stammen: Die »Weltchronik« des Rudolf von Ems ist in 103 Handschriften überliefert, Wolframs »Parzival« in 86, Gottfrieds »Tristan« in 11, Hartmanns »Erec« in 2, »Iwein« in 25, »Helmbrecht« in 2, »Der Ackermann aus Böhmen« in 15 Handschriften und 17 Drucken; hingegen sind erhalten vom »Sachsenspiegel« 270 Handschriften, vom »Schwabenspiegel« 380, vom »Büchlein der ewigen Weisheit« des Seuse etwa 250.

Besonders die religiöse Gebrauchsliteratur erlebt im späten Mittelalter eine Blütezeit: mystische Unterweisungs- und Erbauungsliteratur, Gebets- und Andachtsbücher, religiöse Traktate, Bibeldichtung und Legendendichtung. (Aus Raum-

gründen müssen Beispiele hierfür unberücksichtigt bleiben.) Diese Literatur einer breiten religiösen Kultur hat, wie schon in der Zeit Karls des Großen, vor allem Aufgaben der Lehre zu erfüllen, wenn ihr auch unterhaltende Funktionen vereinzelt mitgegeben werden. Die Aufgabe, gleichermaßen zu »nützen und ergötzen« (prodesse et delectare), hat das religiöse lehrhafte Schrifttum mit der spätmittelalterlichen Lehrdichtung (vgl. Kap. II) und mit großen Teilen der Gebrauchs- und Fachliteratur der Zeit gemein. Vermittlung des Lehrhaften und Erfahrbaren als Erlebnishorizont der Zeit prägt die gesamte Literatur in ihren vielfältigen Ausformungen.

Eine Ordnung oder Typisierung der spätmittelalterlichen Gebrauchsliteratur – und der Kulturdokumente – müßte sinnvollerweise unter dem Aspekt der Lebensformen oder Seinsbereiche geschehen; denn die Abgrenzungen zwischen Dichtung und Fachliteratur bleiben fließend. Besonders die Wissenschaftsliteratur bleibt jedoch den »Septem artes liberales«, dem Kanon der freien Künste, den »Septem artes mechanicae« und den verbotenen »Artes magicae« zugeordnet.

Unter dem Aspekt einer Auswahl von Dokumenten zur spätmittelalterlichen Kultur konnte nicht Vollständigkeit in den Erscheinungsformen versucht werden; das thematisch Typische, das Paradigmatische muß stellvertretend für die Fülle des Vorhandenen und auch des Wichtigen stehen.

Chroniken

Auffallend ist die seit dem 13. Jahrhundert zunehmende Zahl der Chroniken. Die Stadtchroniken sind Zeugnis für die Entstehung eines stadtbürgerlichen Selbst- und Traditionsbewußtseins, das aus der Fülle der Einzelerscheinungen sich bildet und dadurch wichtige kulturgeschichtliche Quellen des späten Mittelalters bloßlegt; so etwa in der »Straßburger Chronik« des Fritsche Closener oder auch in der »Lim-

burger Chronik« des Tileman Elhen. Daneben entstehen vereinzelt Landeschroniken, zu denen als wichtigste für diesen Zeitraum die »Österreichische Reimchronik« (1301–19) des Ottokar von Steiermark und auch die »Livländische Reimchronik« (1291–97) zählen. Als regionale Geschichtschronik vertritt letztere aber auch den Typus der sogenannten Deutschordenschroniken, der in Nicolaus von Jeroschins »Krônike von Prûzinlant« (um 1330) einen zeitgeschichtlichen Höhepunkt erreicht. Die allgemeine Welt- und Geschichtschronistik lebt dagegen nur noch in einzelnen, aber wichtigen Beispielen fort: die »Weltchronik« des Jans Enikel und die »Sächsische Weltchronik« (um 1230) des Eike von Repgow.

Rechtsbücher

Eike von Repgows »Sachsenspiegel«, aber auch der »Deutschenspiegel« (1274/75) sind Beispiele für eine entstehende Rechtsliteratur, die einerseits Barrieren gegen das römische Recht bilden soll, andererseits landesherrliche Rechtsprechung zu »objektivieren« sucht, indem stammesgeschichtliche und landschaftlich geübte Rechtsprechung fixiert und damit übertragbar gemacht wird.

Poetiken

Trotz aller Begeisterung für Lehre und Fachwissen hat das späte Mittelalter eine eigene Theorie der Dichtung nicht formuliert. Die großen Vorbilder bleiben verbindlich; mitgeteilt werden lediglich »Anweisungen« zum rechten Gebrauch oder gekonnter Nachahmung der »Meister«. So etwa in einzelnen Passagen der epischen Dichtung, zum Beispiel im »Trojanischen Krieg« des Konrad von Würzburg.

Biographien

Ob nun aus den Vorbildern der Kaisergeschichten oder der Heiligenviten oder auch nur durch die allgemeine Chronistik angeregt – am Ende des 13. Jahrhunderts tauchen erste Ansätze von Einzelbiographien auf. Von Ulrich von Lichtensteins »Frauendienst« (vgl. Kap. IV) über Seuses Buch »Der Seuse« und Oswald von Wolkensteins Selbstporträt in seiner Liederhandschrift führt eine Entwicklung, die nun auch das Individuum in seinen subjektiven Erlebnisbereichen literaturfähig macht. Das Einzelschicksal als Beispiel und »Lehrstück« für die Möglichkeiten des Wunderbaren im Irdischen oder für die Absage an die Irrungen in der Welt, das hat Schreiber und Hörer wohl gleichermaßen interessiert. Auch die Reisebeschreibung ist als Biographie zu verstehen, wenn sie wie Schiltbergers »Reisebuch« tatsächlich eigenes Erleben ausspricht, wie stark dabei die literarischen Vorlagen auch mitgewirkt haben mögen.

Naturkunden

Bereits im »Physiologus« (vgl. Bd. 1 dieser Reihe) waren erste Ansätze zu einer Naturbeschreibung sichtbar geworden; aber es waren Beschreibungen aus den literarischen Quellen und zum Zwecke religiöser Belehrung. Im Gefolge der Kreuzzüge und unter dem Einfluß der Araber (Mauren-Staaten in Spanien bis 1492) entstehen im 15. Jahrhundert einerseits vollständigere naturkundliche Beschreibungen, aber vor allem auch Arzneibücher und Heilkunden. Die »Mainauer Naturlehre« (um 1300) dürfte hier frühestes Beispiel einer Naturkunde in deutscher Sprache sein; Konrad von Megenbergs »Buch der Natur« ist in seiner fast enzyklopädischen Vollständigkeit ebenso beeindruckend wie in der Mischung aus Eigenbeobachtung, Quellenzitat und Interpretation der Er-

scheinungen. Von Megenberg auch stammt eine der frühesten »Arzneimittellehren« (1429) des späten Mittelalters.

Gebrauchsliteratur

Seit Mitte des 14. Jahrhunderts tritt Gebrauchsliteratur im eigentlichen Wortsinn in vielen Formen und Bereichen auf. Neben Urkunden treten Geschäftsbücher, Wörterbücher, Glossare, Kochbücher, Polizeiordnungen und Zunftordnungen, Lehrbücher der Rhetorik oder des kaufmännischen Rechnens, auch erste Schulbücher für Kinder (»Das Heilige Namenbuch«, 1435). Auch die ganze Breite des Fachschrifttums unter den »Artes mechanicae« wird man unter die Gebrauchsliteratur rechnen müssen; Handwerk, Kriegswesen, Seefahrt, Landwirtschaft, Jagd, Heilkunde und Hofkunst – alle Fertigkeiten und Kenntnisse werden als »Künste« (artes) mitteilbar in Handschriften und ab 1440 auch in Büchern.

Die Literaturgeschichtsschreibung hat die thematische Breite des mittelalterlichen Fachschrifttums und der kulturgeschichtlich wichtigen Gebrauchsliteratur erst in den letzten Jahren bestenfalls zur Kenntnis genommen. Auch hier gilt, und dies in besonderem Maße, was einleitend zum Kapitel »Kulturdokumente« im ersten Band dieser Reihe für die Zeit bis 1230 gesagt wurde: Literaturgeschichte des Mittelalters wird noch ausschließlich als Geschichte der Dichtung erfaßt. Die willkürliche Trennung zwischen »hoher« und »minderer« Literatur verstellt den Blick für notwendige Abhängigkeiten der Dichtung von ihrem kulturhistorisch-gesellschaftlichen Umfeld, und sie öffnet ihn für die Fragwürdigkeit literaturhistorischer Kanonisierung.

EIKE VON REPGOW

Geb. vermutlich um 1180, gest. nach 1233. Urkundlich belegt ist Eike von Repgow nur für die Zeit zwischen 1209 und 1233. Er nennt sich selbst als Verfasser des *Sachsenspiegels* am Schluß der Reimvorrede: Ritter Eike von Repgow aus Reppichau im Gau Serimunt bei Aken an der Elbe. Er war Berater und Lehnsmann des Grafen Hoyer von Falkenstein.
Werke: *Sachsenspiegel* (1220–35); *Sächsische Weltchronik* (um 1230).

Sachsenspiegel (Auszüge)

Deutschsprachige Rechtsprosa setzt im Mittelalter mit dem »Sachsenspiegel« ein, als am Ende der Stauferzeit die Dichtung noch ausschließlich Versdichtung war. Als Rechtsbuch ist auch der »Sachsenspiegel« eine schriftliche Zusammenfassung eines Rechtsgebietes – hier des Land- und Lehnsrechts (mit den Gebieten Privatrecht, Strafrecht, Verfahrensrecht und Staatsrecht). Als solches ist es zunächst private Sammlung ohne Gesetzeskraft; allerdings hat der »Sachsenspiegel« als Quelle des gemeinen Sachsenrechts besonders in Thüringen und Anhalt Gesetzeskraft erlangt und bis weit ins 20. Jahrhundert hinein noch Anwendung gefunden. Er ist im Mittelalter ins Polnische, Tschechische, Niederländische sowie ins Mittel- und Oberdeutsche übertragen und auch kommentiert worden. Die zahlreichen Handschriften des 14. Jahrhunderts (überliefert ist das Buch in 270 vollständigen, z. T. illustrierten Handschriften) belegen, daß der »Sachsenspiegel« in dieser Zeit als schriftliches Recht im Gebrauch war. Er war Quelle und zum Teil auch Vorlage für den »Deutschenspiegel« (um 1275, fast identischer Prolog mit dem »Sachsenspiegel«) und für den »Schwabenspiegel« (um 1270).
In welchem Maße auch die Rechtsprechung auf christlich-kirchlicher Basis stand, verdeutlicht der Prolog; insoweit das Sächsische Landrecht auf ein Privileg Karls des Großen zurückgeht, zeigt es in seiner schriftlichen Fixierung alte, bisher

geübte Gewohnheitsrechte, die nicht selten noch machtpolitische Absichten ihrer Entstehungszeit spiegeln. So etwa im Lehns- und Erbrecht (Textauszug), in den Landfriedensgesetzen und im kirchlichen Recht, deren Festsetzung ein Bestandteil der Germanisierungspolitik Karls des Großen war und auf lange Zeit die Übernahme des römischen Rechts verhindert hat.

(Prologus)

Des heiligen geistes minne[1] sterke mine sinne, daz ich recht unde unrecht den Sachsen bescheide nach gotis hulden unde nach der werlde vromen. Des en kan ich aleine nicht getun, dar umme bete ich zu helfe alle gute lute, die rechtes geren[2], ab in eine rede beiegent, die min tummir sin vermiden habe unde da diz buchelin nicht abe en spreche, daz sie ez bescheiden nach irme sinne, so si ez rechtest wissen. Von rechte en sal nimande wisen lib noch leit, noch zorn noch gabe. Got ist selber recht. Dar umme ist im recht lip. Dar umme sen se sich vor all, den gerichte von gotishalben bevolen si, daz si also richten, daz gotis zorn unde sin gerichte genedicliche obir se gen muze.

(Textus Prologi)

Got, der da iz begin unde ende allir dinge, der machte zuerst himel unde erde unde machte den menschen uf ertriche unde satzte in in daz paradis. Der brach den gehorsam uns allen zu schaden. Darumme ginge wir erre[3] alse die hertelosen[4] schaf biz an die zit, daz uns got erloste mit siner martere.

1. *Liebe.*
2. *wünschen, verlangen.*
3. *irre.*
4. *hirtenlosen.*

Nu abir wir bekart[5] sin unde uns got wider geladen hat, nu halde wir sine e unde sin gebot, daz uns sine wisagen[6] gelart haben unde gute geistliche lute unde ouch kristene koninge gesat haben, Constantin unde Karl, an den noch Sachsen lant sines rechtes zut[7].
[...]

Gibet der vater deme sone pherde ader kleidere

Gibit abir der vater sime sone kleider, ros, phert unde harnaz zu der zit, alse herz bedarf unde her ez nutzen mag, unde ez der vater geben mag, stirbit sint sin vater, her en darf des nicht teilen mit sinen bruderen noch sines vater herren wedergeben noch sines vater erben, ab her sime vater nicht ebenbortig en iz, al si her von sime vater ungescheiden mit sime gute.

Helt der vater ader die muter ir kindere in vormundeschaft

Helt ouch der vater sine kindere in vormundeschaft nach ire muter tode, wenne si sich von im scheiden, her sal in wider lazen unde wider geben al irer muter gut, ez en si im von ungelucke abgegangen unde ane sine schult. Diz selbe sal daz wip des mannes kinderen ton, ab ire vater stirbit unde itlich man, der kindere vormunde iz.

Ab lute ire gut zu samende haben

Wor brudere adir andere lute ir gut zu samene haben, verhogen[8] si daz mit irer kost adir mit ireme dienste, der vrome

5. *bekehrt.*
6. *Propheten.*
7. *auf den noch die Sachsen ihr Recht zurückführen.*
8. *vermehren.*

ist ir allir gemeine, daz selbe ist ire schade. Waz aber ein man mit sime wibe nimt, des enteilet her mit sime bruder nicht. Verspilt abir ein man sin gut adir verhorit herz adir vergibit herz mit guft adir mit kost, da sine brudere, adir de ire gut mit im gemeine habin, nicht zu gephlicht haben, den schaden den her dar an nimt, sal sin sin eines unde nicht siner brudere noch siner geverten, de ire gut mit im haben.

Von abgesunderden kinderen

1. Sundirt vater unde muter einen iren son von in adir tochter mit irme gute, si zweien sich mit der kost adir en ton[9], wollen si nach des vater adir nach der muter tode wider an ire erbeteil sprechen, sie muzen in de teilunge brengen mit ireme eide alle daz gut, da se mete abgesundert waren, ab ez ist varende gut, sunder gerade. Ist ez ander gut, daz man bewisen mag, da en mogen si nicht vor gesweren[10]. 2. Hetten si abir ir erbeteilunge dar an verlobit, der sullen si enberen, si entsagen ez in uf den heiligen. Verlobeten si ez abir vor gerichte, so mac man si ez baz ubirzugen, den si ez unschuldig mogen werden. – Der burmeister ist wol gezug obir den gebur binnen sime gerichte in des richteres stat umme alsogetane sache.

Wes der belente son sinen bruderen phlichtig si von des vater lene

1. Al iz daz lenrecht, daz der herre nicht en lie me den eime son sines vater len. Ez en iz nicht lantrecht doch, daz herz alleine behalde, her en erstates[11] sinen bruderen nach deme, alse sichz geburt an der teilunge. 2. Also en iz nicht lantrecht,

9. haben getrennten Haushalt oder nicht.
10. schwören.
11. erstatte es.

ab der vater den sun von sime lene sundert unde ez em zuhant uflesit, daz her daz zu vorne behalde nach sines vater tode unde in deme anderen lene gelichen teil neme sinen bruderen, aleine kunnen si ez im nicht geweigeren zu lenrechte. Klagen si ubir in zu lantrechte, se twingen in da wol mit orteiln zu rechter teilunge.

KONRAD VON WÜRZBURG

Über die Dichtkunst
(Der Trojanische Krieg, Auszug)

Eine Theorie der Dichtung hat es im Mittelalter nicht gegeben. In der hochhöfischen Zeit hat allenfalls eine zumeist behutsame Auseinandersetzung mit den großen Vorbildern (Gottfried von Straßburg gegen Wolfram; Walther gegen Reinmar) oder Vorlagen (Wolframs Gestaltung des Artus-Stoffes) in einem festen Bezugsrahmen aus Konvention und Tradition stattgefunden. Erst in der Spätzeit gerät solche Auseinandersetzung wohl gelegentlich auch zur Polemik (Steinmar, Tannhäuser), niemals aber zur theoretischen Begründung des eigenen Dichtens. Auch in den Schulen der Meistersinger war »Theorie« eher Regelwerk und Anleitung zur Herstellung von Dichtung.
Anders als seine Zeitgenossen und Vorgänger hat der Stadtbürger Konrad von Würzburg die gesellschaftlichen Bedingungen und Bedingtheiten seiner Kunst zum Gegenstand nicht nur seiner Spruchdichtung, sondern eigenen Dichtens überhaupt gemacht. Das Thema seines Gedichts »Die Klage der Kunst« nimmt er auch im »Trojanischen Krieg« wieder auf: die Anklage gegen Zeit und Gesellschaft, daß rechte Kunst bei Hofe abgedankt habe und in die Hände von künstelôsen tôren *(V. 48) geraten sei. Diesem Verfall in der*

Zeit stellt er sich und seinen selbstgesetzten Auftrag entgegen (V. 81–84); wenn die Gesellschaft seine Kunst, die Handwerkskunst ist (V. 1–30) wie andere, auch nicht zu schätzen weiß, so muß er gleichwohl aus persönlicher Notwendigkeit seiner Dichtkunst dienen: nicht theoretische, wohl aber individuelle Begründung und Rechtfertigung eines Dichters, der für seine (zumeist) Auftragskunst nicht mehr nur auf eine geschlossene, höfische Gesellschaftsschicht rechnen kann; der sein Kunst-»Handwerk« in künstelôser *Zeit ausübt, die nun eine Begründung braucht für die kunstvollen Illusionen in einer Welt der neugesehenen Realitäten.*

Swer ander kunst bewæren[1] sol
den jungen und den alten,
der muoz geziuges walten[2]
und helferîcher stiure,
mit der sîn kunst gehiure
müg an daz lieht gefliezen.
und sol ein schütze schiezen,
er muoz hân bogen unde bolz.
kein snîder lebt sô rehte stolz,
der sîne kunst bewære,
gebristet im der schære,
dâ mite er schrôte[3] ein edel tuoch.
ein kurdiwæner wæhen schuoch[4]
nâch lobelichen sachen
mac niemer wol gemachen,
hât er niht alen unde borst[5].
nieman des wilden waldes worst

1. *erweisen.*
2. *der muß Handwerkszeug benutzen.*
3. *schneide.*
4. *ein Schuster, der Korduanleder zu hübschem Schuh verarbeitet.*
5. *wenn er nicht Ahle und Borsten hat.*

ân akes[6] mac gehouwen.
swer durch die werden frouwen
rîlîche sol turnieren,
den müezen schône zieren
ros unde wâpenkleider:
jô darf er wol ir beider,
sol im sîn vrouwe nîgen[7].
tambûren, harpfen, gîgen
bedürfen ouch geziuges wol.
swaz künste man eht öugen[8] sol,
die müezen hân gerüste[9],
mit dem si von der brüste
ze liehte künnen dringen,
wan[10] sprechen unde singen:
diu zwei sint alsô tugenthêr,
daz si bedürfen nihtes mêr
wan zungen unde sinnes.
der wirde und des gewinnes
genüzzen si von schulden,
daz man si gerne dulden
ze hove solte und anderswâ.
nû tuot man in ze liebe dâ
vil harte lützel guotes.
die wilden junges muotes
an der bescheidenheite[11] sint
sô toup und alsô rehte blint,
daz guotiu rede und edel sanc
si dunket leider alze kranc[12],
swie si doch sîn ein künstic hort.
diu swachen schemelichen wort

6. *Axt.*
7. *grüßen.*
8. *zeigen.*
9. *Ausrüstung.*
10. *außer.*
11. *Einsicht.*
12. *wertlos.*

von künstelôsen tôren
baz hellent in ir ôren,
dann edele sprüche tugentsam.
ir muot der ist getihte gram,
daz prüeve ich unde kiuse[13]:
si tuont der fledermiuse
gelîch, diu nahtes fliuget,
daz si der glanz betriuget
an einem fûlen spâne,
daz si lebt in dem wâne,
daz von dem holze fiuhte
ein wârez lieht dâ liuhte
und ein gar endelicher[14] schîn.
sus kan ze hove manger sîn
sô vinster an dem muote
und an wîslicher huote
sô gar unmâzen tunkel,
daz als ein lieht karfunkel
ein fûler und ein bœser funt
in sînes trüeben herzen grunt
vür edele sprüche schînet.
swer sich ûf tihten pînet[15],
der kan sich selben tœren:
man wil ungerne hœren
wol sprechen unde singen.
unfuoge diu kan dringen
vür aller zühte mâze.
dar umb ich doch niht lâze
mîn sprechen und mîn singen abe.
swie cleine ich drumbe lônes habe
von alten und von jungen,
doch mac ich mîner zungen
ir ambet niht verbieten.

13. das merke und sehe ich.
14. zuverlässiger.
15. wer sich um das Dichten bemüht.

ich wil und muoz mich nieten[16]
getihtes al die wîle ich lebe:
ze lône und z'einer hôhen gebe
mir selben üebe ich mîne kunst.
dur waz verbære ich die vernunst,
diu dicke und ofte fröuwet mich?
ob nieman lepte mêr, denn ich,
doch seite ich unde sünge,
dur daz mir selben clünge
mîn rede und mîner stimme schal.
ich tæte alsam diu nahtegal,
diu mit ir sanges dône
ir selben dicke schône
die langen stunde kürzet.
swenn über si gestürzet
wirt ein gezelt von loube,
sô wirt von ir daz toube
gevilde lûte erschellet.
ir dôn ir wol gevellet,
dur daz er trûren stœret.
ob si dâ nieman hœret,
daz ist ir alsô mære,
als ob ieman dâ wære,
der si vernemen künde wol.
seht, alsô wil ich unde sol
dur daz niht lâzen mînen list,
daz ir sô rehte wênic ist,
die mîn getihte wol vernemen.
mîn kunst mir selben sol gezemen,
wan mir ist sanfte gnuoc dâ mite.

16. ich soll und muß mich bemühen.

JANS ENIKEL

Als Bürger und Kaufmann hat der »Enkel eines Herrn Jans« zwischen 1230 und 1280 in Wien gelebt. Seine als *Weltchronik* bekannte Reimchronik mit 30 000 Versen hat er um 1280 geschrieben. Unvollendet blieb mit 4258 Versen sein *Fürstenbuch*, eine Geschichte Österreichs unter den Babenbergern.

Weltchronik

In der Tradition und Nachfolge der »Kaiserchronik« (vgl. Bd. 1 dieser Reihe) und der »Weltchronik« des Rudolf von Ems (vgl. Kap. IV) steht Jans Enikels »Weltchronik«. Der geistliche Verfasser der »Kaiserchronik« hatte Weltgeschichte als Vollzug der Heilsgeschichte begriffen; Rudolf von Ems hatte einem ritterlichen Publikum die Vielfalt geschichtlicher Erscheinungen mitzuteilen versucht; für Jans Enikel, den Stadtbürger, ist Weltgeschichte die Reihung unterhaltsamer Erzählungen, Legenden und historischer Anekdoten. Geschichte ist hier nicht chronistische Darstellung, sondern Auswahl des Unterhaltsamen, Nacherzählung von Geschichten. Noch nicht einmal die Ereignisse seiner eigenen Zeit sind chronologisch zureichend erfaßt. Man könnte eher von einem »historischen Bilderbogen« sprechen, in dem die biblische Legende gleichgewichtig neben Kaisersagen und Charakteristik deutscher Volksstämme steht (Text).

Deutsche Stämme und Sitten

Diu diutsch sprâch ist diu dritt zung
in irer ordenung,
diu kan niht kristenlîcher sîn.
die Diutschen sitzent umb den Rîn,
enmitten in der Swâben lant;
dâ ist diu diutsch zung erkant.

ez lît ouch dâ ein gegenlîn[1]
vil nâhen, mitten an dem Rîn,
daz ist diu Wetrey[2] genant.
ze Swâben ist si wol erkant.
si ezzent kleybaschen
und gênt umb naschen
und leckent daz koch[3] ab der want[4],
daz ist mangem dâ bekant.
butern ist ir bestiu spîs;
daz izzt der jung und der grîs.
die selben habent einen sit[5],
der volgt in ze allen zîten mit:
wann die muoter vil tiur
macht daz koch bî dem fiur,
und hât den löffel in der hant,
und iriu kint umb sie stânt,
und daz ein weinen began:
»gip mir löffel lecken an,
schœniu liebiu muoter mîn«,
daz ander sprach: »ez sol niht sîn,
wan ir lieb ist gegen dir blint;
zwâr ich bin ouch ir kint«,
sô weint daz klein ot[6] für sich dar.
des nimt daz elter vil wol war.
»dû solt mîn muoter mit frid lân.
si gît mir odr dir odr si leckt in an,
ich mein den löffel den si hât
und in dem koch mit umbe gât.«
ô wê! der in sol lecken,
des munt muoz dar nâch smecken!

1. *Landstrich.*
2. *Wetterau.*
3. *Mus.*
4. *Schüsselwand(ung).*
5. *Gewohnheit.*
6. *doch.*

si ezzent daz koch sunder wân
für wurzen und für saffrân.
di Franken habent ouch diutsch zung
zwâr in der ordenung,
und wellent guot kristen sîn.
ir wât ist kurz sam umb den Rîn[7].
die Sahsen ouch diutsch sint.
alsô sint ir wîp und kint.
die tragent ouch zwâr
all kurzez hâr
und gürtel breiter dann ein spann.
si volgent mangem mann.
allez daz in guot ist,
daz tuont si gar ân allen list.
Dürgen[8] ist mir wol bekant,
und weiz wærlîch daz lant.
si habent diutsch zunge
in ir ordenunge
und lebent nâch kristenlîchem sit,
dâ si ir sêl behaltent mit.
Mîchsner[9] habent ouch diutsch zung.
der êren sol man in gunn,
und sint wârhaft liute.
wær niht wan der hiute,
swaz der selb gelobt gar
beidiu still und offenbar,
er gæb ê allez daz er het,
ê er dhein bôsheit tet;
daz er bræch sîn wârheit,
daz wær im ân mâzen leit;
und wær ouch ein vil guot lant,
liez ez roup unde brant.
dâ sint vil herrn gesezzen,

7. *Ihr Gewand ist kurz wie bei den Leuten am Rhein.*
8. *Thüringen.*
9. *Meißener.*

die dunkent sich vermezzen.
ir einer vertreit[10] dem andern niht.
daz ist ein jâmerlîch geschiht.
dâ von ist roup unde brant
den armen liuten erkant,
die gern mit gemach sæzen[11]
und irs trûrens vergæzen,
von den selben herren.
si stiftent mangen werren[12]
under in ze allen zîten
beidiu nâhen unde wîten,
dâ von daz lant niht frid hât
an dheiner stat.
ze Tyrol in dem lande
dâ lebt man ân schande,
und ze Görz ist ir vil,
die ich niht all nennen wil
unde niht genennen kan.
got in aller êren gan.
die sint ouch diutsch zwâr
in dem land über al gar.
Beiern ist ein diutsch lant,
daz ist mir wol bekant.
daz sint gůtig liute.
swer niht hât wan der hiute[13],
der giudet[14] mêr dann ein man,
der tûsent marc geleisten kan.
daz ist zwâr der Beier sit,
und volgt in ze allen zîten mit;
und sint ouch koufliute,
als ich iu bediute,

10. *verschont.*
11. *die gerne in Ruhe leben wollten.*
12. *Zwietracht.*
13. *Häute.*
14. *vergeudet.*

die rîchsten di man vinden kan,
daz sag ich iu âne wân,
mit zierd unde mit gewant.
daz verkoufent si ân schant.

NICOLAUS VON JEROSCHIN

Lebte in der 1. Hälfte des 14. Jahrhunderts, Deutschordenskaplan in Königsberg und auf der Marienburg. Im Auftrag der Deutschordenshochmeister Luder von Braunschweig und Dietrich von Aldenburg deutsche Übersetzung der *Vita Sancti Adalberti*, Lebensbeschreibung des ersten Missionars und Märtyrers in Preußen; der Text ist nur als Bruchstück erhalten.

Krônike von Prûzinlant (Auszug)

Vorlage für die deutsche Übersetzung war die lateinische Ordenschronik »Chronicon terrae Prussiae« des Ordenspriesters Peter von Dusberg (= Duisburg), 1326 abgeschlossen und bis 1330 fortgeführt. Die Übersetzung hat Nicolaus von Jeroschin unmittelbar nach 1330 hergestellt und um 1341 abgeschlossen (etwa 30 000 Verse). Er übernahm die Gliederung seiner Vorlage; Teil 1–3: Ordensgründung, Arbeit des Ordens in Preußen, Kämpfe des Ordens gegen die Heiden; Teil 4: Abriß der allgemeinen Weltgeschichte seit Gründung des Ordens (1191 durch Kaiser Friedrich, Sohn Barbarossas). Die Geschichte des Ordens ist vor allem als Geschichte seiner kriegerischen Leistungen gegen die Heiden begriffen. Die weltliche Geschichte aber ist als Geschichte der Kaiser und Päpste in Form von zureden *in die Ordensgeschichte integriert (Text). Thematisch liegt der Schwerpunkt – wie auch in der »Livländischen Reimchronik« (Ende 13. Jh.) – auf den Leistungen des mönchischen Rittertums, also Heidenbekehrung und Landeroberung. Formal schließt Nicolaus von Je-*

roschin an die klassische Versepik an, ohne aber höfische Denkweise zu übernehmen; seine Chronik zeigt in moralisch-predigthaften Einschüben und Verweisen auf Bibelstellen die theologische Grundlage der Ordensgeschichte (z. B. V. 64–82).

Wi brudir Heinrich von Plotzk der marschalk wart geslagin mit nun und zwênzig brudren unde vil volkis

In unsirs herren jâren
dô der vorloufin wâren
tûsint und drîhundirt
und zwênzic drûf gesundirt,
brûdir Heinrich von Plotzk,
der marschalk, der î trotzk
was mit urlougis vreidin
kegn den vorworchtin heidin,
vîrzic brûdir an sich nam
und di rîten allintsam
von Samen und zur Memil dort
unde reiste mit in vort
in daz lant zu Medeniken
unde wold iz abir priken
in vîentlîchir ubbirlast.
und di wîle si hertin vast
in dem lande her unt dar,
dô hatte sich der heidin schar
besamint ouch mit creftin
und wolde doch nicht heftin
sich an si bî dem lande,
sundir sich hin wande
ûf di wegge, dâ gerant
di brûdre wâren in daz lant,
und si aldâ vorwaltin
mit boumen und vorstaltin
in einis waldis dicke

den cristnen zu schricke,
wen si widdir zuggin dan.
und dô daz hern was getân
und si sich dran irwûgin,
den roub si vur sich slûgin,
den ein teil volkis vor hin treib.
di menie bî dem vanen bleib
volgende dem roube nâch.
nû was den heidin nicht sô gâch,
daz si den roub icht vêchtin an,
sundir beittin, unz der van
quam in ein getwenge
in eines waldis enge.
unde in dem gedrenge
hûb sich ein gesprenge
von der dît allumme zû
den brûdren mit strîtis mû
gewirkinde vil bange
mit vreislîchem gedrange
in dem ungewerde,
unz si von der werde
und der wâpin swêrde
zu jungist wurdin alsô mat,
daz si nîndirt von der stat
sich mochtin irweggin
noch mê zu wer gereggin.
dô lîf ouch zû di gerûte dît
und vîentlich dô nidder schrît
cristins blûtis gîzic
ân einen brûdir drîzic
und dar zû manchin cristin.
dâ wart ouch in den vristin
von Plotzk der lewe mûtis starc,
der sich vor vîndin nî gebarc,
gevellit von den dîtin arc
mortlich in des tôdis sarc.

ô sûzir got, nim in gemerc,
waz er den vîndin dîn gevêrc
hât getân pînlîchir werc,
und breng in ûf der wunnen berc.
mit dînen kempfin in dâ birc
in des himelrîchis zirc
bî der engele gespirc,
des sîn sêle î was girc.
hab ouch der andrin besorc,
want ûf dich was ir geborc.
wisch ab, ob icht an in sî horc,
daz nicht der grimme hellestorc
si gevaz in sînen slurc.
inthalt si von der helle turc
und breng si allin nôtin durc
in des paradîses burc
und uns zûzin intsamen,
Jêsû vil sûzir. âmen.

Dô wart ein comête
gesên mit schîne glesten
in dem nordewestin.
des âbindes gab er den schîn
und bîwîlen di vesin sîn
er kegn ôsten strowen pflac,
bîwîlen ûf den mittentac.

In des selbin jâris jage
bî sente Georgen tage
ein comête wart intzunt
und schînende zên tage stûnt.
des âbindis er clârte
und di zoten karte
sô hin widir Italiam.
des selbin jâris man vernam,
daz keisir Heinrich tôt gelac

an sent Bartolomêus tac.
zên tage lûchte der comête
und dâ mit bezeichint hête
zên tage, di der keiser warb
in wêtagen, ê er starb.

Der selbe wintir was sô kalt,
daz di vruchtboume nicht inthalt
hattin vor dem vroste.
ir grûse sô verroste
zu Prûzin und Liflande
an stetin manchirhande
beide in garten und ûf bor,
daz si mûstin werdin sôr
oddir vruchte gelde.
unde von Ragnîte
begriffin ouch di dîte
ein brûdirlîn ein knottir,
daz was genant der Ottir.
wî daz sint der dît intran
und zehen tage spîse ân
in der wiltnisse irre gînc
und heim zu letst di vart gevînc,
daz vindit ir, hât ir sîn rûch,
ganz in Gerstinbergis bûch,
want der hât daz betichtet
und ênzeln intrichtet.

Nû hâb ich mit der gotis hant,
als ich mich dâ vor vorbant,
di cronke von Prûzenlant,
als ich si zu latîne vant,
zu dûtsche schrîbende volent,
mit tîfen worten nicht behent,
want si vornemen mac ein kint.
ouch hân di rîmen recht gebint:

ist daz man andirs icht dâ vint,
di schrîber dar an schuldic sint
und ich sal blîbin unbehônt.
dar an hâst dû mich beschônt,
der êren kunic, des bis gecrônt
und immer sî dir lob gedônt
von allir crêatûren munt.
nû bit ich, herre, sân zustunt:
gib allen herzen, den dâ kunt
wirt diz bûch, der sâlden vunt,
daz si in dir intbrinnen,
brinnende dich minnen,
minnende gewinnen
den hort, der allen sinnen
von wunnenberndir mitewist
zu bevâhn ummêzlich ist.
di wunne dû, vil sûzir Crist,
in himel allen heiligen bist,
ô mildir got, gehilf uns dar
dâ wir in dîner clârheit clâr
mit dir voreinet minneclich
ân underbruch beschouwen dich
und dir lobsingen immer mê.
âmen und benedicitê!

KONRAD VON MEGENBERG

Lebte von 1309 bis 1374. Besuchte in Erfurt das Gymnasium; bis 1337 an der Universität Paris, hielt dort Vorlesungen über Theologie und Philosophie. Nach 1337 bis 1341 Leitung der Stephansschule in Wien. Ab 1342 in Regensburg als Pfarrer, dann Kanonikus am Dom. Gehörte zu den produktivsten Schriftstellern und Übersetzern seiner Zeit, der in seinen Schriften auch zu aktuellen kirchenpolitischen Fragen Stellung nahm.
Werke: Von den erhaltenen 20 Schriften nur 2 in deutscher Sprache: *Sphaera mundi* oder *Deutsche Sphaera*, das erste deutsche Handbuch der

Physik und Astronomie, im 16. Jahrhundert allein viermal gedruckt; als sein wichtigstes Werk gilt *Das Buch der Natur* (nach 1349/50).

Das Buch der Natur

Vorlage war das »Liber de natura rerum« (1244) des Dominikaners Thomas von Chantimpré. Daraus hat Konrad von Megenberg durch Übersetzung und Redaktion sowie eigene Ergänzungen die erste deutschsprachige Naturlehre für Laien geschaffen: eine Zusammenfassung des gesamten naturkundlichen Wissens der Zeit. Das Buch wurde im 15. Jahrhundert mehrfach gedruckt und war noch im 19. Jahrhundert unter dem Namen »Albertus Magnus« als Volksbuch verbreitet.
Die Darstellung der Naturgeschichte hat im »Physiologus« (vgl. Bd. 1 dieser Reihe) sowie im »Lucidarius« und vor allem in der »Mainauer Naturlehre« erste Vorläufer gehabt. Megenberg erreicht mit seiner bearbeiteten Übersetzung jedoch zum erstenmal die große Verbreitung und Popularisierung einer naturwissenschaftlichen Enzyklopädie. Seine Naturgeschichte ist in 8 Bücher unterteilt: 1. Der Mensch und seine Natur. 2. Himmel und Planeten. 3. Tiere. 4. Bäume. 5. Kräuter. 6. Edelsteine. 7. Metalle. 8. Die wunderbaren Brunnen.
Die Darstellung der Natur geschieht noch – wie schon im »Physiologus« (um 1070) – unter moraltheologischem Aspekt. Dabei werden Belehrung, Erbauung und Unterhaltung ständig vermischt.
Das bevorzugte Thema des 14. Jahrhunderts war die Himmelskunde; die lehrhaften Spruchdichter wie Heinrich von Mügeln oder Frauenlob haben aus Konrad von Megenbergs »Buch der Natur« besonders das 2. Buch »Von den himmeln und von den siben planeten« *häufig benutzt. Darin findet sich auch der nachfolgende Text, typisches Beispiel für die Vermischung von eigener Naturbeobachtung, übernommener Naturbeschreibung und theologischer Ausdeutung der Reali-*

tät: Auch im späten Mittelalter erfolgt die Erweiterung menschlichen Wissens noch in den Bahnen der Theologie.

Von dem Monen

Der sibend planêt und der aller niderst gegen uns haizt ze latein Luna und ist ze däutsch als vil gesprochen als ain frömdliehter, dar umb, daz der môn sein lieht nimpt von der sunnen und an im selber kain aigen lieht hât. iedoch sprechent etleich alt maister, daz des mônen kugel ain halbtail schein hab mit inwendigem aigem lieht und daz ander halptail vinster, und daz sich diu kugel ân underlâz umbreid, unz daz uns daz lieht halptail schein, und dar nâch werd daz vinster tail gegen uns gekêrt. daz ist falsch und widersprechent ez die grôzen maister und sant Augustîn in ainem sendprief, den er sant seinem freund Januario, spricht, daz der môn erläuht werd von der sunnen. der môn verleust seinen schein, wenn daz ertreich gerihts ist gesatzt zwischen dem môn und der sunnen: sô mag diu sunne irn schein niht gewerfen auf den mônen. dar umb muoz er denn ân schein sein. wenne der môn geleich gegen der sunnen über ist, sô ist er vol; wenn aber in diu sunn beseits an schilhet, sô ist er niht ganz vol, und wenn er gar under der sunnen ist, sô hât er niendert kain lieht an dem tail, daz gegen uns gekêrt ist, dar umb, daz des mônen kugel dicke ist und vinster und mag der sunnen lieht niht genemen durch sich, als ain glas oder ain ander durchscheinendez dinch. der môn volpringt seinen lauf in dreizig tagen, alsô spricht unser puoch, oder in sibenundzwainzig tagen und in aht stunden, als die sternseher sprechent. der môn ist verr klainer denne diu sunne, aber er scheint uns als grôz dar umb, daz er uns verr næhender ist wan diu sunne, dar umb, daz zwên himel zwischen der sunnen himel sint und des mônen himel, als hie vor gesait ist, wann des morgenstern himel und des sprechherren himel sint dâ zwischen. der môn hât in im swarz flecken, und sprechent die laien, ez sitz ain man mit ainer dornpürd in dem mônen. daz ist aber niht wâr; ez ist dar umb, daz der môn an den stucken dicker ist an seinem antlütz wann an andern enden, und dar umb nimt er dâ selben der sunnen schein niht, dâ von scheinent uns diu selben stuck vinster. der môn ist ain vater und ain maister aller fäuhten, und dar umb sint etsleich wazzer gegen der sunnen aufganch, diu aufnement und abnement nâch des mônen aufnemen und abnemen, wann alliu fäuhten wehst wenn der môn wehst, si sei an gesellten dingen oder an ungesellten dingen. auch all fäuht wêtagen mêrent sich, als diu wazzersühte und sämleich siehtum, und dar umb sint etleicher tier leip sterker wenn der môn aufnimt wan sô er abnimt, als man siht an den wolfen, wann si jagent denne mêr wan ander zeit, und die slingenden würm, die vergiftich sint, die sint denne schedleicher wan ander zeit. daz hâr wechst auch zder zeit mêr wan zuo ander zeit, und als lang der môn gêt von der sunnen aufganch unz an daz mittel tail des himels, als lang gênt alliu mertier und alliu slingendiu tier auz iren wonungen, und wenn der môn sich naigt zuo seinem undervallen, sô verpergent si sich. wizze, daz diu naht, als Aristotiles spricht, wermer ist sô der môn vol ist wann ander näht; daz ist dar umb, daz der môn denne grœzern schein hât. Albumasar der sternseher spricht: ist daz ain mensch lang sitzt oder slæft des nahtes an dem mônschein, sô wirt ez træg und swær und wirt huostend und wirt oft im daz haupt flüzzich und wêtuond. ist auch daz der mônschein tôter tier flaisch begreift, daz macht er unsmeckend. ez spricht auch unser puoch, ist daz des mônen schein durch ain engez fenster gêt auf ains zerprochen pfärdes geswer auf dem rucken, ez stirbt, und stürb niht, stüend ez an der weiten in dem mônschein. des menschen haupt und sein hirn verwandelnt sich auch vast nâch des mônen lauf, als wir sehen an den, die ir unsinne gewinnent und verliesent nâch des mônen lauf. der môn rôt und plaich bedäut mangerlai weter, als vor gesprochen ist von der sunnen. der môn küelt der sunnen hitz und erläuht die naht und ist der erden aller næhst under allen sternen. iedoch mügen wir alle aigenchait des mônen besliezen mit zehen dingen, diu an unser frawen sint.

Daz êrst ist, daz der môn ist ain vater aller fäuhten; alsô ist unser frawe ain muoter aller genâden, als vor gesprochen ist von der sunnen. daz ander ist, daz der môn küelt der sunnen hitze; alsô fäuhtigt unser frawe den zorn des obristen rihters, als wir vinden geschriben von Theophilo, der sich dem teuvel het ergeben und gotes verlaugent, den prâht unser frawe wider, als si mangen sünder widerprâht hât. daz dritt ist, daz der môn seinen schein verleust wenn er die sunnen verleust; alsô verlôs unser frawe iren schein kintleicher gegenwürtichait und kintleicher fräuden, dô ir kint, diu wâr sunn der gerehtikait, starb an dem cräuz. dar umb schreibt Lucas, daz Simeon hinz ir sprach in dem tempel: ain swert wirt dringen durch dein sêl. dâ mainôt er daz swert des pittern smerzen, den si dâ lait. daz vierd ist, daz diu sunn dem mônen schein gibt; alsô gab unser herr unserr frawen schein und genâd, dô er ir seinen hailigen gaist sant, und dâ von sprechent etleich lêrer, daz Josep ir antlütz niht entorst angesehen die weil si swanger was, und spricht auch Mathæus, daz Josep si niht erkante unz daz si genas ires êrstgepornen suns. daz fünft ist, daz der môn die naht erläuht; alsô erläuht unser frawe die hailigen christenhait, als man von ir singet: frewe dich, Marîâ raineu magt, wan dû hâst allain alle ketzerei vertilgt. daz sehst ist, daz der môn die werlt erläuht, wenne diu sunne hin ist, wann wenne diu sunne under der erden ist und der môn dar ob, sô verstêt der môn der sunnen stat. alsô tet unser frawe, dô unser herr ze himel fuor: dô liez er unser frawen hie niden seinen jungern zuo ainem trôst und zuo ainer läuhtenden anweisung. dar umb sprechent die hailigen lêrer, daz Lucas von irem mund hab geschriben die êwangeli. daz sibend ist, daz der môn under allen planêten dem ertreich aller næhst ist; alsô ist unser frawe under allen hailigen uns aller genædigst und ist ain mittlerin und ain fridsprecherin zwischen got und dem sünder. daz aht ist, daz der môn wehst und aufnimt; alsô wuohs unser frawe und nam auf von der zeit als ir got gekünt wart, und daz aufnemen wart volprâht, dô si sein genas. si nam auch ab, als vor gesprochen ist, an gegenwürtigem trôst irs kindes, dô si daz verlôs auf erden. dâ nâch nam si nümmer mêr ab unz daz si enpfangen wart in die êwigen fräud, wann dâ ist si diu allerschœnist ob allen frawen und diu allerliebst dem obristen kaiser ân allen geprechen in ganzer volkumenkait. daz neund ist, daz der môn scheint und läuht; alsô scheint unser frawe mit käuschhait und mit klârhait des leibes und der sêl, daz ist mit zwairlai klârhait, und dar umb haizt si ir lieb zwirschœn in der minnen puoch, dâ er zuo ir spricht: wie gar schœn dû pist, mein freundin, wie gar schœn dû pist! daz zehend ist, daz der môn tailt die zeit mit seinem lieht; alsô tailt unser frawe die zeit der genâden und der ungenâden, wann si hât uns prâht die zeit der genâden und hât vertilgt die zeit der ungenâden.

HEINRICH SEUSE

Geb. 21. März 1295 in der Nähe von Konstanz, gest. 25. Januar 1366 in Ulm. 1308 Novize bei den Dominikanern in Konstanz, ab 1324 in Köln als Schüler Meister Eckharts. 1330 im Inselkloster Konstanz Lektor der Theologie, ab 1335 geistlicher Berater in verschiedenen Frauenklöstern am Oberrhein und in der Schweiz. Um 1338 Reise als Prediger durch die Niederlande, 1339 bis 1346 verbannt in Dießenhofen und Prior seines Klosters Dießenhofen von 1343 bis 1344. Ab 1348 im Konvent von Ulm. Neben Thomas von Aquin und Meister Eckhart zählt Heinrich Seuse zu den großen Mystikern des Mittelalters.

Seine Schriften, mit Ausnahme der Predigten, sind in dem sogenannten *Exemplar Seuses* von ihm selbst zusammengestellt worden. Sie enthalten 4 Hauptteile: 1. Seuses Leben; 2. Büchlein der Wahrheit (um 1326); 3. Büchlein der Ewigen Weisheit (um 1328; vgl. Kap. II); 4. Briefbüchlein.

Der Seuse (Auszüge)

Briefe, Erzählungen und Gespräche Seuses wurden von seiner mystisch-geistlichen Freundin Elisabeth Stagel gesammelt und zu einer Vita zusammengestellt. Teile dieser Biographie hat Seuse dann vernichtet, jedoch die erhaltenen Teile 1362 selbst redigiert und vervollständigt zu seiner religiösen Autobiographie. Sie stellt vor allem die Entwicklung seines geistlichen Lebens dar; der zweite Teil enthält Unterweisungen an Elisabeth Stagel über falsche und wahre mystische Lehre. Nach Einhards »Vita Caroli Magni« (Leben Karls des Großen, 830) und Ulrich von Lichtensteins »Frauendienst« (vgl. Kap. IV) ist »Der Seuse« die erste Autobiographie in deutscher Prosasprache; unabhängig von ihrer religiös-mystischen Bedeutung ist sie als frühes Beispiel der nun im späten Mittelalter einsetzenden biographischen Literatur wichtig.

Hie vahet an daz erste tail dizz bůches, daz da haisset der Súse

Es waz ein brediger in tútschem lande, von geburt ein Swabe, dez nam geschriben sie an dem lebenden bůch[1]. Der hat begird, daz er wurde und hiesse ein diener der ewigen wisheit. Er gewan kuntsami[2] eins heiligen erlúhten menschen, der ein vil erbetseliger lidender mensch[3] waz in diser welt. Der mensch begert von im, daz er ir etwaz seiti[4] von lidene usser eigenr enpfindunge, dar abe[5] ir lidendes herz ein kraft mo̊hti nemen; und daz treib si vil zites mit ime. Wenn er zů ir kom, do zoch si im us[6] mit heinlichen fragen die wise[7] sines

1. sein Name möge im Buch (des ewigen Lebens) verzeichnet sein.
2. lernte kennen.
3. mühseliger, leidender Mensch.
4. sagte, mitteilte.
5. woraus.
6. fragte sie ihn aus.
7. über.

anvanges und fúrgangs und etlich ůbunge und liden, die er hat gehabt, dú seit er ir in gǒtlicher heimlichi[8]. Do si von den dingen trost und wisung bevand, do schreib si es alles an[9], ir selb und och andren menschen ze einem behelfen, und tet daz verstoln[10] vor ime, daz er nút[11] dur von wúste. Dar na neiswen[12], do er diser geischlichen dúpstal innen ward, do straft er si dar umbe, und můste im es her us geben. Er nam es und verbrand es alles, daz im do ward. Do ime daz ander teil ward und er im in glicher wise och also wolt han getan, do ward es understanden mit[13] himelscher botschaft von got, dú im do geschah, dú daz wante[14]. Und also bleib dis nagende[15] unverbrennet, als si es den meren teil[16] mit ir selbes handen hate geschriben. Etwaz gůter lere wart och na ir tode in ir person von im dur zů geleit.

Der erst anvang dez dieners beschah[17], do er waz in dem ahtzehendem jare. Und do er dero selben jaren fúnfú geischlichen schin[18] hat getragen, do waz dennoch sin gemůte ungesamnet[19]; eht in got behůte vor den meisten gebresten, dú sinen lúnden mohten swechen, so duhte in, dez gemeinen mǒhti nit ze vil werden. Hier inne waz er doch von got neiswi[20] bewaret, daz er ein ungenůgde in im vand, wa er sich hin kerte zů den dingen, dú ime begirlich waren, und duht in als es weri neiswaz anders, daz sin wildez herz friden[21] sǒlte, und was im we in siner unrůwigen wise. Er

8. *Vertrautheit.*
9. *auf.*
10. *heimlich.*
11. *nicht.*
12. *irgendwann später.*
13. *verhindert durch.*
14. *verhinderte.*
15. *Nachfolgende.*
16. *so, wie sie es größtenteils.*
17. *geschah.*
18. *geistliches Gewand.*
19. *noch ungesammelt.*
20. *irgendwie.*
21. *beruhigen.*

hate alle zit ein widerbissen[22] und konde doch im selb nit gehelfen, unz daz[23] in der milte got dur von entledgot mit einem geswinden kere. Sú namen wunder ab[24] der geswinden endrunge, wie im geschehen weri[25], und sprach eine dis, der ander daz, aber wie es waz, daz rûrte nieman, wan es waz ein verborgen liehtricher[26] zug von got, und der wurkte[27] geswintlichen den abker.

FRITSCHE CLOSENER

Straßburger Chronik (Auszüge)

Seit der Mitte des 14. Jahrhunderts treten an die Stelle umfassender Weltchroniken zunehmend einzelne Landeschroniken und Stadtgeschichten; die Zersplitterung fürstlicher Territorialmacht und die Entwicklung sowie Selbstdarstellung mächtiger, selbstbewußter Stadtkulturen führen zu einer neuen, an den Realitäten eigener Leistungen und Erfahrungen orientierten Geschichtsschreibung.

Der Straßburger Fritsche (= Friedrich) Closener (gest. vor 1396), Münsterchorherr aus einer Patrizierfamilie, verfaßte die erste deutschsprachige Stadtchronik Straßburgs. In ihrem Ansatz als Papst- und Kaisergeschichte geplant, weitet sie sich zunehmend zur Geschichte von Stadt und Bistum, dargestellt anhand unterschiedlichster Ereignisse und Merkwürdigkeiten. Diese Chronik enthält neben Berichten über Brände, Erdbeben und Seuchen, über Menschen, Bauten und

22. *Widerstand.*
23. *bis daß.*
24. *davon befreite durch eine plötzliche Bekehrung. Man verwunderte sich über.*
25. *die mit ihm geschehen sei.*
26. *lichtreicher.*
27. *bewirkte.*

Stadtgeschehen auch einen kulturhistorisch wichtigen Bericht über die Geißlerfahrt von 1348/49. Daß Judenhaß und Judenmord nicht erst Ausgeburten unserer Zeit sind, sondern im Mittelalter vor kirchlichem Hintergrund an der Tagesordnung waren, zeigt der kurze Bericht aus dem Jahr 1297 – nicht einmal singuläres Ereignis in dieser Stadtchronik.

Feuersbrünste

(Daz munster brante.)
Do man zalte von Gottes geburte MCCXCVIII jor, an unsrer Frouwen tag, der erren, alse sú starb, die wile man mettin sang und in der selben mettin vier letzen worent gelesen, do entprannte ein hus bi dem schupfen, daz hies der Stemphin hus, und brant daz gantz ende, und die Kurdewangasze, und von dem selben fure entzunte daz munster, daz es gar schedecliche brante. Do verbrantent die glocken, und die orgele, und ander gezierde gar vil. Es brant ouch vor dem munster die gasze, und der halbe spital untz an[1] die kremere, und der Grabe zu beiden siten, untze an die müntze und die Sporergasze herwider uf, und des Hauwarts hus, und erwant ans Kusen hus zu der site, und dergegen uber an dem huse zu dem Priol, und die drescheler und die scherer vor dem münster, daz brante alles, untze an das vorgenannt hus zume Priol. Es brantent ouch die kreme vor sant Martin, und die duchloube vor dem munster. Die huser, die do brantent, der worent CCCLV. Donoch verbote man: wer do buwen wolte, der solte keinen uberhang[2] machen, wand einen; und maht ein benemde dran, wie lang er solte sin, des maht man ein zeichen an die mure uf der grete; wande vormols maht ieder man an sin hus alse mangen uberhang uber enander, als er wolte, und sú ouch alse lang, als er wolte, herus gonde.

1. *bis.*
2. *Vorsprung, Vorbau.*

Judenverfolgungen

(Der Juden martel.)
Do man zalte MCCXCVIII jor, do hub sich ein durchehtunge der Juden; die werte von sante Jocobes tag untz sant Matheus tag. Daz det ein edelman von Franken, der was genant Rintfleische. Der hette ein michel volke gesamet, und dote wol hundert dusent Juden, die zu Würtzeburg und zu Nürenberg worent, und in andern steten. Und was daz derumbe, daz sú neiswas misseton hettent alse gröslich an unsers herren lichame, daz Got die plage uber sú verhieng. Man hatte sú ouch durch alles dutsche lant gedurchehtet, wande daz es kunig Obreht stillete, do er an der widerferte was, von Oche her zu varende.
(Aber ein Juden martel.)
Do man zalt MCCCXXXVII jor, do was ein edelman zu Doroltzheim, der hies der Unbehouwen, und einre zu Andelahe, hies Zimberlin: die sametent ein michel volke, mit den besoszent sú Kolmar, und hieschent die Juden herus, und woltent sú han verderbet. Des wurdent die von Strosburg zu rote, daz sú woltent uf sú zogen: do sú des gewar wurdent, do fluhent sú dannan, und wart nút me derus. Die houbetman nantent sich kunig Armleder.
(Aber ein Juden martel.)
Do man zalte MCCCXLIX jor, do wurdent die Juden zu Strosburg verbrent in eime kirchof uf eime hultzinen geruste, an sante Feltins tage; der viel des jores uf einen samesdag. Sú wordent ouch des selben jores verbrant in allen steten uf deme Rine, es werent frie stette, oder des riches, oder anderre herren. Daz geschach darumbe: man ziech sú, sú hettent burnen und andere waszere entsúfert mit vergift. In etlichen steten brante man sú mit urteil; in etlichen stieszent sú die huser an mit fúre, do sú inne worent, und brantent sich selben. Do kam man zu Strosburg des uberein, daz in hundert joren kein Jude do solte geseszen sin.

Erdbeben

In dem meien, an sant Suphien obent, do man zalt MCCCLVII jor, do kam ein ertbideme umbe munstergunplete zit, der was groszer denne keinre vormols gewesen was, und det ouch merren schaden an glockhusern[3] und an zierkemmin[4], denne die vordern hettent geton. Des erschrak sich daz volke zu Strosburg alse sere, daz menglich wolte sin zu velde usgezogen, und under gezelten und hütten gelegen, wande sú forhtent vervallen[5] in der stat, alse[6] die von Basel. Des giengent die burger zu rote, in des bischofen garten – wande sú forhtent, daz sú uf der Pfaltzen[7] vervielent von ertbidemen – und gebütent[8], daz nieman darumbe vor der stat solt sin, wande[9] frouwen die gros kindes werent[10], und die in zugehortent. Wer aber garten mohte han in der ringmuren, der leite sich drin under gezelte. Man gebot ouch abe zu brechende alle hohe zierkemmin und wüpfele, die uf den husern stundent.

Man verbot ouch mannen und frouwen, silber und golt und ander gezierde zu tragende, wande allein rittern wart golt nút verboten; daz gebot wart dernoch uber etwie lang wider abgeloszen.

Do das jor umbe kam, do sattent die burger einen krutzegang uf[11], an sante Lucas dag, daz[12] man solt unsers Herren lichamen tragen, und soltent alle die, die do werent in dem rote[13], mit krutzen gen, barfus, in grouwen menteln und

3. *Glockentürmen.*
4. *Zierkaminen und Dachaufsätzen.*
5. *verschüttet.*
6. *so wie.*
7. *Palast.*
8. *ordneten an.*
9. *ausgenommen.*
10. *schwanger waren.*
11. *beschlossen die Bürger einen Kreuz(= Buß)gang.*
12. *damit, dabei.*
13. *im Stadtrat.*

kügelhueten, und pfundige kertzen an den henden[14] tragen, und so der krutzegange zergienge, so soltent sú die kertzen unserre Frouwen opfern, und die grouwen Kleider armen lúten geben. Dis sattent sú uf, alle jor zu tunde uf den selben dag.

HANS SCHILTBERGER

Aus ältestem bayerischem Adel stammend, lebte Schiltberger zwischen Ende des 14. und Mitte des 15. Jahrhunderts. Im Gefolge König Sigismunds von Ungarn geriet er in der Schlacht von Nikopolis 1396 in türkische Gefangenschaft; als Soldat diente er dem Sultan Bajazet und anderen orientalischen Fürsten. Nach der türkischen geriet er in mongolische Gefangenschaft und diente dem Groß-Timur als Sklave und Soldat. Auf diese Weise zog er unfreiwillig 33 Jahre lang durch die Länder des Orients und Asiens. Nach abenteuerlicher Flucht erreichte er Konstantinopel und wurde vom griechischen Kaiser 1427 in die Heimat Freising bei München zurückgeschickt. Als Kämmerer trat er in den Dienst Herzog Albrechts III. von Bayern.

Reisebuch (Auszüge)

Unmittelbar nach seiner Heimkehr hat Hans Schiltberger mit der Niederschrift der Erlebnisse aus den 33 Jahren seiner Gefangenschaft begonnen; 1429 ist sein »Reisebuch« abgeschlossen (Text 1). Seine mitgeteilten Erlebnisberichte gelten als echt, wenngleich er auch Abschnitte aus den Reisebeschreibungen des John Mandeville (d. i. der Lütticher Arzt Johann von Burgund, gest. 1382) sowie bekannte Sagen und Anekdoten für seine Niederschrift benutzt hat. Immer wieder betont er jedoch in den obgeschriben landen pin ich gewesen *(vgl. Einleitung und Aufenthalt in Armenien). Das »Reisebuch« gibt kaum Auskunft über seine Biographie in dieser Zeit, wohl aber über Länder und Völker, die er gesehen hat,*

14. *pfundschwere Kerzen in den Händen.*

über Sitten, Bräuche, Religion, Rechtswesen, Handwerk, Landbau und Kochkunst sowie über die politischen und kriegerischen Ereignisse, wie er sie erlebt hat.
In den Berichten über seine türkische Gefangenschaft sind die kritischen Urteile der Mohammedaner über das sündige Leben der Christen eine Übernahme von Argumenten, mit denen die Geistlichen der Zeit zu Eroberung und Schutz des Heiligen Landes aufrufen; sein Bericht über das »Zeremoniell beim Übertritt eines Christen zum Islam« aber beruht auf eigenem Erleben (Text 2). Die Beschreibung fremder Länder besteht zumeist aus einer Reihung von »Merkwürdigkeiten« und aus der Übersetzung von Namen und Orten (Text 3). In kurzen Satzfügungen und einfacher Sprache rafft er die Ereignisse, konzentriert die Fakten auf Wesentliches; die Geschichte seiner Heimkehr von Konstantinopel nach Freising (Text 4) ist in wenigen, für seine Prosa typischen Zeilen erzählt.
Das »Reisebuch« wurde in seiner Zeit eine wichtige länderkundlich-geographische Quelle; es ist in 4 Handschriften, 5 Inkunabeln (mit 15 Holzschnitten bebildert) und mehreren Drucken aus dem 16. und 17. Jahrhundert überliefert. Ähnlich wie die wenig später (1477) ins Deutsche übersetzten »Wunderbaren Reisen« des Marco Polo fand das »Reisebuch« bei den Zeitgenossen wegen seiner realistischen Schilderungen weite Beliebtheit; so gerät der spannende Reisebericht in die Dimension der Unterhaltungsliteratur.

1
Einleitung

Ich Hanns Schiltperger pin von meiner heymatt außgezogen, von der stat genandt München, die da leyt in Payren, do man zalt von Crist gepurt M⁰ CCCLXXXX IIII jar; und das ist gescheen, do chönig Sigmundt zu Ungeren in die haydenschafft zoch; und do zoch ich auß der obgenanten stat gerennesweyß mit; und pin wider zu land chomen, do man zalt von Crist gepurt M CCCC XXV II, auß der haydenschafft.

Und das ich in der zeitt erfaren han in der haydenschafft, das stet hernach geschribenn; ich mag es aber nicht alles vorschreyben, das ich erfaren han, wann ich alles nicht indechtig pin; wann ich in der zeitt, und ich in der heydenschafft pin gewesen, mocht ich es nicht alles grüntlich erfaren in den landen und in den stetten, do ich gewesen pin, darumb das ich ain gefanger man was und mein selber nicht was. So hab ich kürtzlich die land und die hauptstett und die wasser gesetzt, die ich dann in der zeitt erfaren han als es hernach geschrieben stet, so han ich die landt und die stette genandt noch der sprach der lande.

2
Zeremoniell beim Übertritt eines Christen zum Islam

Wann ain Christ zu ainem haiden will werden, so muß er am ersten ein finger auffrecken vor aller mainiglich und muß die wort sprechen: »La illach illalach Machmet rasul ullach.« Und das spricht zu teutzsch also: »War Got almächtiger und der Machmet sein warer pot.« Und wenn er das spricht, so füren in die haiden für den obersten priester und muß dann die obgeschriben wort aber sprechen vor dem prister und muß dann den cristenlichen glauben verlaugen und wann er das thut, so legen sie im ain neuß clait an und dornach pint im der prister ein weyß tuch umb das haupt und das thun sie dorumb, das man sech, das er ein haiden sey, wann alle haiden tragen weysse pinttücher umb das haupt, und die Christen, die in der haidenschafft sein, tragen ploue pinttücher umb das haupt und die Juden tragen gelbe. Darnach peutt der prister alles volgk, das sie harnasch anlegen und chomen zu im, und wer zu reytten hab, das der reyt, und müssen auch alle prister chomen, die in derselben gegen sein. Und wann dann das volgk chompt, so setzt dann der oberst prister den, der zu ainem haiden ist worden, auff ein pferdt; so muß dann das gemain volgk vor im an hin rayten und gen, und die priester hinten nach und pfeuffer und trumeter und paucker die reyten mitt und füren in dann in der stat umb, und zwen prister reyten neben im; und die haiden schreyen mitt ainer stym und loben den Machmet, und wann sie in ein gassen chomen, so sprechen im die zwen prister dise wort vor: »Thary bir dur, Messe kuli dur, Mariam kara baschi dur Machmet rasuli dur.« Und das ist als vil gesprochen: »Es ist ain Got und Messias sein knecht und Maria sein dyern und Machmet sein libster pot.« Und wann sie in überal umb füren in der stadt, so füren sie in dornach in den tempel und beschneyden in; und dornach, ist er arm, so samen sie im groß gut und die grossen herren eren in besunder und machen in reych und das thun sie dorumb, das sich die Christen dester gerner vercheren in iren glauben. Auch wann sich ein Christin verchert in iren glauben, so füren sis auch für den obersten prister, so muß sie die obgeschriben wort sprechen; so nympt dann der brister der frauen gürtel und schneytt sie vonn ainander und macht ain creutz dorauß, so muß dann die frau trey stund dorauff treten und muß christenlichens glauben verlaugen und muß dann die obgeschriebenn wort sprechen.

3

Schiltbergers Aufenthalt in Armenien. Beschreibung dieses Landes

In Armenia pin ich vil gewesen. Nachdem da der Themurlin starb, do cham ich zu des Themurlins sun, wann zwey chönigreich in Armenia hett der Themurlin inn, und die zeit, do ich dynnen was, da hettz des Themurlins sun inn, der genandt was Scharoch; und der was geren in Armenia, wann es ist gar ein schöne haid da und do lag er den winter auff mit seinem gesind, und ist gar gute waide und fleust ein groß wasser durch die haid und das haist Kurman, es haist auch Tigris; und inn dem land würdt die pest seyden pey dem wasser; und die haid haysset in haidnischer sprach Karabag. Die stete in Armenia haben die haiden all besessen, aber die dörffer sein alles armeny, sie müssen aber den haiden zinspar sein; und zu den Armenigen hett ich alleweg mein wonung, wann sie sein den Theutzschen gar holt und darumb, das ich ein Theutzscher was, do heten sie mich schön und lerten mich ir sprach; sie hayssen die Theutzschenn Nimitzsch. Armenia hatt drey chönigreich, aines haisset Tifflis; das ander haist Siß; das trit haist Ersingen, die Armeny haissentz Zesingkan, und das ist das clain Armeny; sie haben auch Babilon lang inn gehabt; sie haben aber chaine mer inn, dann Tifflis und Ersingen hett des Themurlins sun die zeit, und ich inn der haidenschafft was; und das genandt ist Siß hatt chönig soldan inn und ist gewunnen worden, da man zalt von Christ gepurt zwelffhundert jar und LXVII jar; do hatt es chönig soldan gewonnen.

4
Schiltbergers Heimreise von Konstantinopel

Nun vernembt und merckt, wie ich zu lannd chomen sey. Unns schickt der chaiser von Constantinopel auff ainer galein zu ainem sloß, das haist Gily und do selbst fleust die Thonau inn das mer. Und pey dem schloß schied ich von meinen gesellen, die auß der haidenschafft mit mir chomen waren und cham zu chauffleuten; mitt den zoch ich inn ein stat, die haist inn theutzscher sprach Weyßstadt, die ligt inn der Walachei. Und dornach inn ein stat, die haist Aspasery. Unnd cham dornach mer zu ainer stat haist Sedschopff und ist hauptstadt in der clainen Walachei. Ich cham auch dornach zu ainer stadt, haist in teutzsch Lempurgk und ist ein haupt-

stadt in clain Reyssen*; do lag ich dreu monadt kranck unnd cham dornach gen Krokau, die ist ein hauptstadt in Polandt. Und dornach cham ich in das landt zu Sachsen; dornach gen Meychsen; dornach gen Preßlau, die in der Schlesy ain hauptstadt ist; und kam dornach inn ein stadt, die haist Eger; von Eger gen Regensßpurgk; dornach gen Landßhuett; und von Landßhut gen Freysing, da mein wesenn ist gewesen.
Gott dem almächtigen sey gedanckt, das mir der macht und chrafft gegeben hat und mich behüett unnd beschirmet hatt zwai und dreyssig jar, die ich, Hanß Schiltberger, inn der haidenschafft gewesen pin und alles, das vorgeschrieben stet, erfaren und gesehen han!

Gebrauchsliteratur

Bereits vor der Erfindung des Buchdrucks durch Johannes Gutenberg (1440) wurde durch die in Europa eingeführte Papierherstellung das teure Pergament abgelöst und die weiteste Verbreitung des geschriebenen Wortes ermöglicht. In Nürnberg wurde 1390 die erste deutsche Papiermühle errichtet, deren Produkte dem weitverbreiteten Bedürfnis bürgerlicher Schichten nach Schreiben, Lesen und Buchbesitz die materielle Grundlage boten. Geschrieben und ab 1440 gedruckt verbreitet wurden nun nicht mehr allein die großen Werke weltlicher und religiöser Dichtung, sondern auch die Vielzahl der Büchlein, Schriften und Kompendien aus dem Bereich der sogenannten »Septem artes mechanicae«: Handwerk, Kriegswesen, Seefahrt (Erdkunde, Handel), Landbau und Hauswirtschaft, Jagd (Wald und Tiere), Hofkunst sowie Heilkunde.
Das allgemeine Interesse an Krankheits- und Heilmittelkunden, an Arzneibüchern und Kräuterbüchern war im späten

* *Die Hauptstadt von Kleinreußen ist Kjew, während Lemberg früher die Hauptstadt von Rotreußen war.*

Mittelalter nicht zuletzt durch die Erfahrungen der großen Pest (z. B. von 1348) hervorgerufen worden. Aber diese häufig anonymen medizinischen »Ratgeber« hatten zumeist nur das Niveau von Hausrezepten (Text 1).
Die vierte der »Septem artes mechanicae« umfaßte auch Kochbücher für die Hauswirtschaft, Sammlungen von Kochrezepten (Text 2), die aber zum Teil auch medizinische Absichten verfolgten, etwa in Traktaten über den rechten Gebrauch des Branntweins.
Die neu erschlossenen Möglichkeiten zur Verbreitung von Literatur wurden schon frühzeitig auch von den Behörden der Zeit erkannt und genutzt. Seit dem 15. Jahrhundert mehren sich »papierene« Polizeiordnungen und Behördenanweisungen, die in der Form von Erlassen, Verhaltensforderungen und Kleiderordnungen weniger dem Lesebedürfnis der Stadtbürger als dem Ordnungsbedürfnis der Administration entsprachen. Solche Polizeiordnungen vermitteln heute gleichwohl wichtige kulturhistorische und sozialgeschichtliche Aufschlüsse. Die behördlichen Mahnungen zu Mäßigung und Anstand orientieren sich an der bürgerlich-christlichen Ethik des 13. bis 15. Jahrhunderts; Einordnung und Unterordnung des einzelnen zum Nutzen der Gemeinschaft galten in den Zunftordnungen der Handwerker ebenso wie in den Kleiderordnungen (Text 3). Luxus und unziemliche Übertreibung eines Standes wurden unter Strafe gestellt, sozial-konservative Normen bestimmten das Leben der Städter in allen Bereichen.

1
Krankheits- und Arzneikunde
Von Minne und innerer Krankheit

Ein sichtum heizit minne, der ist des[1] swerer denne ein ander sichtum, daz he ist an deme gedanken. Swer den

1. darum.

sichtum hat, deme geliegent die ougin nimmer vnde unstete sint si uon deme unsteten gedanken. Ir bran[2] sint swere, di uarwe ist bleich, si wachint uil. Swenne he sich uortufet mit gedanken, so uortribet he beide des libes werc vnde der sele, wande der lip uolget der sele an ir getat[3], vnde di sele deme libe an siner leidunge. Der sichtum wirt etwenne uon der uberuluzcheit[4] der wehte[5] vnde ouch etwenne daz man sich senet nach liben sachin. Zu deme sichtum ist gut, daz man trinke wol gemachtin win, vnde hore seitin spil, daz benimet im di truricheit. Der den sichtum hat uon der sensuchte, der sal ouch reden mit den di im lip sin, vnde sal horen[6] scone mere der in geluste zu horne. Galienus der sprichet: »he was ein wise man, der den win von erstin uz den winstocken gewan. Der win machit zornigen man wol gemut, den turigen vro, den girigen milde.« Man uragete einen wisen man, wo uon ein itslich[7] mensche were sverer zu lidene denne eine burde. Des antwerte der wise man vnde sprach: »Der itsliche mensche besveret di sele, ander burden besverent den lip, da uon ist ein itslich mensche sverer denne cheine burde.«

Gegen Insektenstiche

Swen di binen oder di wespen stechen, der sal uf di stat legen, da si in gestochen haben, alcatiuam vnde girstin mel getempert[8] mit ezzige. Vihen milch[9] ist ouch gut dar zu oder gestozen nuzze mit ezzige, oder basilicon vnde pisen

2. *troum(e)?*
3. *Beschaffenheit.*
4. *Überfluß, Übermaß.*
5. *vüehte? Feuchtigkeit.*
6. *hören.*
7. *jeglicher.*
8. *Gerstenmehl, gemischt.*
9. *Kuhmilch?*

gestozen[10]. Sumeliche erczte di sprechen, swer papeln[11] stoze vnde druf lege, daz si ouch gut. Swer eine uliege zeribet in der hant oder vnder der hant vnde si druf leget, daz ist ouch gut. Swer sich bestrichet mit papeln saffe, den stechen di binen noch di wespen nicht.

Gegen Zahnweh

Swem di wurme di zene holen vnde di piler[12], Der sal nemen pilsen ol[13] vnde ber[14] daz mit wachse vnde mache von dem wachse eine kerze vnde nim ein schuzzel, da ein wenic wazzers inne si vnde setze di kertze dar in; so di kertze danne emprinne, so habe er di zene dar uber, so sihest du michel wunder, wan di wurme vallen alle in daz wazzer.

2
Kochbuch
Wilt du machen einen blamensier[15]

Wie man sol machen einen blamenser. Man sol nemen zigenin milich. und mache mandels ein halp phunt. einen virdunc ryses sol man stozzen zu mele. und tu daz in die milich kalt. und nim eines hunes brust, die sol man zeisen[16]. und sol die hacken dor in. und rein smaltz sol man dor in tun. und sol ez dor inne sieden. und gibs im genuc. und

10. pulverisierter Bisam.
11. Malven.
12. Zahnfleisch.
13. Öl von Bilsenkraut.
14. knete, mische.
15. aus frz. blanc-manger; ›blamanger‹ (frz. ausgesprochen) oder ›blanc-manger‹ ist heute in der Schweiz ein süßes Gericht ähnlicher Zusammensetzung wie das hier beschriebene.
16. rupfen.

nimme ez denne wider. und nim gestozzen violn[17], und wirfe den dor in. und einen vierdunc zuckers. tu man dor in und gebs hin. Also mac man auch in der vasten machen einen blamenser von einem hechede.

Ein gut gerihte. der[18] ez gern izzet

Wilt du machen ein gut bigeriht.
so nim sydeln[19] sweyz.
daz macht den magen gar heiz.
und nim kiselinges[20] smaltz.
daz ist den meiden gut. die do sin hüffehaltz[21].
und nim bromber und bresteling[22].
daz ist daz aller beste ding
bist du niht an sinnen taup[23].
so nim grüen wingart laup.
du solt nemen binzen.
lubstickel[24] und minzzen.
daz sint gute würtze.
für die grozze fürtze.
nim stigelitzes versen. und mucken füezze.
daz macht daz köstlin allez süezze.
daz ist gut und mag wol sin.
ein gut lecker spigerihtelin[25].
Ach und versaltz nur niht.
wanne ez ist ein gut geriht.

17. *Veilchen.*
18. *wenn einer; für den, der.*
19. *hörigen, leibeigenen? Oder: Schweiß von sidelen, Stühlen, d. h. als etwas Unmögliches?*
20. *aus Kieslingen, Kieselsteinen.*
21. *hüftlahm, lendenlahm.*
22. *in Schwaben die große Gartenerdbeere.*
23. *schwach von Verstand.*
24. *auch ›lübestecke‹ und ›liebstöckel‹, aus ›levisticum‹, eig. ›ligusticum‹.*
25. *Gericht zum Speien?*

3
Kleiderordnung aus einer Nürnberger Polizeiordnung

Nachdem, als menigclich unverporgen ist, der allmechtig got von anbegynn nyt allayn auff erden, sonnder auch im hymel unnd inn dem paradeyß das lasster der hoffart und übermut gehasset und schwerlich gestrafft, dienmut, gehorsamkayt, zucht und erbere gute sythen loblich erhöhet und belonet hat, auch auß hoffart und ungehorsam manigem reychen fürstenthumben und conmonen grosse schaden abnemen und verderben entstannden und geflossen sein, als das an vil ennden vor augen lygt, darumb dem allmechtigen got zu lobe, gemaynem nutze zu gut, und dieser erbern statt Nüremberg zu eren, auch darumb, das got mit seinen gnaden unns und die statt sovil desster gnedigclicher gerüche zu schützen, zu schyrmen und inn seligem loblichem regimendt zu auffen und zu behalten, sovil wir dienmutigclicher mit erbern sythen vor seiner gotlichen mayestat erscheynen, so haben wir burgermaister und rate der statt Nüremberg zu vermeydung und verdruckung der hoffart, fürwytzkayt unnd überflüssiger kostlichayt fürgenomen gesetze und ordnung, wie die hernach folgen, wellich gesetze wir auch bey vermeydung der peenen und pussen, darinn gesatzt und begriffen, von meniglichem wollen gehalten haben.

II. Spruchdichtung, Lehrdichtung

Alle Dichtung des Mittelalters war zunächst Lehrdichtung; sie sollte bildend, erziehend, belehrend den Menschen zum rechten Christentum oder christlich-vorbildhaften Leben verhelfen. Die religiöse Dichtung war seit ihren Anfängen in diesem Sinne Lehrdichtung (vgl. Einleitung zu den Kapiteln I, 1 und II, 1 in Bd. 1 dieser Reihe), die Dichtung der höfischen Klassik war lehrhafte Vorbilddichtung.
In der nachhöfischen und in der spätmittelalterlichen Zeit bleiben die höfisch-ritterlichen Vorstellungen, Begriffe und Forderungen wohl bestehen, wenngleich sich ihre Inhalte verändern. Neben die bestimmenden Normen kirchlicher Sitten- und Tugendlehre tritt der Gradualismus hochscholastischer Ordnungslehre: im Ordnungsgefüge des Seins hat jedes Ding den ihm angemessenen Platz in der Welt und im Verhältnis zu Gott. Dadurch wird die Darstellung und Ordnung der Dinge und des Lebens unter den Bedingungen der Welt möglich. Der geistlichen und weltlichen Dichtung sind dadurch seit der späthöfischen Zeit neue Dimensionen und neue Themen erschlossen. Während geistliche Lehrdichtung bisher den Menschen für ein Leben nach dem Tode erziehen wollte, sind Tod und Gericht nun Erziehungsmittel für ein rechtes Leben in der Welt. Zunehmend dringen jetzt praktische Lebenserfahrung und gelehrt-abstraktes Wissen in die Lehr- und Spruchdichtung des späten Mittelalters ein. Auch die religiöse Lehrdichtung nutzt diese neuen Möglichkeiten in Predigt, Andachtsbuch und Unterweisung.
Die späthöfische Spruchdichtung ist formal und inhaltlich an Walthers Vorbild orientiert; zwar erweitern sich die Themenkreise um Zeitklage und sozialpolitischen Verfall des Adels, aber die Verherrlichung und Verteidigung ritterlicher Standesethik, höfischen Denkens und Seins bleiben

bestimmender Anlaß bei Reinmar von Zweter und Bruder Wernher.

In dem Maße, in dem durch gesellschaftliche Umschichtungsprozesse, durch fehlendes höfisches Mäzenatentum und sich entwickelnde Stadtkultur auch die Spruch- und Lehrdichtung von fahrenden Berufs- und Lohndichtern getragen wird, gewinnt die spätmittelalterliche Spruchdichtung an thematischer Breite und an Umfang. Die soziale Abwertung der Spruchdichter in der Spätzeit aber führt zu einer kompensatorischen Übersteigerung ihres künstlerischen und gelehrten Wertbewußtseins. Die Vermengung von geblümter Rede mit gelehrtem Wissen führt zu einer Vielzahl von manierierten, kaum verständlichen Sprüchen in der Spätzeit, die soziologisch und kulturgeschichtlich von Bedeutung, literaturhistorisch aber nur unter dem Aspekt der Gattung von Interesse sind. Dieses um so mehr, als die einzelnen Dichter kaum zu individueller Ausprägung der Form und der Inhalte noch imstande sind.

Die späte Spruchdichtung bewegt sich bei allen Autoren in den vorgegebenen Themenkreisen: Lob- und Scheltspruch, politischer Spruch, Standeskritik und Sozialkritik, Minnespruch, Sittenlehre, religiöser Spruch und gelehrter Reimspruch. Aus diesen Ansätzen entwickelt sich der kurze, einstrophige Spruch zur umfänglichen Reimrede und schließlich zum schulmäßig-formalistischen Meistergesang. Geistliche und weltliche Lehrdichtung bedienen sich anfangs gerne der Form des kurzen Spruchgedichts; mit dem Vordringen der Laien, der Fahrenden und Bürger in die Bereiche weltlicher und geistlicher Bildung wandelt sich die Gesinnungslehre zur Lebens- und Verhaltenslehre, tritt das Moment der Unterhaltung in den Dienst der Belehrung (Wittenwîlers »Ring« z. B.), lösen sich die Formen der Spruchdichtung zunehmend auf. Lehrhaftes Schrifttum in Vers und Prosa gewinnt im späten Mittelalter zunehmend an Bedeutung, es bestimmt die Literatur weit stärker als die wenigen herausragenden dichterischen Einzelleistungen. Der

»Geist der Zeit« und der spätmittelalterlichen Kultur aber spiegelt sich in der Lehr- und Spruchdichtung und in der gesamten Gebrauchsprosa (vgl. Kap. I) deutlicher als in den übrigen literarischen Gattungen.

TANNHÄUSER

In seinem Kreuzzugslied von 1228 (vgl. Kap. III) hatte der Tannhäuser als einer der ersten unter den spätstaufischen Dichtern Realität zum Inhalt seiner Dichtung erhoben, das Mißverhältnis zwischen höfischer Idealität und Wirklichkeit bloßgelegt. Mehr noch als in seiner Lyrik aber zeigt er in seiner Spruchdichtung, wie sehr auch seine persönliche Existenz von solcher Unvereinbarkeit betroffen war. Die sozialen Umbrüche der Zeit schlagen sich in persönlicher Klage über vergangenes Mäzenatentum nieder. Nach dem Tod seines Herrn und Gönners Friedrichs II. (1250 in Apulien) ist auch Tannhäusers Lebensgrundlage zerstört; er hat sein Leben und Vermögen vertan, und er macht in seiner Elendsklage die Zeitumstände dafür verantwortlich, daß er nicht länger mehr Wein und Frauen durch die Gunst hoher Gönner genießen kann (Text 1).
Die materielle, wohl auch selbstverschuldete Notsituation wird auch als Spiegelbild der Zeitsituation aufgefaßt (Text 2). Während der Papst von Italien aus (V. 2) den Gegenkönig Heinrich Raspe von Thüringen (V. 5) gegen Friedrich II. mit Geldmitteln unterstützt, geht er, Tannhäuser, leer aus. Aber er wird zu seinem Herrn halten in der vagen Hoffnung, daß sich Loyalität letztlich bezahlt macht (V. 9).

1

Diu schœnen wîp, der guote wîn, diu mursel[1] an dem morgen
und zwirent[2] in der wochen baden, daz scheidet mich von guote.
Die wîl daz ich verpfenden mac, so lebe ich âne sorgen;
swenne ez an ein gelten[3] gêt, so wirt mir wê ze muote,
Und ich diu pfant sol lœsen, so kumt daz liep ze leide.
so sint diu wîp gar missevar[4], swenn ich mich von in scheide.
der guote wîn der sûret mir, swenn ich niht mac verpfenden.
wenne sol mîn tumber muot an trûren[5] sich volenden?
jâ weiz ich der herren niht, die mînen kumber wenden![6]

2

Daz ich ze herren niht enwart, daz müeze got erbarmen!
des gît man mir des goldes niht, daz man dâ füert von Walhen[7].
Die herren teilentz under sich; so kapfen wir, die armen[8].
wir sehen jæmerlîche dar, so fült man in die malhen[9].
So kunt uns anderthalben[10] von Düringen vil von guote.
daz lâze ich ûf die triuwe mîn, daz ich des niender muote[11].

1. *Leckerbissen.*
2. *zweimal.*
3. *rückzahlen.*
4. *bleich.*
5. *in seiner Trauer.*
6. *Ja, ich kenne keine Herren, die meine Sorge wenden!*
7. *Italien (= Welschland).*
8. *so stehen wir, die Armen, und starren mit offenem Mund.*
9. *Säcke.*
10. *andererseits.*
11. *begehre.*

swie tumb ich sî, ich funde dâ, der mich gehielte schône.
ich wære ê iemer âne guot, ê'ch schiede von der krône.
dem künege[12] dem sprich ich wol; in weiz, wenne er mir lône.

REINMAR VON ZWETER

Lebte zwischen 1200 und 1260, stammte vermutlich aus Zeutern bei Heidelberg. Um 1221 lernte er am Wiener Hof Walthers Dichtung kennen; ab 1235 hielt er sich am Hof Wenzels von Böhmen in Prag auf; 1241 erschien er in Köln, Mainz und an den Höfen des rheinischen Adels. Seine politischen Sprüche reichen nicht über 1248 hinaus; sie sind inhaltlich und formal Walthers Spruchdichtung verpflichtet (vgl. Der Marner, Text 2). Die Meistersinger haben Reinmar zu den 12 großen Meistern gerechnet. 1260 war er bereits gestorben und in Eßfeld bei Ochsenfurt begraben.
Werke: 229 Sprüche, 1 Leich.

Anzunehmen ist, daß Reinmar seine Spruchdichtung selbst geordnet hat; in religiöse Sprüche, ethische Sprüche, Ehrensprüche und politische Sprüche läßt sich der Korpus seiner Dichtung gliedern. Neben den religiösen (Marien-)Sprüchen und frühen Minne(-ethischen)-Sprüchen spiegeln vor allem seine politischen und seine ethischen Sprüche Zeitereignisse und spätstaufischen Zeitgeist. Verfallsklage über Sitten und Konventionen wird zur Anklage gegen Kirche und Kaiser, gegen Klerus und Geldadel, gegen alle unadligen Umtriebe. Die Klage über den Verfall der Turniersitten, die nicht mehr ritterlich, *sondern* rinderlich *geworden seien (Text 1, V. 2), zeigt eine konservativ-höfische, eine auf das zu Bewahrende, doch Vergangene gerichtete Zeitanklage. Aber die politischen Streitereien der zunehmend mächtiger werdenden Territorialfürsten bieten auch Anlaß zu konkreter Mahnung: im politischen Interesse des Reiches den Streit zwischen den Bischöfen beizulegen, die Interessen der Kurie den Reichsinteressen unterzuordnen*

12. Konrad IV.

(Text 2). Dieser Spruch dürfte 1244/45 entstanden sein; er bezieht sich auf die Auseinandersetzung zwischen dem Papst und Friedrich II. (vgl. Tannhäuser), wobei Reinmar hier noch eindeutig für Friedrich II. Stellung bezieht.

1

Turnieren was ê ritterlich:
nu ist ez rinderlich toblich[1] tôtreis[2] und mordes rich,
mortmezzer und mortkolbe[3], gesliffen aks gar ûf des mannes tôt:
Sus ist der turnei nu gestalt,
des werdent schœnen frowen ir ougen rôt, ir herze kalt,
swann sie ir werden lieben man dâ weiz in mortlîcher nôt.

Dô man turnierens pflac dur ritters lêre,
dur hôhen muot, dur hübescheit[4] und dur êre,
dô hæte man umb eine decke
ungerne erwürget guoten man.
swer daz nu tuot und daz wol kan,
der dunket sich zer werlde gar ein recke.

2

Rôme zwô tohtern gap ze man[5]
Megenze[6] unde Kölne: dâ ist ir niht gelungen an:
nû sint der tohtern man ein teil ze tump unt dâ bî al ze geil[7].

1. *wahnsinnig.*
2. *tödlich.*
3. *Mordkeule.*
4. *höfische Gesinnung.*
5. *Rom hat zwei Töchter verheiratet.*
6. *Mainz.*
7. *Nun sind aber die Männer der Töchter beträchtlich zu töricht und allzu verschwenderisch.*

Die sint dem rîche niht guot wirt[8]
gewesen hie bî Rîne: ob daz den keiser wol verswirt,
sô muoz ez doch die scharten tragen, diu niht gâhens wirdet heil[9].
Diu bistuom wâren ê in des rîches huote:
Megenze unt Kölne, nû lît iuwer ruote[10]
dem rîche ûf sîme blôzen rugge.
welt ir mit iuwern crumben steben
des rîches schaden geleite geben[11],
sô mac doch niht den arn vertrîbn ein mugge.

DER MARNER

Zwischen 1231 und 1267 urkundlich nachgewiesen, aus Schwaben stammend, besaß der Marner gelehrte Schulbildung bei bürgerlicher Herkunft. Er hielt sich auf seinen Fahrten vor allem in Süddeutschland auf; stand zeitweilig in Beziehungen zu Friedrich dem Streitbaren von Österreich, Graf Hermann von Henneberg und Bischof Bruno von Olmütz. Rumelant von Sachsen berichtet, er sei 1270 als blinder Greis ermordet worden. Für die Meistersinger wurde er einer der 12 Vorbildmeister.
Werke: 8 lyrische Gedichte (davon 2 Tagelieder und 4 Minnelieder); Sprüche.

Sowohl in seiner Lyrik wie in seiner umfangreichen Spruchdichtung stand der Marner in der Nachfolge Ulrichs von Winterstetten und Gottfrieds von Neifen (vgl. Kap. III). Seine Spruchdichtung steht aber auch in Beziehung zu Walthers Sprüchen; thematisch umfaßt sie Politik und Religion, Kunst und Zeitkritik an Sitten und Gesellschaft. Bemerkenswert ist, wie er sich als bürgerlicher Fahrender über den Kunstverstand seiner zumeist wohl adlig-höfi-

8. Sie sind dem Reich keine guten Hausväter.
9. Wenn das den Kaiser auch nicht mehr schmerzt, so muß das Reich (= ez) doch die Wunden tragen, die nicht so rasch heilen.
10. Zuchtrute; aber auch: Bischofsstab.
11. beschirmen.

schen Auftraggeber und über ihr Literaturverständnis beklagt (Text 1; vgl. hierzu im Kap. I Konrad von Würzburgs »Klage der Kunst«). Den Anspruch eigener Kunst leitet er ab aus seiner gelehrten Bildung, aus der Verteidigung der höfischen Kunst, die er, anders als Reinmar von Zweter (Text 2) nicht als doenediep *imitiert, sondern selbst weiterentwickelt. Sein Scheltspruch gegen Reinmar gehört in die Reihe der spätmittelalterlichen »Literaturkritik« in Form der Dichterschelte (vgl. z. B. die Literatur-Stelle in Gottfried von Straßburgs »Tristan«, Vers 4589–4820, und Konrad von Würzburgs Schelte gegen den Meißner; S. 81).*

1

Sing ich den liuten mîniu liet,
sô wil der êrste daz
wie Dieterich von Berne schiet,
der ander wâ künc Ruother saz:
der dritte wil der Riuzen sturm, sô wil der vierde Ekhartes nôt,
Der fünfte wen Kriemhilt verriet,
dem sehsten tæte baz
war komen sî der Wilzen diet[1],
der sibende wolde eteswaz
Heimen ald hêrn Witchen sturm, Sigfrides ald[2] hêrn Eggen tôt.
Sô wil der ahte dâ bî niht wan hübschen[3] minnesanc,
dem niunden ist diu wîle bî den allen lanc,
der zehende enweiz wie.
nu sust nu sô, nu dan nu dar, nu hin nu her, nu dort nu hie.
dâ bî hæte manger gerne[4] der Nibelunge hort:

1. *Volk der Wilzen (= Elbslawen).*
2. *oder.*
3. *höfischen.*
4. *lieber.*

der wigt mîn wort
ringer danne ein ort[5]:
des muot ist in schaz verschort[6].
sus gêt mîn sanc in manges ôre, als der mit blîge[7] in marmel bort.
sus singe ich unde sage iu des iu niht bî mir der künic embôt.

2

Wê dir, von Zweter Regimâr,
du niuwest mangen alten vunt[8]:
du speltest als ein milwe[9] ein hâr,
dir wirt ûz einem orte[10] ein pfunt,
ob dîn liezen[11] dich niht triuget.
Dir wirt ûz einem tage ein jâr,
ein wilder wolf wirt dir ein hunt,
ein gans ein gouch[12], ein trappe ein star,
dir spinnet hirz dur dînen munt:
wâ mit hâst du daz erziuget[13]?
Ein lüge dur dîne lespe[14] sam ein slehtiu wârheit vert.
du hâst den vischen huosten, krebzen sât erwert[15].
bî dir sô sint driu wundertier,
daz ist der gît[16],
haz unde nît.

5. *kleine Münze.*
6. *verscharrt.*
7. *mit Blei.*
8. *Du gibst alte Dinge als neue aus.*
9. *Milbe.*
10. *Heller.*
11. *Zaubern.*
12. *Kuckuck.*
13. *zustande gebracht.*
14. *über deine Lippen.*
15. *zugestanden.*
16. *Gier, Habgier.*

du dœnediep[17],
du briuwest[18] âne malz ein bier:
supf ûz! dir ist ein lecker[19] liep
der den herren vil geliuget.

KONRAD VON WÜRZBURG

Vor seiner Baseler Zeit ist Konrad von Würzburg in einer Phase seines Lebens als Fahrender und Spruchdichter umhergezogen. Seine Sprüche zeigen die »klassischen Inhalte«: Lob und Schelte gegen Zeitgenossen, Bitte um Gunst und Auskommen, Lebenserfahrung und Zeitklage. Auffallend ist, daß bei ihm, dem Bürgerlichen, der politische Spruch fehlt.
Das in seinem Gedicht »Klage der Kunst« abgehandelte Thema (vgl. Kap. I) hat Konrad in seiner Meißner-Schelte (Text 1) am konkreten Beispiel vorgeführt. Der Meißner wird als »Bänkelsänger« (V. 15) abqualifiziert; Dichterschelte (vgl. Marners Reinmar-Schelte) als zeitübliche Literaturkritik setzt die Kenntnis literarischer Normen voraus und konzentriert sich auf die persönliche Abwertung.
Als Beispiel für den besonders von Konrad gepflegten religiösen Spruch steht Text 2; das Thema der Marienverehrung bestimmt hier die geblümte Sprache, den preziösen Stil wie in der lyrischen Dichtung Konrads (vgl. Konrads »Die Goldene Schmiede« in Kap. III).

17. Plagiator, Tönedieb (jemand, der Strophenbau und Melodie – don – eines anderen Dichters übernimmt).
18. braust (= brauen).
19. Schmarotzer.

1

Der Mîssenær hât sanges hort[1] in sînes herzen schrîne,
sîn dôn ob allen ræzen dœnen vert in êren schîne,
dâmit er bî Rîne
die singer leit in sîn getwanc[2].
in fuorten überz lebermer der wilden grîfen zwêne:
dâ lêrte in underwegen dœne singen ein syrêne:
lebte noch Elêne
von Kriechen, si seit im ir danc
durch sîn adellichez dœnen, daz dâ klinget hôhe enbor.
er gât an der wirde vor
smaragden und saphîren;
er dœnet vor uns allen sam diu nahtegal vor gîren[3];
man sol ze sînem sange ûf einem messetage vîren[4].
»alsus kan ich lîren[5]«,
sprach einer der von Ecken sanc[6].

2

Got wil zejungest sînen tôt verwîzen[7] uns vil armen,
dur daz[8] wir in der helle müezen êweclîche erwarmen:
daz lâ dich erbarmen,
erwelte muoter ûzerkorn!
sîn rôtez bluot er uns ze schaden vor gerihte enblœzet:
des lâ von dîner brüste werden blanke milch geflœzet![9]

1. einen großen Liederschatz.
2. die Sänger unter seinen Einfluß zu bringen.
3. Geiern.
4. man sollte seinen Gesang auf/bei einer Messe feiern.
5. leiern, zur Leier singen.
6. so sagte einer, der vom (Riesen) Ecke sang (der also eine Art Bänkelsänger war).
7. vorwerfen.
8. deshalb.
9. So laß aus deinen Brüsten helle Milch fließen!

hei wie daz verstœzet[10]
von uns dâ sînen grimmen zorn!
wie mac ungenâde uns iemer von dîm edeln sun geschehen,
sô dun lâst dîn brüstel sehen,
und er dich sîne wunden?
er wart versêret[11] und du swanger durch den menschen funden:
der liebe urkünde[12] sol uns dort von leide tuon enbunden[13],
sô daz zallen stunden
iht[14] werde an uns sîn tôt verlorn[15].

FRAUENLOB

Frauenlobs Spruchdichtung deckt thematisch die Breite zeitgenössischer Themen ab, sie reicht von Bittsprüchen über Sozialkritik bis zu kunsttheoretischen Fragen. Formal ist Walther sein Vorbild (z. B. Text 2, V. 1), sprachlich aber nähert er sich Konrad von Würzburg; ihn hat er als großes Vorbild gerühmt (Text 1), zumal der geblümte Stil und Manierismus Konrads seinem eigenen Sprachempfinden entgegenkamen. Frauenlobs Gelehrsamkeit ist Kunstübung im Sinne der mittelalterlichen Wissenschaftslehre, aber auch Kunstübung des um höfische Anerkennung besorgten Bürgers. Seine wenigen politischen Sprüche attackieren zumeist die Mißstände der Kirche, die Geld- und Machtgier der Orden und des Klerus (Text 2); als Fahrender zwischen den Höfen suchte er (vermutlich auch in wohlverstandenem Eigeninteresse) die Macht der Fürsten und des Reiches zu

10. *vertreibt, abwehrt.*
11. *verwundet.*
12. *Zeugnis.*
13. *von Leid frei machen.*
14. *nicht etwa.*
15. *verziehen.*

stärken, ohne daß er die Kirche als Institution aber in Frage stellte (vgl. bei Walther den Konflikt zwischen imperium und sacerdotium in seiner Spruchdichtung). Die geradezu spielerisch-manierierte Artistik Frauenlobs wird in einem Spruch wie Text 3 deutlich, der mit Not gerade noch durch eine Schlußpointe ins Politische geführt wird. Allerdings steht auch hier der Gedanke gesellschaftlich-politischer Oben-Unten-Stufung im Hintergrund, die Frauenlob gegen alle Entwicklungen zu verteidigen sucht.

1

Gevîolierte[1] blüete kunst,
dîns brunnen dunst
unt dîn gerœset flammenrîche brunst
diu hâte wurzelhaftez obez.
gewidemet in dem boume künste rîches lobes
hielt wipfels gunst
sîn list, durchliljet kurc.
Durchsternet was sîns sinnes himel;
glanz alse ein vimel,
durchkernet lûter golt nâch wunsches stimel
was al sîn bluot, geveimt ûf lop.
gevult mit margarîten niht ze klein unt grop,
sîns silbers schimel
gap gimmen velsen schurc.
Ach kunst ist tôt! nu klage, armônie,

1. Du veilchenverzierte Blüte der Kunst, der (kühle) Hauch deines Quells und dein rosenfarben-flammenreiches Brennen trugen wurzelechte Frucht. In dem Baum kunstreichen Ruhmes ward seiner zierlich mit Lilien durchflochtenen Meisterschaft die Gunst des Wipfels (= die höchste Höhe) zuteil. Durchsternt war der Himmel seines Sinnes; leuchtend wie ein Strahl, bis ins Innerste lauteres Gold, entsprechend dem Drang zum Höchsten war all sein Blühen, von trübem Schaum gereinigt, um Ruhm zu erwerben. Besetzt mit Perlen, nicht zu fein und zu grob, gab der weiße Schimmer seines Silbers Edelsteinen das Gewicht von Felsen. Ach, die Kunst ist tot! Nun klage, Harmonie (der Sphären)! Die

planêten tirmen klage niht verzîe,
pôlus jâmers drîe.
genâde im, süeze trinitât,
maget reine, enpfât:
ich mein Kuonrât
den helt von Wirzeburc.

2

Her künic, ir habt ze lanc gebeit[2],
ez wirt iu leit:
der pfaffen vuoz ist worden alsô breit,
si hânt der leien marke gar[3].
des werdet ir an iuwer volge[4] wol gewar,
swenn ez sich treit[5],
daz ir sult liute hân.
Sî ahtent lützel, wes ir gert[6],
hiur unde vert[7];
si dunket nû daz rîche nihtes wert.
man sach ie leienvürsten streben
in stürmen unde in strîten bî dem rîche eneben,
und ouch ir swert
ez schermen sunder wân.
Her künic, ir sult die leienvürsten rîchen[8]:
in rehter nôt die pfaffen von iu wîchen.

---

waltende Kraft der Planeten halte mit Klagen nicht zurück, der Himmelspol verdreifache den Jammer. Süße Trinität, reine Jungfrau, entzündet ihm Gnade: Ich meine Konrad, den Helden von Würzburg. (Freie Übersetzung von H. de Boor: Mittelalter. Texte und Zeugnisse. München 1965. Bd. 1. S. 693.)

2. *gewartet.*
3. *sie haben die Gebiete (Ländereien) der Laien vollständig in Besitz.*
4. *(Heer-)Gefolge.*
5. *wenn es dazu kommt.*
6. *fordert.*
7. *in diesem und im vorigen Jahr.*
8. *stärken.*

waz mac helden glîchen?
swâ man die helme ûf binden sol
durch êren zol,
dâ siht man wol,
wer manheit wil bestân[9].

3

Ein hane sol krên, ein hunt sol bellen, kerrn[10] ein swîn
nâch dunken mîn:
sô sol ein lewe limmen[11]
und der ber sol brimmen.
dem ochsen lûn[12], dem rosse zimt weien[13] nâch der stimmen.
wie sol des esels lûten sîn, sô gouchen zimt dem gouche[14]?
Ein smit sol smiden, ein bader baden, ein jager jagen,
ein trager tragen,
ein mâler bilde zirken[15];
sar den sare wirken[16]
zimt eben: der knecht zu dienste pflege beidenthalp der lirken[17].
dem munche zimt sîn klôster baz, dan er zu hove sich ouche[18].
Dem priestr ist priesterschaft gegeben,
dem ritter ritterlîchez leben,

9. leisten.
10. grunzen.
11. knurren.
12. brüllen.
13. wiehern.
14. wenn Kuckuck schreien dem Kuckuck zukommt; hier wohl im doppelten Sinn auch: wenn närrisch werden dem Narren zusteht (gouch = Kuckuck, Narr).
15. zeichnen, malen.
16. Kriegsrüstung machen, Rüstungen herstellen.
17. stammeln, stottern.
18. als sich bei Hofe zu bereichern.

dem weber weben.
swâ man liez eben[19]
daz dinc nâch sîner art bekleben,
sô kêm ez nicht ûf widerstreben[20].
der hof nâch[21] unart verwet sich alsam der verst[22] nâch rouche.

HEINRICH SEUSE

Büchlein der Ewigen Weisheit

Zwischen 1327 und 1334 hat Seuse in Konstanz eine seiner Hauptschriften abgefaßt, das »Büchlein der Ewigen Weisheit«. Mit seinen hundert Betrachtungen gehört es zu den wichtigen Schriften der praktischen Mystik; als allgemeinverständliche Erbauungsschrift war es für Nonnen, seine geistlichen Töchter, bestimmt. Der erste Teil enthält Betrachtungen über die Leiden des Erlösers, den Adel der Gottesminne, über Himmel und Hölle, die gerechten Strafen Gottes u. a. Im zweiten Teil werden konkrete Ermahnungen zu rechtem Verhalten gegeben: wie man innerlich leben soll, über den Empfang der Sakramente und die Pflicht zu immerwährendem Lob Gottes. Die Betrachtungen sind in Dialogform zwischen der Ewigen Weisheit und ihrem Diener gegeben; ein Ausdruck oder Sinnbild für die enge Verbindung zwischen der anima fidelis und ihrem Bräutigam Christus.

Als religiöses Lehr- und Erbauungsbuch war das »Büchlein der Ewigen Weisheit«, aus dem der folgende Text stammt,

19. *wenn man die Dinge nach ihrer Art beließe.*
20. *zu Widerstreben.*
21. *durch.*
22. *Dach, First.*

im 14. und 15. Jahrhundert das meistgelesene deutsche Andachtsbuch; es ist in rund 180 Handschriften überliefert.

war umbe es got sinen vrúnden als reht úbel in zit gestattet

D e r d i e n e r : Herre, so ist ein ding in minem herzen, getoͤrste[1] ich daz zů dir gesprechen? Ach, suͤzer herre, wan getoͤrste ich nu mit dinem urlob[2] mit dir disputieren als der heilig *Jeremias*! Zarter herr, nu zúrn nit, und hoͤr es gedultklich! Herr, sú sprechent[3] also: wie inneklich suͤze din minne und din vrúntschaft si, so last du si doch dinen vrúnden under stunden[4] gar sur werden mit mengem bitterlichem lidenne, daz du inen zů sendest von versmechte[5] von aller der welt und von menger widerwertikeit, beidú uzwendig und inwendig. So ein mensch doch erst getrittet[6] in din vrúntschaft, so ist der erste trit dar nah, daz er sich bereite und bewegenlich setze uf liden[7]. Herr, dur dinú guͤti, waz mugen sú suͤzikeit hier inne han, ald wie macht du es alles erliden an dinen vrúnden? Oder geruͤchest du es nit ze wissenne[8]?

E n t w ú r t d e r E w i g e n W i s h e i t : Als mich min vater minnet, also minne ich mine vrúnde. Ich tůn minen vrúnden nu, als ich in han getan von angenge der welt bis an disen hútigen tag.

D e r d i e n e r : Herr, daz ist, daz[9] man klagt, und dar umb so sprechent sú, daz du so wenig vrúnden hast,

1. *darf.*
2. *Erlaubnis.*
3. *man spricht.*
4. *zuweilen.*
5. *Verachtung.*
6. *eingetreten in.*
7. *entschlossen zu, gefaßt ist auf Leiden.*
8. *Oder magst (geruhst) du es nicht (zu) erklären.*
9. *gerade das ist es, was.*

wan[10] du inen es so gar úbel in diser welt gestattest[11]. Herr, dar umbe ist ir och vil, so sú dine vrúntschaft erwerbent und sú in lidenne beweret son[12] werden, daz sú dir abe gant[13], owe, und daz ich mit herzklichem leid und mit bitterlichen trehnen mins herzen mûs sprechen, daz sú denne wider hinder sich gant uf daz[14], daz sú gelazen durch dich[15] hatten. Herr mine, waz sprichest du hier zů?

Entwúrt der Ewigen Wisheit: Disú klage ist dero menschen, dú krankes globen sint und kleiner werke, lawes lebenes[16] und ungeűbtes geistes. Aber du, gemintú[17], wol uf mit dinem mûte usser dem horwe[18] und der tiefen lachun[19] liplicher wollust! Entschlús[20] din inren sinne, tů uf dinú geistlichen ogen und lůg[21], nim eben war, waz du bist, wa du bist und war du hőrest[22]; sich, so maht du grifen[23], daz ich minen vrúnden daz aller minneklichest tůn.

Du bist nach dinem naturlichen wesen ein spiegel der gotheit, du bist ein bilde der drivaltkeit und bist ein exemplar der ewikeit. Und als ich in miner ewigen ungewordenheit bin daz gůt, daz da ist endlos, also bist du nach diner begirde[24] grundelos; und als wenig ein kleines trőphli erschússet[25] in der hohen tiefi des meres, als we-

10. *weil.*
11. *ergehen läßt.*
12. *sollen bewährt.*
13. *sie sich von dir wenden.*
14. *hinter sich (= heimlich) dem nachgehen.*
15. *um deinetwillen.*
16. *lauen Lebens.*
17. *geliebte Seele.*
18. *Schmutz.*
19. *Lache.*
20. *schließ auf.*
21. *sieh hin.*
22. *wohin du gehörst.*
23. *begreifen.*
24. *Sehnsucht.*
25. *etwas ausmacht.*

nig erschusse an der erfúllunge diner begirde alles, daz dú welt geleisten mag.
So bist du in dem ellenden jamertal, in dem liep mit leide, lachen mit weinenne, vrŏd mit trurkeit vermischet ist, in dem ganz vrŏde nie herz gewan; wan es trúget und lúget, als ich dir sagen wil, es geheisset[26] vil und leistet wenig, es ist kurz, unstet und wandelber; hút[27] liebes *vil*, morne leides ein herze vol, sich, daz ist dis zites *spil*[28].

JOHANNES ROTHE

Um 1360 in Kreuzburg an der Werra geb., am 5. Mai 1434 in Eisenach gest. Rothe war Stadtschreiber, dann Priester und Schulmeister in seiner Geburtsstadt, später Kanonikus und Kaplan der Landgräfin Anna.
Werke: *Eisenacher Rechtsbuch*; *Das Leben der heiligen Elisabeth* (um 1420); *Passio Christi*; *Das Lob der Keuschheit*; *Der Ritterspiegel* (1415/16); *Düringische Chronik* (1421).

Der Ritterspiegel (Auszug)

Die Tradition der Fürstenspiegel reicht bis in die Antike und gründete sich auf eine Stelle bei Paulus (1. Kor. 13, 12), wonach der Mensch das wahre Wesen der Dinge und seiner selbst wie in einem Spiegel sehen und erkennen müsse. Fürstenspiegel waren also Lehrdichtung, Anweisungen zur rechten Regentschaft und seit der Mitte des 13. Jahrhunderts auch in Europa verbreitet.
Der Stadtbürger Rothe gibt in seinem »Ritterspiegel« dem Adel in der Situation seines moralischen und gesellschaftlichen Niedergangs Lehren für rechte Lebensführung, eine

26. *verspricht.*
27. *heute.*
28. *das Spiel der Zeit.*

Standeslehre. Die Normen und Wertbegriffe des höfischen Lebens sind vom Bürgertum in die Obhut genommen. Die 4100 Verse seines »Ritterspiegels« gliedert Rothe in vier Teile: 1. (1–408): Allegorie vom Spiegel und ihre Ausdeutung. 2. (409–908): Lehre vom Heerschildsystem und heraldische Regeln. 3. (909–2407): Sittliche Belehrung des Ritters durch symbolische Ausdeutung seiner Standesattribute (vgl. Textauszug). 4. (2408–4108): Unterweisung für die rechte Kriegführung.

Höchstes Lebensprinzip auch für den Ritter sei der Nutzen für die Allgemeinheit; in der Verpflichtung auf das Ideal christlicher Humanität seien Bürger, Bauer und Ritter Gleiche. Aber auch an konkreten Ratschlägen für rechte ritterliche Lebensführung spart Rothe nicht: gegen die Streit- und Fehdesucht der Ritter, für eine standesgemäße Beteiligung des verarmten Adels an den ehrbaren Handelsgeschäften der Bürger; denn nicht der Adel der Geburt, sondern der Adel der Gesinnung (Text, V. 149 f.) machen den Menschen zum »Herren«. Rothe ging es wohl nicht um die Darstellung der negativ gesehenen Wirklichkeit; er sah das Rittertum als Städter und Historiker vom theologisch bestimmten Ideal her. Als »miles christianus« hat der Ritter historisch vorgegebene religiöse, sittliche Normen und den Auftrag Gottes zum Schutz der Kirche zu erfüllen. An dieser Forderung ist er zu messen, zu kritisieren. Als Bürger freilich konnte Rothe seinem ritterlichen Publikum kaum höfische Lebensformen und -ideale abfordern; auch hier bietet sein »Ritterspiegel« Erörterungen über historische und rechtliche Verpflichtungen an, aus denen praktische Ratschläge sich zwangsläufig ergeben. Absicht aber war nicht allein die Handlungsanweisung, sondern die Stärkung ethischen Selbstbewußtseins des Ritterstandes durch Mahnung und Belehrung. Darin tritt auch das hochmittelalterliche Ritterideal zutage, »Gott und der Welt gefallen« zu wollen, nicht aber der Welt und Gott, wie es im späten Mittelalter der Fall ist. Rothe zeigt den Ritter, wie er nach städtisch-bürgerlichen Normen sein sollte, um Würde des Standes und Führungsrolle in der Gesellschaft mit Recht beanspruchen zu können.

Recht ist ez und gar bilch darzcu
  daz man en herre nennit,
Her sal ouch also herlichin thu
  daz man sine ritterschaft irkennit.
Herre ist eyn name gud
  wan ouch gud ist sin lebin.
Edil nennit man sin blud
  und sin herzce, merkit dit ebin.
Man sprichit nicht: du edilz hoibit.
  edele fuße, arme und hende
Czu sprechin ist daz nicht irloibit[1]
  wi doch deße gelede[2] sint genende.
Man sprichit nicht: du edele hued,
  buch, fleisch und ouch gebeyne;
Daz blud und herzce habin den lued,
  dez andirn vorgißit man reyne.
Daz adil daz der licham[3] tregit,
  daz ist gesuntheit und schone gestalt
Und di jogunt di en bewegit,
  und daz her starg ist und balt[4].
Dez libis adil adilt also nicht
  und had dez ouch keyne ere,
Deme licham dez zcuhant gebricht
  wan ez sich beginnet kere.
Ane sinen dang[5] so werdit eyn man
  beide sich, crang und[6] ungestalt;

1. *gestattet, erlaubt.*
2. *Leute.*
3. *Körper.*
4. *tapfer.*
5. *Willen.*
6. *sowohl . . . als auch.*

Ane dang di ere nymant kan
vorlisen her si jung adir alt.
Worum man abir daz adil zcu
lege dem herzcin und dem blute
Daz muez ich uch sagin nu:
di sele had darynne er hute.
In deme blute steckit der geist,
god had ez selbir gesprochin;
In dem herzcin wonit her allirmeist
biz daz ez werdit gebrochin.
Daz erste daz sin lebin gewinnet
daz ist dez menschin herzce
Und wan her dez todis beginnet,
so ist do ouch der leste smerzce.
Dit ist eyn zceichin wi daz adil
kommit von der sele dar
Und nicht von dez libis dradil[7]
noch allir wisin meistir lar.
Wile nu daz adil kommit her
von der sele und nicht deme libe,
So besinnet und betrachtit dit ner
weme ir ez sullit zcuschribe.
Man nennit eynen ritter herre
nicht umme sin gelis[8], crusis har;
Man irbutit eme solche ere
umme sine togunde, daz ist war.
Und ist her danne untoguntsam,
man erit en wol und meynit sin nicht,
Wan frome luthe di sint em gram
und haldin en also eynen bosin wicht.
Waz lobis mag em daz gesi
wan man en darmede honit[9]

7. *Geruch.*
8. *helles.*
9. *verhöhnt.*

Und man em hindirwert gebit phi[10],
daz man vor eme beschonit.
Seneca der spricht darvon:
eyn schonir licham machit nicht gud
Eynen man noch myme won
hat her nicht eynen fromen mud.
Ist abir sin sele togunde vol
und had der vele begangin,
So ist sin licham gezcirit wol
und had schones adil enphangin.
Ez schadit eyme ediln manne nicht
ab[11] her ist swarcz und obil gestalt,
Wan em der togunde nicht enpricht[12]
so ist sin ere gar mannigvalt.
Der selbe meistir ouch lerit
wi di ediln sullin gebarin[13]
Daz sy zcu rechte werdin geerit
und nicht lestirlichin varin:
In sime huse si her frolich,
nicht also eyn bere her brymme,
Daz zcirit sine sethe gar holich,
nicht gremelich sy sin stymme,
Mit sime gesinde kort sin zcorn
und mit senftin, ernstin wortin
Ane scheldin und ungesworn
so brenge her sy zcu fortin.
Hobisch[14] sal man uf der straße sin,
di luthe grußin, en sprechin zcu
Und gebin eynen fruntlichin schin
und in allin dingin daz beste thu,

10. *pfui.*
11. *ob.*
12. *nicht fehlt.*
13. *sich führen sollen.*
14. *höflich, gesittet.*

Czu der kerchin gerne gen,
gotis dinst ungerne vorsumen,
Vor eme in großir demud sten
und er[15] deme ende nicht rumen[16].
Kommit her danne zcu velde
gegangin adir[17] geretin,
Sin manheid sal sich melde
daz wole do werde gestretin.
Nu lobe eynes fromen ritters lebin
mit deme daz sin sele had
Daz eme eyn andir nicht mag gegebin,
daz ist eyne toguntliche tad!
Nicht sin huez noch sin cleid
noch sine schonen pherde,
Sundirn sin togunt und redelichkeid
di machin sinen namen werde.
Lobistu, spricht Plato, eynen man
daz her kommen si von ritters slacht,
Daz her edil sy und nicht undirtan,
dez lobis werdit wenig geacht;
Also lobistu sine eldirn und en nicht[18].
lobistu danne sinen richtum,
Daz ist sin glucke, dannoch em gebricht
dez rechtin lobis, der werdikeid rum.
Lobistu en frisch und ouch geil[19],
di krangheit benemmit em schere daz
Und der subirlichkeid enteil,
daz aldir tud uf erdin nicht baz.
Lobistu en her si gesunt und starg
und freidig an deme libe,

15. vor.
16. fortgehen.
17. oder.
18. nicht ihn selbst.
19. übermäßig, ungebührlich.

Ez mag mit eme wol werdin arg
  wan her vel unfur tribe.
Lobistu danne sin rithin und stechin
  und sin freidigis tornirin,
Ez gewinnet wole den gebrechin
  wan di crefte en numme zcirin;
Deße gehorin alle dem libe zcu,
  also ich vor habe gesprochin,
Sy mogin nicht edellichin gethu
  ist en di mogunt gebrochin.
Lobistu en her sy toguntsam,
  vornunftig und darzcu wise
Und sy den bosin luthin gram,
  alrest saltu en prise.
Ist her danne von gudir ard
  und veste in dem gudin synne
Und zcu gotlichin dingin gekard
  und daz her gotis hulde gewynne,
Milde, kune, frolich und gutig
  (dit gehorit alliz der sele zcu),
Wise, fruntlich, warhaftig, demutig
  alrest ist her gelobit nu.
Eyn guldin zcoim[20] der machit eyn phert
  nicht beßir danne ez vor waz,
Also tud ouch eynen ritter wert
  sin cleid, sin togunt zcirit en baz.
Dit ist nu daz sechste vorteil
  daz eyn fromer ritter had
Daz man en lobit dorch sin heil
  und heißit en herre an allir stad;
Nicht von sime geslechte,
  sundirn von eigener fromikeid.
So stet sin lob zcu rechte
  und sin name werdit groz und breit.

20. *Zaum.*

MUSKATBLÜT

Die didaktischen und politischen Gedichte Muskatblüts sind, wie zum Teil seine Minne- und Marienlieder, Lehrdichtung des gebildeten Laien. Kunst ist der Spiegel, in dem der Lauf der Welt und das Wesen der Menschen sichtbar zu machen sind. Dabei sieht sich Muskatblüt in der Rolle des mahnenden, warnenden und auch klagenden Ratgebers für seine Zeit. Er beklagt – wie auch andere seiner bürgerlichen Zeitgenossen – den Niedergang des Rittertums (Text 2, V. 13) und die Unglaubwürdigkeit der Geistlichen (Text 1), die nicht weniger verderbt seien als jene, denen sie predigen. Nicht der Adel selbst hat seinen Niedergang verschuldet, sondern die Käuflichkeit aller Werte und jedes Standes ist der eigentliche Grund (Text 3) für den gesellschaftlichen und moralischen Wandel in der Zeit (Text 4).

1

Ir priester werde,   uff duser erde
halt ir den prysz!   důt eyns, sit wisz
vnd volgent nach den bůchen!
Leget hin den git   has vnd nyt,
werfft alles hin,   volget dusem syn,
so darff man uch nit flůchen!
Hoffart vnkusch vnd ubermůt
daz siet man uch vil driben.
ir stet ser na vnrechtem gůt,
die lenge machs nit beliben!
uwer furgang   důt vns betwang[1];
was ir vns sollent weren,
daz selbe daz dribt ir alle dage!   es ist ein clage
in aller werlt!   fur war ich melde,
ir důt uch selbes vneren[2]!

1. *bringt uns in Bedrängnis.*
2. *ihr bringt euch selbst in Schande.*

2

Furst erenrich der erst dugenclich
herre wol geboren, schon usserkoren,
beide ritter vnd knechte,
Priester, amptlude, ich uch bedude,
burger, bůman, ir solt uerstan
waz ich dan hie gebrechte[3].
Daz vnrecht daz ist leider grosz,
gewalt get in hoem schalle[4],
daz recht ist nacket vnd stet blosz,
daz můs mir missefallen.
des pennyngis clang hat nu furgang[5]
wan man kumpt vur gerichte.
o werder furst daz lyt an dir! gelaub des mir,
wan daz din hulde dar an hat schulde,
die warheit ist gediechte!

3

Ir ritter knecht, ich dicht mit recht
in uwerem sal wenig der zal
die sich neren mit witzen[6].
Wer meyneit swirt, frauwen vnert,
wer wůcher dribt der selbe belibt
nu bi den fursten sitzen.
Wer nacht raubt stilt, dar zů mort brent,
hat er dan vil pennyngen,
vil balde wirt er zů hobe erkant.
die warheit můs ich singen,
man spricht vil drat: »kom in den rat!«

3. *was ich hier laut verkünde.*
4. *Gewalt kommt mit Getöse daher.*
5. *der Klang des Geldes gilt alles (hat den Vortritt).*
6. *die sich mit Verstand (auf verständige Weise) am Leben halten.*

man zelt in zů den besten.
o werder furst wes zihes du dich, war vmb bist siech
vnd wůrst wol gesont! uff feltschen gront
setz du des adels vesten!

4

Richter amptlude vernement hude
waz ich uch singe: na dem pennynge
so habent ir den mantel[7]
vnd wenig na recht; es stet vnslecht[8]
in uwerem ampt; ir siit uerdampt
wan ir recht vmb daz wandel[9].
Es ist gemeyn[10] in aller werlt
in steden vnd in slossen
daz ir nu richtet vmb daz gelt,
sust sit ir gar uerdrossen.
bringt man uch nyt gabe vnd myet[11]
uerflůcht so sint die armen,
ir gůt gelimp[12] gewynt nymmer recht! o ritter knecht
bistu amptmann, so flůch den ban[13],
laisz dich daz recht erbarmen!

Burger, bůman, die zwa person
stifftent mit sünde vil nuwer fünde[14]
in steden vnd in dorffen.
Ir beste lauff ist wucher kauff

7. *hängt ihr das Mäntelchen.*
8. *es herrscht Unaufrichtigkeit.*
9. *wenn ihr schlichtet um des (Straf-)Geldes willen.*
10. *bekannt.*
11. *Scheffel.*
12. *verbürgtes Recht.*
13. *Gerichtsbarkeit.*
14. *Moden.*

grosser fursatz[15] furlauff[16] vnd tatz[17]
mit dem butschoch[18] geworffen.
Zůcht nu ein bůr in ein stat,
die warheit můsz ich sagen,
mit gelt so kumpt er in den rat,
zů hant so wil er dragen
marder vnd fuchsz vehhůt[19] vnd luchsz
er nent sich nymme bůwer;
als balt[20] der rok im ist gebremt[21], zů hant so schempt
er sich der fründe; ein stat, ein pünde[22]
die zwei die scheit eyne můre.

15. *Pfand.*
16. *Aufschlag.*
17. *Schmiergeld.*
18. *Bundschuh, grober Schuh.*
19. *Hermelin.*
20. *wenn erst.*
21. *am Rande eingefaßt, verziert.*
22. *Bündnis (der Bauern).*

III. Lyrik

Seinen Gipfelpunkt erreichte ritterlich-höfischer Minnesang in der Stauferzeit, in der Dichtung Reinmars und Walthers. Die Dichter der spätstaufischen Zeit zwischen 1240 und 1280 bleiben diesen großen Vorbildern ebenso verpflichtet wie der höfischen Hochkultur, die nun in einen Prozeß der raschen Wandlung und Auflösung hinübergleitet. Dieser Prozeß einer gesellschaftlichen Veränderung aber stützt zunächst die Grundtendenz der höfischen Dichtung und ihrer Träger: Bewahrung in Konvention und Esoterik, Abwehr aller unkontrollierten Realitäten und Kräfte, geistiges und kulturelles Elitebewußtsein als kulturtragende Schicht.

Die Lyrik also bleibt auch in der spätstaufischen Zeit bis etwa 1280 Gesellschaftskunst, eine Typusdichtung ohne große Individualität oder Originalität. Ihre Formen, Inhalte und Vorbilder waren durch Reinmar und die »Wiener Schule« und durch Walther von der Vogelweide vorgegeben. So ist Dichtung nun vor allem Formkunst, Kunst der Variation im Sprachlichen und Formalen, in Wortwahl, Versfügung und Reim. Nicht im Inhaltlichen, sondern in der formalen Variation der Idee liegt die Aussage dieser Dichtung. Für eine zutreffende Einschätzung und Würdigung solcher Kunst der formalen Nuancen fehlen uns heute leider die weitgehend verlorengegangenen Melodien.

Um die Jahrhundertwende, ab 1280 etwa, hatte sich die Kunst des intellektuellen Vergnügens aus Klängen, Rhythmen und Reimen, aus Wortformeln, Metaphern und Bildern in ihren Variationsmustern verbraucht. Die ständige Wiederholung und Variation hatte auch bei den Epigonen zu einer Erstarrung geführt; die Kraft der Konvention und der gesellschaftlichen Idealbilder war erschöpft. Punk-

tuell, in einzelnen Bildern und Ausdrücken wird die Grenze zur Wirklichkeit erreicht und bald überschritten. Das Inventar des locus amoenus, der Ideallandschaft im hochhöfischen Minnesang, wird um Elemente aus einer realen, subjektiv erlebten Landschaftsvorstellung erweitert; die Frau als Herrin und Ideal der Verehrung wird in einzelnen Zügen persönlich erfaßt, an die Stelle der unerreichbaren Herrin tritt schließlich die eigene Frau oder Geliebte. Damit wird auch der Weg geöffnet, auf dem die stets vorhandene, unterschwellig lebendige Ereignislyrik – Volkslied, Tanzlied, Trinklied – zunehmend gesellschaftsfähig wird. Ab 1300 etwa findet sich die Lyrik der höfischen Epigonen auf dem Rückzug; die spätmittelalterliche Lyrik wird zunächst zunehmend Individual-Lyrik, bis sie sich im Meistergesang erneut gelehrter Formkunst und Erstarrung unterwirft.

Dieser Umbruch ist nicht bewußte Erneuerung, ist nicht poetische Revolution, sondern Evolutionsprozeß im Sinne einer gesellschaftlichen Neuorientierung. Die Parodien höfischen Minnesangs bei Steinmar, Neidharts Dorfpoesie oder Tannhäusers beißender Zynismus sind dabei zunächst Formen gesellschaftlich geduldeter Kontrastlyrik für die Eingeweihten; auch die inhaltliche Konkretisierung des Tagelieds bleibt bis zur Tageliedauffassung bei Günter von dem Forste im wesentlichen ebenso im Rahmen der Konvention wie das Ehelied Johannes Hadloubs oder Ulrich von Winterstettens Schelte gegen die armen minnerlîn, *die armseligen, kraftlosen Nachahmer der Minnesänger.*

Deutlicher als in anderen Formen zeigt sich am Minnesang und seinen Dichtern der soziale Umbruch, der in der spätstaufischen Zeit einsetzt und sich um die Wende zum 13. Jahrhundert beschleunigt. Die aristokratisch-ritterliche Kunst verläßt die Grenzen ihrer Exklusivität in eben dem Maße, in dem der Hofadel verarmt, orientierungslos wird in den Machtkämpfen mit Kaiser, Kirche und Städten. Zunehmende Kraft der Städte und wachsendes Selbstbewußt-

sein der Bürger schaffen neue kulturelle Zentren in den Städten; die Kunst ritterlicher Idealität wird zur Kunstübung gebildeter Stadtbürger; höfisches Mäzenatentum tritt zurück hinter bürgerliche Auftragskunst – etwa bei Konrad von Würzburg schon – und schulmäßige Kunstübung. Bildung und Gelehrsamkeit säkularisieren sich bis hin zu den Handwerkern, die zu gelehrten Magistern werden.

In Lied, Leich, höfischer Dorfpoesie und Spruch lebt die Tradition des Minnesangs zunächst fort – unter der Obhut vereinzelter »Traditionalisten« wie Ulrich von Winterstetten, Ulrich von Lichtenstein oder Oswald von Wolkenstein, aber im wesentlichen doch in der Pflege stadtbürgerlicher Dichter. Zunächst stehen höfisch-feudalistische Traditionslyrik und bürgerlich-ständische Lyrik noch selbständig nebeneinander. Doch das Minnelied entwickelt sich, wird differenziert zum volkstümlichen Lied, zu Minnerede und Minneallegorie. Der Spruch (vgl. Kap. II, Einleitung S. 71 bis 73) wird ausgebaut zur umfänglichen Reimrede, zum poetologisch gelehrten Meistergesang; inhaltlich-thematisch erfährt er eine Differenzierung von der Standeskritik zur zeitkritischen Aussage, zur Sozialkritik und Kunsttheorie. Die geistliche Lyrik verliert in den Jahren der Pest und mit den Geißlerliedern ihre Realitätsferne; kunstmäßige geistliche Lyrik bedient sich der Umdichtung weltlich-volkstümlicher Lyrik (Kontrafaktur), gewinnt dadurch Lebens- und Existenznähe zurück.

Die Lyrik der staufischen Blütezeit war im wesentlichen um die beiden zentralen Dichtergestalten Reinmar von Hagenau und Walther von der Vogelweide versammelt. Aber bereits in der spätstaufischen Zeit und mehr noch nach 1300 fehlen die großen, stilbildenden Einzelpersönlichkeiten. Zwischen 1240 und 1280 lassen sich wohl einige Gruppierungen noch herstellen, doch löst sich das Bild dann zunehmend auf in eine Fülle von Richtungen, Stilen und Formen. Auch für diesen Zeitraum noch bleibt bei der Mehrzahl der Dichter die zeitliche und örtliche Zuordnung unklar; die Handschriften sammeln und ordnen Verschiedenartiges unter dem Gesichtspunkt von Textformen, Interesse und Überlieferung. So entstehen bis heute weitgehend ungelöste Fragen der Biographie, Chronologie und Textzuordnung.

Am Beginn der spätstaufischen Phase des Minnesangs stehen der Markgraf von Hohenburg und Otto von Botenlauben mit ihrer dem Nacherleben und konservativer Tradition des Minnesangs verbundenen Lyrik. In Mittel- und Ostdeutschland erlebt höfischer Minnesang eine späte, aber wenig kraftvolle Blüte; König Wenzel, Markgraf Heinrich von Meißen, Wizlav von Rügen, Herzog Heinrich von Breslau versammeln einzelne Dichter an ihren Höfen, dichten am Ende des 13. und Beginn des 14. Jahrhunderts zum Teil selbst noch einmal in höfischen Tönen. Am Hof Heinrichs VII. orientiert sich zwischen 1220 und 1260 eine Gruppe von Dichtern, die man als Neifen-Gruppe bezeichnen könnte: Burkart von Hohenfels, Ulrich von Winterstetten und Gottfried von Neifen. Diese schwäbischen Dichter, ihren großen Vorbildern verpflichtet, suchen in der Kunst formaler Virtuosität und sprachlicher Anmut die Problematik eines vom Minnedienst befreiten Minnesangs zu verdecken.

In der Gestalt des Tannhäuser und in seiner Dichtung aber wird das Neue, das Andersartige dieser Zeit faßbar: Spott und Ironie richten die höfische Welt des schönen Ideals, ersetzen sie durch die sinnliche Freude an den Erscheinungen des Natürlichen in der Wirklichkeit. Ulrich von Lichtenstein lebt und dichtet seinen »Frauendienst« unter dem Eindruck und der Erfahrung, daß die Minnewelt nur noch als Fiktion herstellbar ist: er spielt die Idealität höfischer Kultur in der Wirklichkeit. Auf seinen Turnierfahrten, als Frau Venus und König Artus verkleidet, muß er feststellen, wie wenig das Ideal sich in der Wirklichkeit noch bewährt. Bei Konrad von Würzburg erfolgt dann bereits der konsequente Wandel höfischer

Standespoesie zu bürgerlicher Unterhaltungslyrik – bei Wahrung und letzter Entwicklung der minnesingerischen Normen, zumindest im Formalen.

Steinmar nimmt um die gleiche Zeit Tannhäusers Kritik an der dünnblütig gewordenen Tradition des Minnesangs auf und setzt mit seinem »Herbstlied« die Lust der prallen, sinnlichen Lebensfreude gegen die sittlichen Normen einer vergangenen Hofkultur.

Bei dem Züricher Stadtbürger Johannes Hadloub wird Minnesang bereits zur dilettantischen Liebhaberei des Sammelns und Nachahmens, unter dem Einfluß der Manesse, die bereits damit beschäftigt sind, höfische Dichtung zu kompilieren. Die Lieder Hugos von Montfort schließlich sind Zeugnisse einer Traditionsverpflichtung, die nur noch im religiösen Umkreis ihre Idealität bewahren kann. Gleichsam als Abschluß, mehr noch als Neubeginn, finden sich sodann die Lieder Oswalds von Wolkenstein, in denen eigenes Erleben, subjektive Erfahrungen von Freuden und Leiden jede Konvention sprengen.

Die Mehrzahl der spätmittelalterlichen Dichter und Lyrik ist in den großen Sammelhandschriften überliefert, die zumeist am Ende des 13. und Beginn des 14. Jahrhunderts entstanden. In jenen Handschriften also, die auch den Bestand der hochhöfischen Lyrik und Dichter überliefern, obwohl sie oft erst hundert und mehr Jahre später angelegt wurden. (Vgl. hierzu die Einleitung zu Kap. II, 2 im 1. Band dieser Reihe.)

Seit Beginn des 14. Jahrhunderts aber entsteht eine Reihe von Liederbüchern und Liedersammlungen, zumeist als Auftragsarbeiten in den Städten, die den Fundus spätmittelalterlicher Literatur ebenso dokumentieren wie ihre Rezeptionsgeschichte und ihre Entwicklung in den Kreisen des gelehrten oder auch nur begüterten Stadtbürgertums. Auch in diesen späteren Sammlungen finden sich die Namen und Belege älterer Literatur zum Teil wieder; dane-

ben aber Unterschiedlichstes nach Inhalt, Form und Bedeutung, namenloses Liedgut neben bekannten Autoren. Tilemann Elhens »Limburger Chronik« (1336–98) sammelt innerhalb der Ereignisberichte auch Volkslieder, Minnelieder und religiöse Lyrik, soweit sie damals bekannt und verbreitet waren. Die »Sterzinger Handschrift« aus dem 14. Jahrhundert ist die Sammlung eines gebildeten Liebhabers der Dichtung. Die »Mondsee-Wiener Liederhandschrift«, entstanden zwischen Ende des 14. und Mitte des 15. Jahrhunderts, enthält vor allem 100 geistliche und weltliche Lieder des Mönchs von Salzburg. Aus dem Anfang des 15. Jahrhunderts datiert die sogenannte »Haager Liederhandschrift«, die etwa 60 deutsche und holländische Lieder enthält und sowohl sprach- als auch kulturgeschichtlich von Bedeutung ist. Besonders aufschlußreich für Art und Umfang solcher spätmittelalterlichen Liedersammlungen ist das nach 1421 entstandene »Liederbuch des Jakob Kebitz«. Es versammelt sowohl Spruchdichtung in Meistertönen als auch Beispiele des bürgerlichen Gesellschaftsliedes, insgesamt 72 Stücke: ein Heldenepos, 33 Lieder, 7 didaktische Reimpaarsprüche, 2 Merksprüche zur Wirtschaftsführung, 2 Liebesbriefe in Prosa, eine musiktheoretische Abhandlung in Prosa über die Instrumentalbegleitung von Liedern sowie 26 Rezepte in deutscher und lateinischer Sprache. Das »Augsburger Liederbuch« aus dem Jahr 1454 liegt bereits jenseits unseres Berichtszeitraums; es enthält wichtige Belege für spätmittelalterliche Liebes- und Studentenlieder sowie Reimsprüche. Gleiches trifft schließlich auch zu für das 1471 entstandene »Liederbuch der Klara Hätzlerin«, wobei diese Handschrift die Abschrift einer älteren Sammlung ist; diese Sammlung enthält Belege für anonymes, zum Teil abgesunkenes, zersungenes höfisches Liedgut sowie Gedichte und Spruchdichtung vor allem der späten Dichter von Neidhart bis zu Oswald von Wolkenstein.

BURKART VON HOHENFELS

Burkart von Hohenfels ist zwischen 1212 und 1242 urkundlich bezeugt, Er wurde als Zeitgenosse des alten Walther geboren und entstammte einem staufischen Ministerialengeschlecht aus Sipplingen am Überlinger See. Am Hof Heinrichs VII. hat er sich bis etwa 1228 aufgehalten. Überliefert sind von ihm 15 Minnelieder sowie 3 Tanzweisen; für einige Lieder ist die Echtheitsfrage noch ungeklärt.

In der Literaturgeschichte werden Burkart von Hohenfels, Ulrich von Winterstetten und Gottfried von Neifen als Gruppe spätstaufischer Lyriker gesehen: Alle drei haben sich am Hof Heinrichs VII. aufgehalten oder sind von seiner Hofkultur geprägt worden. Ihre Dichtung weist gemeinsame, typische Merkmale der Spätzeit auf.
Die zu seiner Zeit bereits konventionell gewordenen Bilder und Inhalte des Minnesangs werden von Burkart von Hohenfels aus genauer Kenntnis der Tradition und Vorbilder aufgenommen und in preziöser Weise variiert. Dabei zeigt er den bereits zeittypischen Zug zu Bildhaftigkeit des Ausdrucks und anschaulicher Genauigkeit bis in die Einzelheiten seiner Bilder. In ihrer manieristischen Ausdeutung wird die Wirklichkeit zur Allegorie stilisiert; hierin ist Burkart von Hohenfels' Lyrik eine Vorstufe zur Minneallegorie im späteren Mittelalter. Zur Erreichung allegorisierender Bildhaftigkeit wird der Kontrast gesucht: stilistisch durch die Koppelung höfischer Sprache an neue Wirklichkeitsinhalte des Sonderbaren, des Außergewöhnlichen; inhaltlich durch kontrastierende Realistik der Bilder.
Ein Beispiel für diesen Manierismus ist das fünfstrophige Lied (Nr. 1), in dem Liebesvorstellungen mit Tieren und ihnen nachgesagten Eigenschaften in Verbindung gebracht werden. In der Parodie hat Steinmar solchen Manierismus getroffen, wenn er das unruhige Herz vergleicht mit einem Schwein, das in einem Sack unruhig hüpft.
In gleicher Wiese zeittypisch ist der Hang zur höfischen

Exklusivität im Bild der Flucht aus der dünnen Sphäre höfischer Idealität in die schäferliche Idylle des natürlichen Landlebens. Aber diese Flucht bleibt bukolisches Spiel in höfischer Anmut – bis weit in das 18. Jahrhundert hinein. Burkart von Hohenfels hat aus dieser Haltung seine Reigenlieder (Tanzweisen) geschrieben. Der Gegensatz zwischen schäferlicher Freiheit und höfischer Konvention wird tanzartig durchgespielt (Nr. 2, bes. V. 40) und variiert. Die Schäferspiele des Barock leben inhaltlich und stilistisch aus gleichem Motiv und ähnlicher Stimmung.

1

Nâch des aren site[1] ir êre
hôhe sweimet[2] unde ir muot.
schande wenket[3] von ir sêre,
sam vor valken lerche tuot.
swer ir gruoz nimt, derst vor schanden
banden frî, sist sælden wer[4].

Der wildè visch in dem bêre[5]
nie genam sô mangen wanc[6]
als mîn herze in jâmers lêre
nâch ir; dest mîn fröide kranc.
wan mîn frîheit sich für eigen
neigen der vil lieben kan.

Swie der affe sî gar wilde,
doch sô vâhet in sîn schîn,
so'r im spiegel siht sîn bilde.

1. *Art (= wie ein Adler).*
2. *schwebt.*
3. *schwingt fort.*
4. *Bürge.*
5. *Netz, Reuse.*
6. *schoß nie so wild hin und her.*

sus nimt mir diu frouwe mîn
sin lîp herze muot und ougen
tougen, dest mîn ungewin.

Einen fürsten hânt die bîen[7],
swar der vert, si volgent nâch.
mînen gédenkèn den frîen
ist sus nâch der lieben gâch.
ir vil fröidenfrühtic lachen[8]
machen kan wol fröide mir.

Der einhürne in megede schôze
gît durch kiusche sînen lîp.
dem wild ich mich wol genôze[9],
sît ein reine sælic wîp
mich verderbet: an den triuwen[10],
riuwen mac si der gerich[11].

2

»Ich wil reigen«,
sprach ein wünniclîchiu magt.
»disen meigen[12]
wart mir fröide gar versagt.
nu hât mîn jâr ein ende:
des bin ich frô.
nieman mich fröiden wende,
mîn muot stêt hô.
mirst von strôwe ein schapel und mîn frîer muot
lieber danne ein rôsenkranz, so ich bin behuot.«

7. *Bienen.*
8. *freudevolles Lachen.*
9. *zugeselle.*
10. *fürwahr.*
11. *diese Härte soll sie reuen.*
12. *Mai.*

»Lâz erbarmen
dich«, sprach ir gespil zehant,
»daz mich armen
niht geschuof diu gotes hant,
wan sî geschuof mich rîchen.
hî wære ich arn,
sô wolte ich mit dir strîchen,
ze fröiden varn.
mirst von strôwe ein schapel und mîn frîer muot
lieber danne ein rôsenkranz, so ich bin behuot.

Est verdrozzen
hie, sît daz mîn müemel hât
vor beslozzen
mir die mîne liehten wât[13].
trûr ich, si giht ich gwinne
von liebe nôt:
fröw ich mich, daz tuot minne.
wan wær si tôt!
mirst von strôwe ein schapel und mîn frîer muot
lieber danne ein rôsenkranz, so ich bin behuot.«

»Wiltu sorgen,
waz sol dir dîn schœner lîp?
du solt morgen
sant mir, trûren von dir trîp[14].
ich wil dich leren snîden,
wis fröiden vol:
tuot daz wê, wir sunz mîden,
uns wirt sus wol.
mirst von strôwe ein schapel und mîn frîer muot
lieber danne ein rôsenkranz, so ich bin behuot.«

13. Gewand.
14. mit mir die Trauer vertreiben.

»Ich hân schiere
mir gedâht einèn gerich[15]:
wan ich zwiere[16],
swâ man zwinket wider mich[17].
sin lât mich niender lachen
gen werdekeit:
sô nime ich einen swachen,
daz ist ir leit.
mirst von strôwe ein schapel und mîn frîer muot
lieber danne ein rôsenkranz, so ich bin behuot.«

TANNHÄUSER

Um das Jahr 1205 geboren, von ritterlicher Herkunft, stammte er wahrscheinlich aus der Burg im Dorf Tannhausen bei Neumarkt in der bayerischen Oberpfalz. In den Jahren 1228/29 nahm er am Kreuzzug Friedrichs II. teil. Zusammen mit Neidhart war er längere Zeit in Wien am Hof des letzten Babenbergers, Friedrichs des Streitbaren. Dieser gab ihm reiche Lehen in und um Wien, die Tannhäuser offensichtlich verschwendet hat; denn nach dem Tod Friedrichs (1246) zog er als verarmter Sänger durch Deutschland, hielt sich kurz jeweils an den Höfen Ottos II. von Bayern und Konrads IV. auf, ohne noch einmal einen festen Gönner zu finden. Er wird bald nach 1266 gestorben sein.
Werke: Lieder, 6 Leiche, 6 Sprüche.

Sicherlich ist Tannhäuser von Neidhart beeinflußt worden; er selbst hat wiederum stärker auf Ulrich von Winterstetten gewirkt. Seine Minnelieder zeigen nach Inhalt und Wortwahl die unüberbrückbare Distanz zur klassisch-höfischen Lyrik: drastischer Realismus, gehäufter Fremdwörtergebrauch und parodistische Übersteigerung höfischer Ethik zu erotischer Offenheit sind Anzeichen der Auflösung und Spätzeit. Sein Kreuzfahrt-Lied (Nr. 1) zeigt nichts mehr von der

15. *Rache.*
16. *verstohlen hinblicke.*
17. *mich anblinzelt.*

Kreuzfahrerethik etwa des Hausen-Kreises (s. Bd. 1 dieser Reihe), nicht mehr die religiöse Begeisterung oder doch zumindest die Frauendienstidee wie bei Albrecht von Johansdorf (s. Bd. 1 dieser Reihe), sondern die Realität, die Beschwernisse und das Elend eines solchen Kreuzzuges: das Etappenleben in Apulien, die Anstrengungen und Gefahren der Seereise, die Heimkehr mit nichts als einigen Sprachbrocken, den Namen der Winde, wie er sie erlebt und von den italienischen Seeleuten gelernt hat. Hierin wie in der Klage über persönliche Armut und Ortlosigkeit in seinen späten Sprüchen klingt bei Tannhäuser eben jener pessimistische Realismus an, der fast 200 Jahre später die Lyrik Oswalds von Wolkenstein bestimmt.
Auch die Sprache seiner Tanzlieder weist auf die Parodie in seinen Minneliedern zurück, zeigt Anklänge an Neidharts Winterlieder und weist auch hier voraus auf die Lieder Oswalds von Wolkenstein. Während die meisten seiner Tanzlieder in Anspielungen und Wortwahl stark parodierende Elemente zeigen, ist das hier wiedergegebene (Nr. 2) in der Direktheit seines Frauenpreises ein Affront gegen die höfische Gesellschaft und ihren distanzierenden Schönheitskult. Schönheit ist körperlich, greifbar, real erfaßt.

1

Wol ime, der nu beizen[1] sol
ze Pülle[2] ûf dem gevilde!
der birset, dem ist dâ mit wol,
der siht sô vil von wilde.
Sumlîche gênt zen brunnen,
die andern rîtent schouwen
– der fröude ist mir zerunnen –

1. mit Falken jagen.
2. Apulien.

die banekent[3] bî den frouwen.
Des darf man mich niht zîhen[4]: ich birse niht mit winden[5],
ich beize ouch niht mit valken, in mac niht fühse gejagen;
man siht mich ouch niht volgen nâch hirzen und nâch hinden,
mich darf ouch nieman zîhen von rôsen schapel[6] tragen.
man darf ouch mîn niht warten,
dâ stêt der grüene klê,
noch suochen in den garten
bî wolgetânen kinden: ich swebe ûf dem sê.

Wâ leit ieman sô grôze nôt
als ich von bœsem trôste?
ich was ze Kride[7] vil nâch tôt,
wan daz mich got erlôste.
Mich sluogen sturmwinde
vil nâhe z'einem steine
in einer naht geswinde.
mîn fröude diu was kleine.
Diu ruoder mir zerbrâchen, nu merket, wie mir wære!
die segel sich zerzarten[8], si flugen ûf den sê.
die marner[9] alle jâhen, daz si sô grôze swære
nie halbe naht gewunnen[10]; mir tet ir schrîen wê.
daz werte sicherlîchen
unz an den sehsten tac.
in mahte im niht entwîchen,
ich muose ez allez lîden, als der niht anders mac.

3. *sich tummeln.*
4. *zeihen, vorwerfen.*
5. *mit Windspielen.*
6. *Kranz.*
7. *Kreta.*
8. *zerrissen.*
9. *Seeleute.*
10. *nie auch nur eine halbe Nacht lang erlitten hätten.*

Die winde, die sô sêre wænt
gên mir von Barbarîe,
daz si sô rehte unsuoze blænt[11],
die andern von Türkîe.
Die welle und ouch die ünde[12]
gênt mir grôz ungemüete,
daz sî für mîne sünde.
der reine got mîn hüete!
Mîn wazzer daz ist trüebe, mîn piscot[13] der ist herte,
mîn fleisch ist mir versalzen, mir schimelget mîn wîn.
der ac[14], der von der suten[15] gêt, der ist niht guot geverte,
dâ für næm ich der rôsen smac[16], und mehte ez wol gesîn.
zisern[17] unde bônen
gênt mir niht hôhen muot.
wil mir der hôhste lônen,
sô wirt daz trinken süeze und ouch diu spîse guot.

Ahî wie sælic ist ein man,
der für sich mac gerîten!
wie kûm mir der gelouben kan,
daz ich muoz winde bîten[18]!
Der Schroc[19] von Oriende
und der von Tremundâne,
und der von Occidende,
Arsiure von dem plâne,
Der Meister ab den Alben, der Kriec uz Romanîe,

11. blasen.
12. Wogen.
13. Biskuit, Schiffszwieback.
14. Gestank.
15. Jauche, Kielwasser.
16. Duft.
17. Kichererbsen.
18. daß ich auf die Winde achten muß.
19. Die Windnamen sind die, welche die italienischen Seeleute gebraucht haben: Scirocco; Tramontana; Occidente; Arsura von der Wüste; Maestro (= Mistral); Greco; Levantano; Ostro; Norte; Mezzodi (= Mittag).

der Levandan und Ôster, die mir genennet sint;
ein wint von Barbarie wæt, der ander von Türkîe,
der Norten und der Metzot, seht, daz ist der zwelfte wint.
wær ich ûf dem Sande[20],
der namen wisse ich niht;
durch got[21] ich fuor von lande
und niht durch dise frâge, swie wê halt mir geschiht.

Ich bin ein erbeitsælic[22] man,
der niene kan belîben
wan hiute hie, morn anderswan.
sol ich daz iemer trîben,
Des muoz ich dicke sorgen,
swie frœlich ich dâ singe,
den âbent und den morgen,
war mich daz weter bringe,
Daz ich mich sô gefriste[23] ûf wazzer und ûf lande,
daz ich den lîp gefuore[24] unz ûf die selben stunt.
ob ich den liuten leide[25] in snœdeme gewande,
sô wirdet mir diu reise[26] mit freise[27] vil wol kunt.
dar an sold ich gedenken,
die wîle ich mich vermac.
in mac im niht entwenken[28],
ich muoz dem wirte gelten[29] vil gar ûf einen tac[30].

20. *Landschaft südlich von Nürnberg.*
21. *Gott zuliebe.*
22. *mühselig, reich an Mühsal.*
23. *am Leben erhalte.*
24. *ernähre.*
25. *leid bin.*
26. *Heerfahrt.*
27. *Schrecken.*
28. *entgehen.*
29. *Schulden zahlen.*
30. *an jenem Tage. Damit wird auf das Jüngste Gericht verwiesen und zugleich die unstete Fahrt zum Bild des menschlichen Lebens.*

2

Gên disen wîhennahten
solden wir ein gemellîchez trahten[31].
wir swigen alze lange.
nu volget mir, ich kan uns fröude machen.
Ich singe iu wol ze tanze
und nim ir war[32] der schœnen mit dem kranze.
ir rôsevarwen wange
ersæhe ich diu dar zuo, sô künde ich lachen.
Sô sich diu guote
schrecket vor[33], sô ist mir wol ze muote,
und ir gürtelsenken[34]
machet, daz ich underwîlent liebe muoz gedenken.

Ach si ist sô schœne,
daz ich ir lop mit mînem sange krœne,
ir wol stênden hende,
ir vinger lanc als einer küniginne.
Sô ist si wolgeschaffen;
dâ bî sô kan si gemellîche klaffen[35].
gar âne missewende[36]
næme ich sî für eine keiserinne.
Des setze ich ze pfande
mîn herze, daz ich niender in dem lande
sô guotes niht erkande.
si ist sô minneclich gestalt und lebt gar âne schande.

Du liebez du guotez,
tuo hin, lâ stên[37], du wunder wolgemuotez!

31. an ein Vergnügen denken.
32. schaue nach ihr aus.
33. im Tanz vorwärts hüpft.
34. das Sinkenlassen ihres Gürtels.
35. vergnügt schwatzen.
36. ohne fehlzugreifen.
37. halt ein, laß ab.

wol stênt dîniu löckel,
dîn mündel rôt, dîn öugel, als ich wolde.
Rôsevar dîn wengel,
dîn kellin[38] blanc, dâ vor stêt wol dîn spengel[39].
du rehtez sumertöckel[40]!
reitval[41] dîn hâr, rehte als ichs wünschen solde.
Gedrât[42] dîne brüste.
nu tanze eht hin, mîn liebez, mîn gelüste!
lâ dîn sitzel blecken
ein wênic durch den willen mîn[43], dâ gegen muoz ich schrecken[44].

Nu lachet über mîn flêhen!
ich schricke, sô dir blôzent dîne zêhen;
die sint wol gestellet.
vil schœniu forme[45] und herzeliebiu minne!
Nu tanze eht hin, mîn süezel!
sô hol[46], sô smal sô wurden nie kein füezel.
swem daz niht gevellet,
daz wizzet, der enhât niht guoter sinne.
Wîz sint ir beinel,
lint diu diehel, reitbrûn ist ir meinel[47],
ir sitzel gedrollen[48].
swes man an frouwen wünschen sol, des hât si gar die vollen.

Iu sî der tanz erloubet,
sô daz ir mîne frouwen niht bestoubet.

38. Kehlchen.
39. kleine Spange.
40. Sommerpüppchen.
41. blondlockig.
42. gedrechselt, rund.
43. Laß dein Hinterteilchen sich um meinetwillen ein wenig entblößen.
44. (vor Lust) aufspringen.
45. Figur.
46. hohl, gewölbt.
47. weich die Schenkel, braunlockig ihr Schoß.
48. gedrechselt. rundlich.

seht an sî niht dicke[49],
ich fürhte, daz ir vlieset iuwer sinne.
Ir zimt sô wol daz lachen,
daz tûsent herze müesten von ir krachen.
ir lôslîchen[50] blicke
twingent mich, ôwê daz tuot ir minne.
Stêt hôher, lât slîchen
die schœnen[51]! der sol man ze rehte entwîchen.
waz kan ir gelîchen?
des wæne ich niht, daz ieman tuo in allen tiutschen
rîchen.

GOTTFRIED VON NEIFEN

Für die Zeit zwischen 1234 und 1255 ist Neifens Biographie urkundlich belegt; genaue Daten sind kaum bekannt. Er dürfte aus dem Freiherrngeschlecht der Burg Hohenneuffen bei Urach stammen. Als Minnesänger gehörte er zum Kreis um Heinrich VII. Er wird demnach Zeuge gewesen sein in den Auseinandersetzungen zwischen Heinrich VII. und den deutschen Fürsten sowie schließlich seiner Empörung gegen den Vater, Kaiser Friedrich II., und der Verbannung Heinrichs VII. nach Apulien – Zeuge also tiefgreifender politisch-gesellschaftlicher Auseinandersetzungen.
Werke: Lieder.

Neifens Lyrik zeigt Virtuosität in den Stilmitteln und eine geradezu perfekte Beherrschung höfischer Sprachnormen und eines engen Wortschatzes – allerdings ohne jede Originalität im Inhaltlichen. Natureingang, Minnewerben, Minneklage, Frauenpreis – stets in gleichen Wendungen, Wörtern und unbefragten Begriffen. Doch in der Beschreibung weiblicher Schönheit kündigt sich eine neue, wenngleich streng stilisierte Sinnenfreude an, die in der höfi-

49. oft.
50. losen, lustigen.
51. Macht Platz, laßt die Schöne zierlich schreiten!

schen Lyrik bisher kaum hörbar war, für die spāthöfische Lyrik aber bestimmend wird.

Die sterile Virtuosität Neifens ist darüber hinaus Indiz für eine Gesellschaftslyrik, die sich durch Formeln, Begriffe und Zeichen an die Eingeweihten unter ihren Förderern wendet – insofern also auch Indiz für das Ende einer Epoche.

1

Sumer, dîner fröidebernden wunne
fröit sich manges senden herzen muot.
ob diu nahtegal iht singen kunne
gein des wunneclîchen meien bluot?
jâ, si singet aber mê,
sît zergangen ist der snê.
nu twinget mich mîn kumber aber als ê.

Wie möht ich den kumber mîn erlîden[1],
ich entæte[2] ez durch ein reine wîp?
disen sumer muoz ich fröide mîden,
ez enwende ir kiuscher wîbes lîp
diu mich her betwungen hât
unde mich in sorgen lât,
und an ir einer[3] al mîn fröide stât.

Sît an mîner herzelieben frouwen
gar mîn heil und al mîn leben lît,
Minne, sô lâ dîne güete schouwen
unde scheide[4] disen süezen strît.
Minne, mîn dich underwint,

1. ertragen.
2. wenn nicht.
3. nur durch sie alleine.
4. entscheide.

wan ich bin der sinne ein kint.
nu bint die guoten oder mich enbint.

Sît ich bin gebunden mit den banden
daz die senden heizent minnebant,
sô mac sie mich lœsen mit ir handen,
sît si treit sô helferîche hant.
frouwe ob allen frouwen mîn,
wendet mînen senden pîn;
durch iuwer zuht lât mich bî fröiden sîn.

Disiu liet wil ich der lieben singen
der ich lange her gesungen hân.
sie kan beidiu dehsen[5] unde swingen[6].
dur ir güete sol si mich erlân
daz ich niht in sorgen sî!
sît ir wont diu fröide bî,
vil sælic wîp, nu tuo mich sorgen frî!

2

Wê dir, winter ungehiure,
wê dir, daz du sîst verteilet[7]!
heide und ouwe ist bluomen bar.
swaz mit fröiden stuont noch hiure,
daz hâst dû vil gar zerteilet;
swaz der süeze meie bar[8],
daz ist allez hin geleit
von den sûren kalden winden.
dû wilt an in niht erwinden[9].
dast dien kleinen vogeln leit.

5. *schwingen.*
6. *schweben.*
7. *verflucht.*
8. *hervorgebracht hat.*
9. *Du willst damit nicht aufhören.*

Wê der nâhe gênden swære!
wenne wil si mir die ringen[10]
der mîn herze unsanfte enbirt?
sie sint mir ein teil ze swære.
in den sorgen muoz ich ringen.
ob si dan niht fröide birt[11]
mir vil sældelôsen man,
sô verdirbe ich an dem lîbe.
ist daz ich unfrô belîbe,
râtet obe ich fürbaz man[12].

Minne, heile mîne wunden
die ich dulde zallen mâlen,
wiltu daz ich sorge enber.
sît du dichs hâst underwunden[13],
bite ir lîp den liehtgemâlen[14]
daz er mir noch fröide ber,
sît er sich mîn underwant.
frouwe süeze sældebære,
iuwer lôn ist mir gebære[15];
sost mîn dienest ziu gewant.

Sie mac mir wol helfe senden.
sît ich lebe in manger sende,
sost mîn wec hin zir gebant.
sie mac trœsten mich vil senden,
sît ich ir mîn herze sende,
daz diu süeze Minne ir bant.
seht, sô wurde ich noch gemeit,
wære daz ichs umbevienge

10. herabsetzen.
11. hervorbringt.
12. mahnen soll.
13. übernommen hast.
14. hell leuchtenden.
15. gebührend, angemessen.

und daz siez für guot enpfienge,
diu durch kiusche unkiusche ie meit.

Sie mac sich des wol vermezzen,
nie sô schœniu crêatiure
wart bî manger zît geborn.
man sol sie niht zuo den mezzen[16]
den diu selbe schœne ist tiure[17].
alle untugent hât sie verborn[18]:
sie hât sælde, sie hât heil.
hei, gewunne ich noch die künde[19]
daz ich sie erwerben künde,
seht, sô wær mîn wunde heil.

ULRICH VON LICHTENSTEIN

Bei Ulrich von Lichtenstein wird zum erstenmal im Mittelalter die Verbindung von Dichtung mit der Biographie des Autors deutlich. Lichtenstein wurde um 1198 in der Steiermark geboren als Sohn eines Kämmerers. Ritterliche Erziehung erhielt er am Hof des Markgrafen von Istrien; 1223 wurde er zum Ritter geschlagen, 1227 unternahm er eine Fahrt nach Rom. Wenig später begann er, als Frau Venus verkleidet, eine Turnierfahrt von Venedig durch Österreich nach Böhmen; 1240 folgte eine Artus-Fahrt – als Artus verkleidet reiste Ulrich von Lichtenstein im Frauendienst wiederum durch Österreich nach Böhmen. Er war verheiratet mit Bertha von Weizenstein, wurde 1241 Truchseß, 1245 Landrichter und Landeshauptmann in der Steiermark.
1255 verfaßte er seinen *Frauendienst*, eine in Reimstrophen gebrachte Biographie, in die er auch seine 59 Lieder, darunter 2 Tagelieder, sowie Briefstellen einbrachte. 1257 folgte dann das *Frauenbuch*, eine Minnelehre in Form eines Streitgesprächs zwischen Ritter und Dame über den Verfall der wahren Minne. Um 1276 ist Ulrich von Lichtenstein gestorben.
Werke: *Frauendienst* (1255); *Frauenbuch* (1257).

16. zuteilen.
17. fehlt.
18. vermieden.
19. Botschaft.

Als Dichter und Ritter der staufischen Spätzeit sucht Ulrich die Minnetheorien seiner Zeit und seiner dichterischen Vorbilder Reinmar von Hagenau und Walther von der Vogelweide aktiv zu bewähren, in die Tat umzusetzen. Ritterlicher Dienst, um die Gunst der frouwe *zu erringen, wie im Artus-Roman große Leistungen für die Herrin vollbringen, das ist seine Vorstellung von tätiger Minne, von Umsetzung höfischer Idealität in Wirklichkeit. Da sich weder Abenteuer noch ihr Inventar in der Realität finden lassen, so müssen sie dargestellt, gespielt werden. Deshalb unternimmt Ulrich von Lichtenstein seine beiden Turnierfahrten, und seine Umgebung akzeptiert dieses Spiel jeweils und an wechselnden Orten durch aktive Beteiligung. Darüber hat er bis in Einzelheiten in seinem »Frauendienst« berichtet; allerdings auch mit solcher Genauigkeit, daß aus den Details und Szenen sichtbar wird, wie weit dieser Frauendienst von höfischer Lebensart und lyrischer Ethik entfernt blieb: der im Turnier angebrochene Finger wird abgehackt und der Dame als Pfand gesandt; während der Ritter, unter der Kemenate seiner Dame im Burggraben versteckt, auf ein Zeichen und Einlaß wartet, wird er vom ahnungslosen Burgvogt mit Urin bedacht; die Dame fordert ihn auf, in der Verkleidung eines Aussätzigen zu ihr zu kommen; er bietet seiner Dame an, ihr Handwasser zu trinken. Insoweit ist diese »Frauendienst«-Biographie wichtig, als sie die Diskrepanz zwischen Ideal und Wirklichkeit nicht nur als Erkenntnisgegenstand des Dichters, sondern als akzeptierte Tatsache in der Gesellschaft zeigt. Dieser neue Realismus legt eine Wirklichkeit frei, die zu verdecken höfisch-ritterliche Selbststilisierung und Ethik stets versucht hatten.*

Ulrich von Lichtenstein bezeichnet seine Gedichte selbst als Tanzweisen. Seine Lieder (Nr. 1–20 im »Frauendienst«) entstehen zweifellos aus der Nachahmung Reinmars und Walthers, es sind Lieder für seine erste, unerreichbare Herrin. Dann folgt eine Gruppe von Liedern der Abrech-

nung mit dieser Dame, der Lösung aus der bedingungslosen Abhängigkeit. Ulrich ist auf der Suche nach einer neuen Herrin und fordert nun die Minne auf Gegenseitigkeit (Nr. 1, V. 17); es folgt dann die Einsicht, daß trûren *in Reinmars Weise eine minnewidrige Haltung sei, und anstelle des* trûren *tritt der* hôhe muot, *die Freude (Nr. 2). Hier wird auch inhaltlich und sprachlich die Hinwendung zu Gottfried von Neifen als neuem Vorbild deutlich (Lieder Nr. 27–29 im »Frauendienst«). Die Lieder des zweiten Minnedienstes für eine neue Herrin entstanden zwischen 1233 und 1246. In dieser Gruppe findet sich das bemerkenswerte Tagelied Ulrichs: Er macht ein Fräulein zum Wächter, und die Handlung umfaßt nicht nur den Abschied, sondern auch den Tag (die Dame versteckt den Ritter), die folgende Nacht und einen weiteren Abschied – die epigonale Übersteigerung der klassischen Tageliedsituation.*

1

Alle die in hôhem muote wellen sîn,
den wil ich daz râten bî den triuwen mîn,
daz si minnen guotiu wîp
sunder valsch mit triuwen alse ir selber lîp.

Guotiu wîp sint guot für aller hande leit:
von ir güete hât man mange werdikeit[1].
in der werlde niemen mac
âne ir helfe frô belîben einen tac.

Zuht und êre, triuwe, milde, hôher muot
kumt von wîben, dar zuo manger hande guot.
ir lîp engels schœne hât:
al der werlde heil an ir genâden stât.

1. *Ansehen.*

Ich wil immer hôhen muot von wîben hân,
swie ein wîp unwîplich habe an mir getân.
swaz ich dâ von leides dol[2],
des mac mich ein guot wîp noch ergetzen wol.

Vinde ich die, diu dienest kan für dienest nemen,
ich tuon ir den dienest der ir muoz gezemen[3]
und der mich gemachet wert.
sölhes wîbes hân ich ie ze frouwen gert.

Sî muoz tugende güete bî der schœne hân,
der mîn lîp mit dienste mêr wirt undertân,
dar zuo wîplîch sîn gemuot,
êren rîch, vor allem wandel gar behuot.

Ich wil gerne sîn ein frouwen frîer man[4],
al die wîle ich niht ein guote vinden kan.
ê daz ich den dienest mîn
mê verlür, ich wolde ê âne frouwen sîn.

2

Nu fröit iuch, minne gernde[5] man:
wizzet daz iuch rehte fröide machet wert,
und daz niemen werden kan
êren rîch, wan der mit fröiden êren gert.
mit zühten frô, daz ist ein leben
dem got vil êren hât gegeben.

Swer werder wîbe minne wil
unde ir gruoz verdienen, der sî hôchgemuot.

2. *ertrage.*
3. *ihr angemessen ist, ihr zukommt.*
4. *Junggeselle.*
5. *nach Minne verlangende.*

swie selten ich ir minne stil,
doch weiz ich wol daz guoten wîben sanfte tuot
der durch si zuht bî fröiden hât:
des dienest in ze herzen gât.

Wie sol ein ungemuoter man
erwerben hôchgemuotes wîbes habedanc[6]?
wil er ir daz ertrûren an[7],
dazs in minne, sost sîn tumber wân vil kranc.
ir hôchgemuotes herzen rât
sîn trûren hât für missetât.

Mit sorgen niemen kan bejagen
werdes wîbes minne und ouch ir friundes gruoz.
trûren mac wol missehagen
guoten wîben: wan dâ von wirt êren buoz[8].
ich râte iu mannen hôhen muot,
sît wîben fröide sanfte tuot.

Ich wil hôhes muotes sîn,
und wil durch guotiu wîp gein ir mîn zürnen lân,
die ich ê hiez die frouwen mîn.
si weiz wol selbe wie si hât an mir getân:
daz sî verkorn[9] durch guotiu wîp,
den immer dienen muoz mîn lîp.

Swâ ich mich her versûmet hân
an rehten fröiden, daz sol man mir wol vergeben.
wan ich wil nû êrst heben an
mit hôhem muote und ouch mit ritterlîchem leben.
swer von mir hôhes muotes gert,

6. *Dank mit Worten.*
7. *will er ihr das durch Trauern abnötigen.*
8. *Besserung.*
9. *verschmäht von.*

der wirt des vollecl̂ich gewert.
mîn muot von wîben hôhe stât:
ir güet mich zürnen niht enlât.

ULRICH VON WINTERSTETTEN

Ulrich von Winterstetten als der dritte und jüngste in der Gruppe der spätstaufischen Lyriker (neben Hohenfels und Neifen) um Heinrich VII. ist urkundlich zwischen 1241 und 1280 belegt. Als Enkel des Reichsverwesers Konrad von Winterstetten entstammte er einem vornehmen Ministerialengeschlecht in Schwaben. 1258 Kanonikus, 1280 Domherr in Augsburg. Zwischen 1240 und 1270 entstanden seine Lieder: etwa 40 Minnelieder, Spottlieder, Tagelieder sowie 5 Leiche, die als Tanzlieder ihrer Zahl und Form nach das eigentlich Neue an Ulrich von Winterstettens Dichtung sind, wenngleich sie in Gottfried von Neifen und Tannhäuser ihre Vorbilder haben.

Ulrich von Winterstettens Lieder sind weniger wegen ihres konventionellen, an Gottfried von Neifen orientierten Inhalts als vielmehr wegen ihrer geradezu artifiziellen Formkunst von Bedeutung. Seine Tagelieder (Nr. 1) sind zumeist streng in der von Wolfram geprägten Form: Wächterruf, Frauenrede, Abschiedsrede des Ritters. In seinem Lied der Mädchenklage (Nr. 2) aber wird deutlich, daß durch formale und verbale Stilisierung die Wirklichkeit sich nicht mehr zudecken läßt: höfische Minne ist in die Hände von Prahlern und Weichlingen gekommen (V. 14 f.), und die Jungen spotten über die ritterlichen minnerlîn – *die »Liebhaberchen«.*

1

Bî liebe lac ein ritter tougenlîche
die naht biz an den tac.
der minne pflac mit im diu minneclîche.

die minne er widerwac[1],
biz daz der wahter sanc »ez tagt«.
daz von in beiden wart geklagt.
»ach herzeliebiu frouwe mîn«,
sô sprach der ritter wolgemuot,
»ich wæne ez müeze ein scheiden sîn.«

Ez wart niht lanc daz dâ mit nâhem smucke[2]
ergie ein umbevanc
mit armen blanc und herzeclîchem drucke,
der liep gen liebe twanc.
diu frouwe sprach »mîn sender lîp
und ich vil siufteberndez[3] wîp
bin iemer mê an fröiden frî,
sol ich dir, herre, niemer mê
geligen alse nâhe bî.«

Owê und ach! der jâmerbæren scheiden[4]
ir beider herze brach,
daz dâ geschach von den gelieben beiden:
daz schuof in ungemach.
der ritter sprach »gehabe dich wol!
dîn lîp ist manger tugende vol:
mîn herze dir belîbet hie.«
si sprach »sô füer mîn herze hin!«
der wehsel[5] dâ mit kusse ergie.

1. *vergalt, hat vergolten.*
2. *Kosen, Anschmiegen.*
3. *betrübtes.*
4. *herzensschweres Abschiednehmen.*
5. *Abschied.*

2

»Swie gerne ich wære gar fröidebære
so enlât mich swære[6]« klagte ein magt.
»die man sint schüllen[7]: wer kans erfüllen,
die fûlen güllen[8] gar verzagt?
würbe ein junc man umbe ein wîp,
swâ sî daz hôrten, an allen orten
mit bœsen worten siz gar zerstôrten:
got schende ir lîp!«

Si sprach: »mich wundert daz under hundert
niht ûz besundert[9] ist ein man
der wîbes êre nâch zühte lêre
mit willen mêre. nû seht an,
sî sint endelich alsamt
bî wîben swære: die luoderære[10]
sint ruomesære[11] und uns gevære
und gar verschamt.

Hie vor gap Minne fröidè gewinne
dem mannes sinne dur daz jâr.
swer sî nu suochet ald ir geruochet[12],
der ist verfluochet: daz ist wâr.
›est ein argez minnerlîn‹
jehnt nû die jungen. die hie vor sungen,
nâch êren rungen, die sint verdrungen:
dest worden schîn.«

6. *nicht.*
7. *Gierhälse, Freßsäcke.*
8. *Schlunde.*
9. *ausnahmsweise.*
10. *Weichlinge.*
11. *Prahler.*
12. *sich kümmert.*

KONRAD VON WÜRZBURG

Vor allem als Epiker ist Konrad von Würzburg in seiner Zeit wirksam gewesen und in die Literaturgeschichten eingegangen. Gleichwohl zeigt auch seine Lyrik – 22 Minnelieder, 2 Tagelieder, ein weltlicher und ein religiöser Leich sowie Spruchserien – die charakteristischen Züge des großen Wort- und Formkünstlers. Ausgehend von Ulrich von Winterstetten und auch von Gottfried von Neifen, sind Minne und Natur die großen Themen seiner Lyrik. Charakteristisch ist besonders der Natureingang in nahezu allen seinen Gedichten, der oft das eigentliche Minnethema überdeckt: die sinnliche Lust an der Minne, für die die Frau nur auslösender Vorwand ist. Der Minneseligkeit angemessen ist die ekstatische Wort- und Reimkunst seiner Verse, die äußerstenfalls auch das Minnemotiv nur noch zum Vorwand für technische Wortakrobatik nutzt, so etwa im Lied Nr. 2, in dem die Tageliedsituation bruchstückhaft anklingt.

Auch der Natureingang verliert seine ursprüngliche Funktion einer Parallelität zwischen Minnestimmung und Naturgestimmtheit: Die konventionellen Muster und Vokabeln wie Linde, Blume, Vogel, Farben sind erhalten, aber sie lösen sich von der Minnestimmung ab zu eigenen Naturszenen in der Nähe des Naturgedichts. Im Lied Nr. 1 ist daneben aber auch erkennbar die epigonale Ausdeutung der Erscheinungen, die Bemühung des bürgerlich-gelehrten Poeten um Gleichnis und Lehrhaftigkeit.

Die Meistersinger haben nicht zuletzt deshalb Konrad von Würzburg zu ihren 12 großen Meistern gezählt. Konrad hat die Inhalte, Formeln und Formen aus der Lyrik seiner Zeit übernommen, kaum erweitert, aber durch künstlerische Virtuosität wie kein anderer stilisiert.

1

Tou mit vollen[1] aber triufet
ûf die rôsen âne tuft[2],
ûzer bollen[3] schône sliufet
manger lôsen blüete kluft[4].
dárîn senkent sich diu vogellîn,
diu gedoene[5] lûte erklenkent[6],
daz vil schoene kan gesîn.

Bî der wunne wol mit êren
sol sich kleiden mannes lîp,
daz im künne fröude mêren
ein bescheiden[7] saelic wîp.
swér verschulden[8] wîbes minne sol,
der muoz ringen nâch ir hulden
mit vil dingen tugende vol.

Swer mit sinne[9] valsch kan üeben
als ein dieplich nâchgebûr[10],
der wil minne sô betrüeben,
daz ir lieplich lôn wirt sûr:
man sol zwischen minne mit genuht[11]
triuwe in glanzer staete mischen:
dáz birt ganzer fröuden fruht.

1. *in Fülle.*
2. *Reif.*
3. *Knospen.*
4. *Aufbrechen.*
5. *Gesang.*
6. *erschallen lassen.*
7. *verständig.*
8. *verdienen.*
9. *klug.*
10. *Nachbar.*
11. *Freude.*

2

Swâ tac er- schînen sol zwein liuten,
die ver- borgen inne[12] liebe stunde müezen
tragen,
dâ mac ver- swînen[13] wol ein triuten[14]:
nie der morgen minne- diebe[15] kunde büezen[16]
clagen.
er lêret ougen weinen trîben;
sinnen wil er wünne selten borgen.
swer mêret tougen reinen wîben
minnen spil, der künne schelten morgen[17].

3

Die Goldene Schmiede (Auszug)

Die Virtuosität des Findens seltener Wörter, Bilder, Reime und Kontraste hat Konrad von Würzburg in seinem Marienpreis geradezu auf die Spitze getrieben. Die 2000 Verse seiner »Goldenen Schmiede« (V. 98) sind vermutlich Auftragsarbeit für den Straßburger Bischof Konrad III. von Lichtenberg bei Gelegenheit des Ausbaus am Straßburger Münster. Im Prolog rühmt er den Straßburger Meister Gottfried (V. 91).
Marienleben im strengen Sinne der Gattung ist das Gedicht nicht. Konrad versammelt gleichsam ungeordnet die Mariensymbolik seiner Zeit und die Elemente scholastischer Marientheologie: Dem gelehrten Dichter sind auch die theologischen

12. *im Schlafgemach drinnen.*
13. *schwinden.*
14. *Liebkosen.*
15. *heimlich Liebenden.*
16. *bessern, heilen.*
17. *den Morgen.*

Fragen Gegenstand seines Dichtens. Insbesondere kann der Prolog als Beispiel für die Reim- und Wortvirtuosität Konrads gelten; ausgefallene Reime, gesuchte Bilder und gewollte Kontraste charakterisieren seinen »geblümten Stil«, den er selbst in Vers 60 ff. beschreibt.

Ei künde ich wol enmitten
in mines herzen smitten[1]
getihte uz golde smelzen,
und liehten sin gevelzen[2]
von karfunkel schone drin
dir, hohiu himelkeiserin!
so wolte ich diner wirde ganz
ein lop durliuhtec unde glanz
daruz vil harte gerne smiden.
nu bin ich an der künste liden
so meisterliche niht bereit,
daz ich nach diner werdekeit
der zungen hamer künne slahen
und minen munt also getwahen[3]
daz er ze dime prise tüge.
ob iemer uf ze berge flüge
min rede alsam ein adelar,
din lob enkünde ich niemer gar
mit sprüchen überhœhen.
sus kan din wirde enphlœhen[4]
so verre sich den sinnen min,
daz ich den hohen eren din
niemer mac genahen.
so min gedanc wil gahen[5]

1. *Schmiede.*
2. *einlegen, fassen.*
3. *waschen.*
4. *durch Flucht entziehen.*
5. *emporsteigen zu.*

uf ze dime werden lobe,
so sweimet[6] ez dem himel obe
reht als ein flückez vederspil[7]:
swenn aber ich hieniden wil
mit gedanken suochen ez,
so reichet siner tiefe mez[8]
für[9] allez abgründe;
sin ende ich niemer fünde,
grüeb ich biz uf den dillestein[10].
der marmel und daz helfenbein
wirt mit halmen e durbort,
e daz man diner wirde ein ort[11]
mit tiefer rede vinde.
mit eime blie linde[12]
durgrebt man e den adamas
(und brichet niht ein dünnez glas
mit eime slegel stehelin),
e man die hohen ere din
mit worten übergiudet[13].
daz mer man e versiudet
und allez sin geslehte,
e man din lop ze rehte
biz an den grunt erkirne[14].
so man nu daz gestirne
gerechent und der sunnen stoup,
und allen griez[15] und allez loup
durnehteclichen[16] hat gezelt,

6. *schwebt.*
7. *ein flügger Falke.*
8. *Maß.*
9. *tiefer als.*
10. *Fundament, Grundstein.*
11. *Spitze.*
12. *weichem Blei.*
13. *überschüttet.*
14. *ganz ergründet.*
15. *feinen Sand.*
16. *völlig, ganz.*

so wirt din pris alrerst beschelt[17]
nach siner ganzen wirde.
keins wisen herzen girde
mac diner tugende richen tuom[18]
noch diner hohen sælden ruom
vollechlichen übergern[19].
kein stætekeit diu mac gewern
so lange so din hoher pris.
er muoz der künste meienris
tragen in der brüste sin,
swer diner wirde schäpelin[20]
sol blüemen unde flehten,
daz er mit rœselehten
sprüchen ez floriere,
und allenthalben ziere
mit violinen[21] worten,
so daz er an den orten
vor allem valsche ez liuter[22],
und wilder rime kriuter
darunder und da'nzwischen
vil schone künne mischen
in der süezen rede bluot[23].
frouw, alles guotes überguot,
und aller sælden houbetschatz[24],
davon dir miner worte satz
vil ungemæze[25] ist harte.
der künste meiengarte

17. *enthüllt, bloßgelegt.*
18. *Würde.*
19. *übermäßig begehren.*
20. *Kranz.*
21. *veilchenfarbenen.*
22. *reinige.*
23. *Blüte.*
24. *Kapital.*
25. *unziemlich.*

ist leider mir ze wilde,
darinne ich lobes bilde
dir, frouwe, solte würken.
zer zeswen und zer lürken[26]
hende bin ich ungewert
bluomen der min herze gert
ze diner wirde cranze.
von liehter sinne[27] glanze
wirde ich niht gemüejet[28],
der wilde rim[29] niht blüejet
vor mines herzen ougen,
noch clinget für mich tougen
der claren fünde[30] bechelin:
weizgot ich sihe niht darin
wie sanfte ez ruschend allez ge.
ich sitze ouch niht uf grüenem cle
von süezer rede touwes naz,
da wirdeclichen ufe saz
von Strazburc meister Gotfrit,
der als ein wæher houbetsmit[31]
guldin getihte worhte.
der hæte, an alle vorhte,
dich gerüemet, frouwe, baz,
dann ich, vil reinez tugentvaz[32],
iemer künne dich getuon.
ich muoz der türteltuben huon
zeim opher bringen ane golt:
davon du, frouwe, enphahen solt
den guoten willen für diu werc.

26. *zur Rechten und zur Linken.*
27. *Einsicht.*
28. *bedrängt.*
29. *seltene Reime.*
30. *Einfälle.*
31. *wahrer Meisterschmied.*
32. *Gefäß der Tugend.*

la mich, an witzen[33] ein getwerc[34],
loufen uf der sprüche wisen[35],
da der vil hohen künste risen
din lop nu brechent[36] alle.
swaz in[37] der rede enphalle,
daz ich die lese[38] in minen munt,
und si vil schone bi der stunt
stecke an diner wirde cloben[39].
künn ich dich, frouwe, niht geloben
nach volleclichen eren,
darzuo so soltu keren
din uzerwelte gnade,
also daz mir Cuonrade
von Wirzeburc daz heil geschehe,
daz mir din güete ez übersehe
swaz ich vermide an dinem lobe.
red ich ez, frouwe, nu ze grobe,
so lich[40] hernach mir unde gip
ze stiure[41] diner helfe sip,
dur daz ich ez vil kleine rede.
ich wil uf diner gnaden phede[42]
setzen miner sinne fuoz,
wande ich tore loben muoz
dich mit den wisen als der gouch[43],
der in dem meien gugzet[44] ouch,
so im diu liebe nahtegal

33. *Verstand.*
34. *Zwerg.*
35. *Wiese.*
36. *rupfen, pflücken.*
37. *ihnen, jenen.*
38. *sammle.*
39. *Bund.*
40. *leihe.*
41. *zur Hilfe, Unterstützung.*
42. *Pfade.*
43. *Kuckuck.*
44. *Kuckuck schreit.*

ze lobe dœnet überal
und in mit sange priset.
als mich din helfe wiset,
so hebe ich künsteloser man
din lop mit reinem willen an.

STEINMAR

Anzunehmen, wenn auch nicht gesichert ist, daß es sich bei diesem Dichter um Berthold Steinmar von Klingnau handelt, der 1251 bis 1293 urkundlich nachgewiesen ist. Er wäre dann schweizerischer Ministeriale aus Klingenau im Aargau. Im Gefolge Rudolfs von Habsburg Teilnehmer an der Belagerung Wiens 1276 gegen Ottokar von Böhmen und am Winterfeldzug Adolfs von Nassau gegen Meißen um 1294/95 oder im folgenden Jahr.
Werke: 14 Lieder.

Deutlich zeigt sich Steinmars Lyrik als Lyrik des Übergangs vom höfischen Minnesang zu seiner parodierenden Umkehrung. Von den 14 Liedern Steinmars sind gut die Hälfte Minnelieder im klassischen Stil Gottfrieds von Neifen: Natureingang, gefolgt von Minneklage und abschließendem Refrain. Doch wenn er »mit der Saat grünen« will (Nr. 1), so ist der konventionelle Natureingang hier »individualisiert«, persönlicher empfunden, das Erleben »naturalistischer« als bisher.

Realismus mag auch der Ansatz für seine Tageliedkritik (Nr. 2) gewesen sein: wer die Tageliedsituation in der Realität sucht, kommt nicht um die Frage herum, wie man als Liebender einem Wächter vertrauen kann, der seinen eigenen Herrn hintergeht, wenn er den Weg zur Herrin öffnet. Dann ist es nur konsequent, wenn der Wächter durch einen Freund ersetzt würde. Dieser Realismus kennt nicht mehr die Ausgangssituation des höfischen Tageliedes und seine Funktion. Deshalb zerbricht unter solcher wirklichkeitsnahen Fragestellung die klassische Tageliedsituation, oder sie verkommt zur Parodie (Nr. 3): Ritter, Herrin und Wächter werden gegen Knecht, Magd und Viehhirten ausgetauscht, Kemenate und Heuschober als Ort der Begegnung gleichgestellt. Diese Parodie lebt gleichermaßen aus Kritik an entleerter Formelhaftigkeit und Freude an der realistischen Komik der Kontraste. Beim Mönch von Salzburg und besonders bei Oswald von Wolkenstein kehrt dieses Motiv der Tageliedparodie wieder.

Einige Lieder der Niederen Minne bzw. Winterlieder bilden gleichsam den Übergang zu Steinmars Befreiung vom höfischen Minnesang in seinem »Herbstlied« (Nr. 4). Mit diesem ersten Schlemmerlied in der deutschen Literatur findet er einen neuen Typus: Die Genüsse des Herbstes, die Freuden aus Schüssel und Becher zählen mehr als die Märtyrerleiden jener armen minnerlîn *(V. 8). Nichts von bildungsbürgerlicher Übertreibung höfischer Lebensart, dafür aber Mut zur Lust am eigenen Erleben. Das ist neu in der Dichtung der Spätzeit und bleibt bis zu Oswald von Wolkenstein selten.*

1

Ich wil gruonen mit der sât,
diu sô wunneclîchen stât:
ich wil mit den bluomen blüen,
und mit den vogelîn singen.
ich wil louben sô der walt,
sam diu heide sîn gestalt:
ich wil mich niht lâzen müen[1],
mit allen bluomen springen.
ich wil ze liebe mîner lieben frouwen
mit des vil süezen meien touwe touwen.
  dest mir alles niht ze vil,
  ob si mich trœsten wil.

1. nicht verdrießen lassen.

Si ist sô gar nâch wunsche ein wîp,
swenne ich schouwe ir werden lîp,
des grâles herre wæne ich sîn.
ich bin sô fröiden rîche,
daz man in der fröide wol
dâ mit übergulden[2] sol.
si hât wunnebernden schîn,
der sunnen wol gelîche.
ich wil ze guote aller guoten wîbe
gedenken wol ze liebe ir reinem lîbe.
dest mir alles niht ze vil,
ob si mich trœsten wil.

Trœste, süeze trœsterîn,
trœste wol, wan ich bin dîn:
sliuz ûf dînen rôten munt,
du heiz mich vrô belîben:
sô mag ich frœlîchen varn
in den lüften ob den arn[3].
liep, tuo mir dîn helfe kunt,
mîn trôst ob allen wîben.
Ich wil in triuwen[4] dir getriuwen hiure,
daz mich dîn güete wol ze fröiden stiure[5].
dest mir alles niht ze vil,
ob si mich trœsten wil.

2

Swer tougenlîche minne hât,
der sol sich wênic an den lân[6],
den man sô grôze missetât

2. *übertreffen.*
3. *über/bei den Adlern.*
4. *Zutrauen.*
5. *mit Wonne bedenkt.*
6. *auf den sich verlassen.*

an sînem herren siht begân,
dem er bewachen guot und êre sol.
lât er den gast ûf schaden în,
  wie solte ich dem getrûwen wol?

Wær ich sô minneclîch gelegen
bî liebe tougen ûf den lîp[7],
Sô wolt ich wênic slâfes pflegen
dur mich und durh daz reine wîp.
mir selbem sô wolt ich getrûwen baz
dann ieman, der mich wecken solt:
  sô wê im, des man dâ vergaz!

Die merker und dar zuo der slâf,
die könden wênic mir geschaden;
ich huote ouch vor der merker strâf[8].
wær ich zuo liebe alsô geladen,
daz ich dâ hôhe fröide solte hân,
sô müeste er sîn ein stæter friunt,
  den ich daz wizzen solte lân.

3

Ein kneht der lac verborgen,
bî einer dirne er slief
Unz ûf den liehten morgen:
der hirte lûte rief
»Wol ûf, lâz ûz die hert!«
des erschrac diu dirne und ir geselle wert.

Daz strou daz muost er rûmen
und von der lieben varn.

7. *bei Gefahr des Lebens.*
8. *Beschuldigung, Anklage.*

Er torste[9] sich niht sûmen,
er nam si an den arn.
Daz höi daz ob im lac
daz ersach diu reine ûf fliegen in den tac.

Dâ von si muoste erlachen,
ir sigen diu ougen zuo[10].
Sô suoze kunde er machen
in deme morgen fruo
Mit ir daz bettespil[11];
wer sach ân geræte[12] ie fröiden mê sô vil!

4

Sît si mir niht lônen wil
der ich hân gesungen vil,
seht sô wil ich prîsen
Den der mir tuot sorgen rât[13],
herbest der des meien wât
vellet von den rîsen.
Ich weiz wol, ez ist ein altez mære
daz ein armez minnerlîn[14] ist rehte ein marterære.
seht, zuo den was ich geweten[15]:
wâfen! die wil ich lân und wil inz luoder treten[16].

Herbest, underwint dich mîn[17],
wan ich wil dîn helfer sîn

9. *wagte.*
10. *ihr fielen die Augen zu.*
11. *Liebesspiel.*
12. *ohne Aufwand, Aufhebens.*
13. *der meinen Sorgen Abhilfe schafft.*
14. *armseliger kleiner Minnediener.*
15. *ins Joch genommen.*
16. *schlemmen.*
17. *Herbst, nimm dich meiner an.*

gegen dem glanzen meien.
Durh dich mîde ich sende nôt.
sît dir Gebewîn ist tot,
nim mich tumben leien
Vür in zeime stæten ingesinde.
»Steimâr, sich daz wil ich tuon, swenn ich nu baz bevinde,
ob du mich kanst gebrüeven[18] wol.«
wâfen! ich singe daz wir alle werden vol.

Herbest, nu hœr an mîn leben.
wirt, du solt uns vische geben
mê dan zehen hande[19],
Gense hüener vogel swîn,
dermel[20] pfâwen sunt dâ sîn,
wîn von welschem lande.
Des gib uns vil und heiz uns schüzzel schochen:
köpfe[21] und schüzzel wirt von mir unz an den grunt erlochen[22].
wirt, du lâ dîn sorgen sîn:
wâfen! joch muoz ein riuwic herze trœsten wîn.

Swaz du uns gîst, daz würze uns wol
baz dan man ze mâze sol[23],
daz in uns werde ein hitze
Daz gegen dem trunke gange ein dunst,
alse rouch von einer brunst,
und daz der man erswitze,
Daz er wæne daz er vaste lecke[24].
schaffe daz der munt uns als ein apotêke smecke[25].

18. *preisen.*
19. *mehr als zehn verschiedene Arten.*
20. *Gekröse.*
21. *Becher.*
22. *bis auf den Grund geleert.*
23. *wie man es üblicherweise tut.*
24. *aus-/überlaufe.*
25. *rieche.*

erstumme ich von des wînes kraft,
wâfen! sô giuz in mich, wirt, durh gesellescaft[26].

Wirt, durh mich ein strâze gât:
dar ûf schaffe uns allen rât[27],
manger hande spîse.
Wînes der wol tribe ein rat
hœret ûf der strâze pfat,
mînen slunt ich prîse:
Mich würget niht ein grôziu gans so ichs slinde[28].
herbest, trûtgeselle mîn, noch nim mich zingesinde.
mîn sêle ûf eime rippe stât,
wâfen! diu von dem wîne drûf gehüppet hât.

FRAUENLOB

Heinrich von Meißen, er wurde besonders wegen seines Marienpreisliedes Frauenlob genannt, dürfte um 1250 in Meißen geboren sein; er ist gestorben am 29. November 1318 in Mainz und dort im Dom begraben. Als bürgerlich-gelehrter Fahrender hat sich Frauenlob vor allem an den Fürstenhöfen im Norden und Osten Deutschlands aufgehalten, bevor er sich etwa 1312 in Mainz niederließ. Von ihm überliefert sind nur 13 Minnelieder und 3 Leiche, aber 448 Sprüche, Preislieder, Streitgedichte. Die Meistersinger haben ihn später wegen seiner Bildung und Reimkunst zu den 12 Meistern gezählt.

Frauenlobs Minnelyrik ist vor allem bestimmt einerseits durch einen manierierten, schwülstigen Stil, der Frauendienst und gelehrtes Moralisieren zusammenzwingt, und durch Formkunst, die, an der klassischen Lyrik geschult, diese doch bewußt übersteigert in der Absicht, sie zur Vollkommenheit zu entwickeln. Auch seine Frauenverehrung trägt in der Metaphern- und Allegoriensprache seiner

26. *um unserer Kumpanei willen.*
27. *Vorrat.*
28. *verschlinge.*

Bilder die Blässe gelehrter Gedanklichkeit des Spätdichters. Die Ethik seiner Minneauffassung kennt keine Grenzen für die Erhabenheit der Frau: sie ist Erzieherin und Vorbild, die erzieherische Tugend und göttliche Beschirmerin des Mannes in einer Person.

1

Gesegen mich hiute ein wîbes güete vor allem leit!
diu sî min kleit;
dar zuo ir zartlich bilde
vor unmuot mir schilde[1].
ir lieplich lachen z'aller zît maht mir trûren wilde[2].
wîp süez, mîn zart[3], schiuz her dîn blic mir hiut vor ungemüete[4].
Gesegen mich hiute ir spiegelliehte ougen klâr!
goltvar ir hâr,
gewunden als die sîden.
ich trouw ez wol lîden,
ob mir ein guot von ir geschæh, unmuot müest ich mîden.
vor allem, daz mir schedelich sî, behüet mich, vrou, dîn güete!
Sît si mich hiut beschirmen müez,
ir mündlîn, daz ist zuckersüez,
brust, hende unt vüez
ich alz begrüez.
ich wæn, mir leit ir minne büez'.
si ist noch süezer wan ein rôs, diu stât in voller blüete.

1. mich beschütze wie ein Schild.
2. unbekannt, fremd.
3. meine Liebste.
4. als Schutz vor Ungemach.

2

Ich saz ûf einer grûne
und dachte an maneger hande dinc
wie ich die werlt behielte
und ouch gên gote icht wurde linc[5]:
dô kunde ich nie erdenken daz
daz mir icht tochte ûf solher hande ger[6].
Mîn blôdekeit wart kûne
gedanke der ich vil verschriet[7];
al nâch der werlde tucke[8]
mîn kintheit[9] mir die witze riet
daz niemen ûf der êren saz
kum âne schaz: daz wart mîns herzen swer.
Ich strâfte[10] frouwen Êren,
ich sprach »ir sît ein kranke magt,
lât ir ûch schaz verkêren[11].«
sie sûfte und sprach »du tumber,
schaz hât mich leider uberwegen[12].
man mac mîn wol mit schatze pflegen:
schaz âne tugent dêst gegen mir ein kumber.«

JOHANNES HADLOUB

Ein nicht unvermögender Bürger in Zürich, Ende des 13. Jahrhunderts geboren, versuchte sich Hadloub in der höfischen Minnelyrik. Aber er war bereits Epigone, dem nicht nur der gesellschaftliche Stand und Hintergrund, sondern auch das Empfinden für die gesellschaftlich be-

5. *ungerecht.*
6. *Bemühen.*
7. *abschnitt.*
8. *Art und Weise.*
9. *Unerfahrenheit.*
10. *tadelte.*
11. *verwandeln.*
12. *überwältigt.*

dingte Möglichkeit des Minnesangs fehlte. Hadloub ist an einem 16. März vor dem Jahr 1340 gestorben.
Werke: 54 Lieder, 3 Leiche.

Er hat Minnelieder, daneben jedoch vor allem Erzähllieder mit autobiographischen Elementen geschrieben wie etwa das Lied über Elend und Armut im Ehestand (Nr. 1; vgl. hierzu bei Oswald von Wolkenstein, Text 4, ebenfalls ein »Ehelied«) oder der Bericht über einen Spaziergang vor den Toren der Stadt (Nr. 2), bei dem er der Dame im Kreis anderer Frauen begegnet, sie sich von ihm entfernt und nur ein Ritter den Enttäuschten durch die Nachricht tröstet, die Dame habe nach ihm gefragt.
Literaturhistorisch bekannt und bedeutsam ist Hadloub nicht zuletzt durch sein Manesse-Lied (Nr. 3), in dem er über die Herren Rüdiger und Johannes Manesse berichtet und über ihre Sammlung höfischer Lyrik, die »Manesse-Handschrift« (sie wurde dann die Grundlage der »Großen Heidelberger Liederhandschrift«). Auch in seinen Tageliedern wahrt Hadloub wohl den formalen Rahmen, die Inhalte jedoch werden durch realistische Elemente verändert, aufgebrochen; höfische Formimitation und inhaltliche Gegenständlichkeit passen nicht, zerbrechen die höfischen Vorbilder. Der Wächter verliert seine gesellschaftlich fixierte Rolle: er wird zur ängstlichen Kreatur, die Entdeckung mehr fürchtet als die Liebenden und sich vor Tagesanbruch davonschleicht, so daß die Dame selbst auf den Morgen achten muß. Die Illusion der Tageliedsituation wird von den Realvorstellungen des bürgerlichen Dichters vollends zerstört.

1

Er muoz sîn ein wol berâten[1] êlich man
der hûs sol hân, er müeze in sorgen stên.

1. gutgestellter.

Meister Johannes Hadloub. Miniatur aus der Großen Heidelberger Liederhandschrift

nœtic[2] lidic man fröit sich doch mangen tac,
er spricht »ich mac mich einen sanft begên[3].«
ach nœtic man, kumst dû zer ê,
wan dû kûme gwinnen macht muos[4] unde brôt,
dû kumst in nôt: hûssorge tuot sô wê.

Sô dich kint an vallent, sô gedenkest dû
»war sol ich nû? mîn nôt was ê sô grôz:«
wan diu frâgent dik wâ brôt und kæse sî,
sô sitzt dâ bî diu muoter râtes blôz[5].
sô spricht sî »meister, gib uns rât:«
sô gîst in dan Riuwental und Siuftenhein
und Sorgenrein als der nicht anders hât.

Sô spricht sî dan »ach daz ich ie kan zuo dir!
jan haben wir den witte[6] noch daz smalz,
noch daz fleisch noch vische, pfeffer noch den wîn:
waz wolte ich dîn? son hân wir niender salz.«
sô riuwetz ir: dâ sint fröid ûz,
dâ vât[7] frost und turst den hunger in daz hâr
und ziehent gar oft in al dür daz hûs.

Mich bedunket daz hûssorge tüeje[8] wê:
doch klage ich mê daz mir mîn frouwe tuot.
swenne ich für sî gên dür daz sî grüeze mich,
sô kêrt sî sich von mir, daz reine guot.
sô warte ich jæmerlîche dar
unde stên verdâcht[9] als ein ellender man,
der nicht enkan und des nieman nimt war.

2. *dürftig lebend.*
3. *ich kann mich alleine gut durchbringen.*
4. *Speise.*
5. *ohne Vorrat.*
6. *Holz.*
7. *greift.*
8. *tue.*
9. *in Gedanken versunken.*

Daz sî mich versêret hât sô manic jâr,
daz wolt ich gar lieplîch vergeben ir,
gruozte sî mich als man friunde grüezen sol:
sô tæt sî wol. sî sündet sich an mir,
wan ir mîn triuwe wonet bî:
dâ von solte sî mich grüezen âne haz.
wan tuot sî daz? dazs iemer sælic sî!

2

Ich ergienc mich vor der stat, doch âne vâr[10]:
do gedâchte ich gar lieplîch an sî.
sâ zehant ersach ich verre ir schœnen lîp,
dâ schœne wîp ir sâzen bî.
do engonde[11] sî mir fröiden nicht vor ir,
sî gienc dannen, dô sî sach daz ich gienc dar:
daz nimt noch gar vil fröiden mir.

Liebiu mære seit doch ein guot ritter mir,
daz lieplîch ir munt von mir sprach.
sî sprach »wa ist mîn gselle?« daz was minnenclich.
ich fröuwe mich daz ie geschach
daz sî von mir geruochte reden sô.
daz schât ir vil kleinen unde hilft mich wol.
sist tugende vol: des bin ich frô.

Ich kam ir ze wege dâ sî gar eine gie[12]:
do gesprach ich nie kein wort zuo zir.
ich erschrac von minnen, in mocht hin noch dan.
ich sachs echt an: daz wart doch mir.
sî gieng ouch vür[13], daz sî nicht gruozte mich:

10. *ohne Absicht.*
11. *gönnte nicht.*
12. *Ich begegnete ihr, als sie alleine ging.*
13. *vorbei.*

daz verzagte mich ouch, des[14] ich nicht ensprach,
und do ich sî sach sô minnenclich.

Minne sûmet an mir vaste ir triuwen sich[15]:
sî twinget mich minnen sô hô[16],
wan sî nie mîn frouwen gegen mir getwanc.
sî habe undanc! wie tuot sî sô?
waz habe ich ir getân? sî swechet sich.
twunge sî gên mir ir lîp sô tugende vol,
sô tæt sî wol: wes zîht sî mich[17]?

Daz diu Minne mich sô sêr betwungen hât,
und daz sî lât ir lîp sô frî,
dâ von weiz ich daz sî hât verrâten mich,
sin kêre sich dann ouch an sî,
und twinge sî mîn noch genâde hân.
owê Minne, wilt daz tuon, sô tuoz inzît,
wan sender strît wil mich erslân.

Frouwe mîn, ich man der rechten triuwen dich,
wan die hân ich recht gegen dir,
daz dû mir des gunnest, daz ich zuo dir gê,
dâ niemen mê sî wan echt wir.
ân argen list muot ich[18] des, frouwe, dir:
in wolt nicht wan klagen dir min sendez leit.
ach sælikeit, des gunne[19] mir!

14. *weswegen, weshalb.*
15. *Die Minne läßt mich mit ihrer Treue im Stich.*
16. *Sie zwingt mich, so hoch zu minnen.*
17. *wirft sie mir denn vor.*
18. *begehre ich.*
19. *vergönne, gewähre.*

3

Wâ vund man sament sô manic liet?
man vunde ir niet im künicrîche,
als in Zürich an buochen stât.
des prüeft[20] man dik dâ meistersanc.
der Maness ranc dar nâch endlîche[21]:
des er diu liederbuoch nu hât.
gein sîm hof mechten nîgen die singære,
sîn lob hie prüevn und anderswâ:
wan sanc hât boun und würzen dâ.
und wisse er wâ guot sanc noch wære,
er wurb vil endelîch dar nâ.

Sîn sun der kuster treibz ouch dar:
des hânt sî gar vil edels sanges,
die herren guot, ze semne brâcht.
ir êre prüevet man dâ bî.
wer wîste[22] sî des anevanges?
der hât ir êren wol gedâcht.
daz tet ir sin: der richtet sî nâch êren,
daz ist ouch in erborn wol an;
sanc, dâ man frouwen wol getân
wol mitte kan ir lop gemêren,
den wolten sî nicht lân zergân[23].

Swem ist mit edelem sange wol,
des herze ist vol gar edeler sinne.
sang ist ein sô gar edelez guot:
er kumt von edelem sinne dar.
dür frouwen clâr, dür edel minne,
von dien zwein kumt sô hôher muot.

20. *beurteilt.*
21. *ernstlich.*
22. *unterwies.*
23. *verlorengehen lassen.*

waz wær diu welt, enwærn wîp nicht sô schœne?
dür sî wirt sô vil süezekeit,
dür sî man wol singt unde seit
sô guot gereit[24] und süez gedœne:
ir wunne sanc ûz herzen treit.

HEINRICH VON MÜGELN

Geb. um 1320, wohl in Mügeln bei Pirna (Meißen), gest. nach 1371. Als gelehrter Bürger war Heinrich von Mügeln »berufsmäßiger« Hofdichter zunächst Johanns von Böhmen, dann seit 1346 Karls IV. in Prag; 1352 bis 1353 bei Ludwig I. von Ungarn und 1358 bis 1365 am Hof Rudolfs IV. von Österreich, schließlich bei Hertnit von Pettau.
Werke: *Der Meide Kranz* (um 1355 bis 1357); Minnelieder; Fabeln; 15 Sprüche; Übersetzungen: Ungarische Reimchronik (Fragment, um 1352 bis 1353); Ungarnchronik in deutscher Prosa (um 1360); *Valerius Maximus* (1369); Psalmen (um 1370).

Waren Hugo von Montfort und Oswald von Wolkenstein als freie Ritter die letzten Verfechter der ausklingenden ritterlich-höfischen Poesie, so ist Heinrich von Mügeln der Vertreter des neuen Dichtertyps: des gelehrten Bürgers im Hofdienst, der als Lehrer weltlicher Wissenschaft Dichtung schreibt. So sind seine 7 Minnelieder schwache Nachklänge der höfisch-ritterlichen Dichtung, aber voller Gelehrsamkeit und Allegorien im geblümten Stil. In einem seiner Lieder (Text 1) nimmt er das Falkenmotiv des Kürenbergers auf, aber ohne jedes Gefühl für die Poesie des Bildes – um den Falken zu halten, wünscht er ihm einen Bleifuß (V. 17)! Vor allem wegen seiner Sprüche und Fabeln wurde er von den Meistersingern zu den 12 Meistern gezählt.
Auch sein Hauptwerk (nach 1355), das allegorische Reimpaargedicht »Der Meide Kranz« (Text 2), ist angefüllt mit

24. *hergerichtet.*

Gelehrsamkeit, Allegorie und geblümter Sprache. Er hat es als Dank für die Freigebigkeit Karls IV. verfaßt.
In diesem allegorisch-didaktischen Lehrgedicht (2592 Verse) treten die 12 Wissenschaften (= 12 artes liberales: Trivium erweitert um die Philosophie und Logik statt der Dialektik; Quadrivium erweitert um Physik [Medizin] und Alchimie) vor den Kaiser. Die 12 meide fragen um sein Urteil, welche von ihnen in der Krone der maget, der Mutter Gottes, Platz habe. Zur Entscheidung befragt der Kaiser zunächst seine Räte, die aber keine Antwort wissen. Darauf befragt er den meister dieses buches, also den Autor. Als auch dieser ablehnt, gibt der Kaiser der Theologie den ersten Platz in der maget krone.
Auf diesen ersten Teil, eine Wissenschaftslehre also, folgt im zweiten Teil des Gedichtes eine Tugendlehre. Der Kaiser schickt die Theologie in das Haus der Natur; sie soll die preiswürdige meit krönen. Die Natur ruft dazu die Tugenden zu sich, die auf einem von der Vernunft gezogenen Wagen kommen. Die Krönung erfolgt, und es schließt sich eine gelehrte Disputation an zwischen der Natur und den Tugenden. Ein zentrales Problem des späten Mittelalters steht zur Debatte: Ob die Tugenden selbständige, von Gott geschaffene Kräfte im Menschen sind oder ob sie zur allgemeinen Natur gehören. Das hohe Mittelalter hatte sich vor allem mit dem Rang einzelner Tugenden innerhalb des höfisch-ritterlichen Wertsystems befaßt. Dem späten Mittelalter aber stellt sich das Problem unter dem Aspekt eines neuerwachten Interesses für Naturbeschreibung und Naturerkenntnis.
Bei Heinrich von Mügeln soll nun die Theologie den Streit entscheiden. Ihr Urteil: Jede Tugend kommt von Gott und nicht aus der Natur. Der Dichter schließt mit der Feststellung, daß Gott die Tugend sei; er habe die Natur erschaffen, deshalb solle sich die Natur nicht der Tugend gleichstellen. Die Theologie bleibt vor allen Wissenschaften

(artes = Künsten) der höchste Wert. Aber die Fragestellung in diesem Disput zwischen Tugend und Natur verweist auf den Zweifel und eine neue Geisteshaltung aus spätmittelalterlicher Wissenschaftsneigung.

1

Ein frouwe sprach »mîn falke ist mir enphlogen
sô wît in fremde lant:
des vorchte ich, den ich lange hân gezogen,
den vest ein fremde hant.
Ich habe der trûwe fezzel
im gar zu lang gelân:
des bruet[1] die afterrûwe[2] sam ein nezzel
mîn herze sunder wân.

Ich hoffe doch das er mir komet wider,
wie er nu sweimet[3] wît.
Wann er vorlûst die schell und das gefider
bricht und die winterzît
Im drouwet und die beize[4]
vorgât und rîst der hag,
sô swinget er dann wider in sînen weize,
wann er nicht furbaz mag.

Ach hete ich einen blâfûz vor den falken,
ab er nicht wêr sô risch[5],
Doch blebe er stân ûf mînes herzen balken.
was hilfet mich der fisch,
Der in des meres grufte

1. brennt.
2. Kummer.
3. schwebt.
4. Falkenjagd.
5. hurtig.

wart alles angels frî?
mich stûret klein der vogel in der lufte,
wie edel das er sî.«

2
Der Meide Kranz (Auszug)

Den meister dises buches fragt
der keiser: der sich sust entsagt:

Der keiser sprach: »von Mögelin
Heinrich, was dunket dich gesin?
welch undr in hab die wirdikeit?«
er sprach: »min sin zu enge schreit,
das er die wisheit nie erlif[6]
din wirde hoch, breit unde tif
die sal von schulden das verstan,
welch undr in sal die wirde han.«
er sprach: »du salt nicht ledik sin:
ich wil vernunst nu hören din.«
der ersten wold er gen den sik:
da winkt im sines herzen blik,
das wird und er und lobes art
der letzten von dem keiser wart.
idoch der andern wirdikeit
gebot des keisers nicht versneit:
er liß sie in der kronen stan,
doch musten sie zu hinderst gan.

Hie teilt der ware keiser rich
das urteil nach der warheit glich

Der keiser sprach: »sint das min rat
mir rates stür[7] versaget hat,

6. erreichte.
7. Führung.

so muß ich nach dem besten sin
das urteil selber teilen hin.«
er sprach: »mich dunkt: die erste meit
von stören[8] und geberen seit,
und wozu hat nature pflicht,
daruf sie buwet ir geticht.
die letzte, wer des hersche gar
und ouch naturen gebe nar[9]. –
die ander meit die nutzet wort,
und teil der red sie hat gelart.
eins worts sie hat vergeßen doch,
(damit die letzt ir gibet schach[10])
das in der meit zu fleische wart
und spilt[11] sich nie von gottes art. –
die dritte, die die slangen treit,
der trigen manchen hat verleit,
das er des lammes gar vergaß,
das uf der letzten brüste saß. –
die virde sechzik farben setzt,
damit sie blümet und veretzt[12],
was rostes in dem tichte lak:
die letzte, wie des himmels slak
vertreip und blumte gottes blut,
das durch sins herzen pforten wut[13]. –
bereit uf zal die fünfte was.
sie zalte loup und ouch das gras,
des himmels stern und meres griß[14]:
die letzte, wie der künk im liß
slan wunden durch uns ane zal,
damit er stiß den fluch zutal. –

8. Zerstören.
9. Rettung, Heil.
10. bietet Schach.
11. löste sich von.
12. vernichtet.
13. drang, strömte.
14. Sand.

Heinrich von Mügeln: Der Meide Kranz. Darstellung der Astronomie mit einem Sextanten (Cod. Pal. Germ. 14, Bl. 14ᵛ, Univ.-Bibl. Heidelberg)

die sechste aller maße pflit:
wie tif, wie hoch, wie breit, wie wit
der himmel, mer und erde si:
die letzte, wie der künik fri
sich meßen liß uf einen schrank[15],
damit er unser not verdrank. –
die sibnde meit die wirket schon
in quinten, quarten manchen don,
wie uf die lingen und zutal
ein iglich note klimmen sal:
eins dones sie doch konde nicht,
den an dem krüze hat geticht
der meide kint und gottes wort
und uns die letzte hat gelart. –
die achte lert der sterne gank,
und wie die zirkel haben schrank,
wie die planeten sin gesipt[16]:
die letzte, wer die stern gestipt
hab in des himmelriches gral
und mak sie rißen hin zutal. –
der nünden kunst ist hoher list:
sie heilet, was zu heilen ist;
wo todes blik das tir erspet,
das sie gar ungesalbet let:
die letzte von dem arzte seit,
des kraft dem toten leben treit. –
die zende silber machen kan,
golt, farben; doch ich selden han
gesen der selben kinder rich:
die letzte zu dem schatze glich
des himmels füret mit der hant,
den man nie ane trüwe[17] fant. –
die eilften lobt ich immer me:

15. Raum.
16. verwandt.
17. Glauben, Hoffnung.

nu dunkt mich, wie ir tichten ste
swerlich gein dem gelouben min:
sie lert mich, wie acht engel sin:
die letzte engel ane zal
setzet: der ich geleuben sal.
nie falschen spruch ich in ir fant:
darum üch allen si bekant,
das sie die wirde sülle han.«
das urteil fürsten, ritter, man
da lobten und die wisheit groß,
die uß des keisers herzen sproß.
[...]

Hie sent ir boten wider dar
Natura nach der tugnde schar

Die boten furen wider dar.
di sie die tugnde funden gar,
sie sprachen: »die Nature bit,
das üwer herze ste gefrit,
und wirdet üch zu kummen dar,
das man die maget krône klar.
wann das geschit, so wil sie dann
gein üch bewisen, ab sie kan,
das ir von schult gebunden sit.
bewist ir, wer üch hab gefrit,
so gert sie keines dinstes nicht.«
die tugnde sprachen in der schicht:
»wir faren dar gar williklich.«
ein wagen wart gar lobelich
bereit: da gab die Warheit dar
die dichsel, Kraft die achse zwar,
das erste rat Gerechtikeit,
das ander Frid, Barmherzikeit
das dritt, so gap die Milde dar
das virde rat von golde klar;

die Sune bant den wager glich,
so gap die Zucht die decke rich;
fünf ros Vernunst gap in den wagn:
richlich man sach die meide zogn.

Hie seit von der Vernünste pfert
das buch, wer des zu hören gert.

Das erste ros das hiß das Sen:
rot was sin farbe, hör ich jen[18].
das selb wart nimmer loufes sat:
es manchen hie verfüret hat,
das er reit in der helle grunt:
es liß in da und bleip gesunt.
das selbe ros vil tugnde hat;
kein mensche siner füße pfat
noch sinen trit erkisen[19] kan:
das gras es trit uf keiner ban.
ouch es gar snelles loufes pflak,
man dorft im geben keinen slak:
wann die Vernunst die geisel swank,
zuhant es in dem silen[20] sprank.
an keinem berg es widerstiß. –
Das ander pfert das Hören hiß.
wer dem den zügel laßen wil,
wann es leuft uf das krumme zil,
es treit in in der helle gruft
und leufet wider in die luft.
vil na es sam das erste was,
doch es sin sprünge treger maß.
das selbe ros ouch snelle lif:
kein bruch der luft wart nie so tif,
es sprank darüber ane fal;

18. sagen.
19. sehen.
20. den Seilen, Strängen.

zu berg es lif und ouch zu tal.
doch nimant rechte merkt sin pfat,
wo es den fuß gesetzet hat.
das ros trank keines wages fliß[21],
war der sich uß den wolken liß:
sin futer was der lüfte slak,
das pfert nicht ander weide pflak. –
Das dritte ros was stete gut;
doch wer im liß den sinen mut,
es truk in hin in kurzer zit,
da Lucifer gefangen lit.
wann es den stram[22] der lüfte zouch,
vil manchen underscheit es rouch
der dinge, der es nie gesach.
wie das sin hufe waren flach,
doch man sin lützel merkte dann,
wann es sin spise wolde han:
sin schaden keine wise melt,
ouch etzt es nicht der lüfte felt[23];
sin farbe glich was in der schicht,
als wann sich luft in nebel flicht.
das Richen hiß das selbe pfert. –
Das vird was großes geldes wert.
das ros die Behim lobten ouch:
gar ser es an dem naßen zouch;
in fraße pflag es sprünge vil:
wer im den zügel laßen wil
und es zu halden nicht gerucht[24],
dem ist von gotte wol verflucht.
süß unde sur es smecken kan,
und hett es die vernunst gelan,
es wer gefallen in den grunt. –

21. *keiner Welle Fluß.*
22. *Strömung.*
23. *auch weidet es nicht in den Lüften.*
24. *versucht.*

Des fünften namen tu ich kunt.
das selbe große sterke hat:
wer im des willen sin gestat,
es treit in oft in kummer groß,
das er blibt aller salden bloß.
doch lif es in der banen recht:
wo das der wek was holsterecht[25]
ader die stige waren scharf[26],
das ros sich uß der banen warf.
wol unde we es prüfen kan.
und hett das selbe ros getan,
die andern pfert in keiner schicht
den wagn gezogen hetten nicht.
das selbe ros das Fülen hiß.
Natur es nimmer irren liß:
darum es was gespannen vor.

SUCHENSINN

Über sein Leben ist kaum etwas bekannt: Als Fahrender, als Sänger bürgerlicher Herkunft hielt er sich 1390 und 1392 am Hof des Wittelsbacher Herzogs Albrecht von Bayern auf.
Werke: 20 Lieder; 1 Reimspruch.

Durchgängiges, einziges Thema seiner Lieder sind die Frauen, doch ist vor allem die eigene Ehefrau gemeint (Text). Seine höfische Minnedichtung ist durchsetzt mit Allegorien und gutbürgerlichen Ratschlägen für die Ehrbarkeit und Treue der Frau. Ein reinez wîp *ist für ihn ein Abbild der jungfräulichen Gottesmutter. Die Meistersinger haben Suchensinn, wie auch Frauenlob und Konrad von Würzburg, zu den 12 Meistern gezählt.*

25. steil.
26. rauh.

Ich clag[1] die liechten sumertage.
dasz leit ich nit alleine trage:
wærlîch esz ist auch vogel clage,
dasz sie nit frœlich fliegen.
Ich clag den clâren sunnenschîn,
ich clag den sanc der vogellîn,
ich clag die lieben bluomen vîn,
dasz sie sich müeszen biegen.
der winter hât den sumer sô verdrungen:
swâ vor stuont vîol[2] unde clê,
dâ sicht man rîf und kalten snê;
dasz tuot vil manger bluomen wê,
die zertlîch was entsprungen.

Ze mir ein sælig wîp verjach:
»ei Suochensin, hab dîn gemach
und clag nit waldes überdach[3],
du clag ein grœszer lîden:
du clag, wô immer junges wîp
mit swacheit[4] tœt irn zarten lîp
mit valscher lieb durch leitvertrîp,
dasz sie ir êr tuot mîden.
du clag, wô wîp verliuset[5] wîplich güete.
als bald ein frau verliust ir êr,
die gwint sie gentzlich nimmer mêr.«
trût, hœchster hort, dar an dich kêr,
vor sünden dich behüete.

Als bald der mei swingt sîn gevider,
sô komen rôse und vîol wider;
dannoch lît, wîp, dîn êr darnider,

1. *beklage, trauere um.*
2. *Veilchen.*
3. *Laub.*
4. *Untugend.*
5. *verliert, aufgibt.*

die gruonet nimmer mêre.
Sie gruont nit wider als der clê,
als meien zît ân arges wê.
trût, hœchster hort, wie esz dir gê,
behalt durch got dîn êre.
ein kurtze freud, die bringet langes lîden,
lâsz dir die êwig freude sîn
vil lieber dan der sünden pîn:
du ûszerwelte keiserîn,
unkiuscheit soltu mîden.

Trût sælig wîp, denck, wer du bist
und wer du wirst in kurtzer frist;
schœn lîp der fûlet als ein mist,
kumstu mit schand zer erden.
trût sælig wîp, denck an den tag,
dasz valsche lieb nit helfen mag;
ist dann dîn sêl in sünden slag[6],
wie möchstu frœlich werden?
»ach Suochensin, du singst sô hart von frauwen!«
doch gêt esz reine wîp nit an,
ob ich die argen strâfen kan;
hab got liep und dînen êman,
lâsz dich in êren schauwen.

MUSKATBLÜT

Im letzten Viertel des 14. Jahrhunderts geboren und nach 1438 gestorben, gehört Muskatblüt, gehören seine 104 Lieder bereits in die Vorphase des Meistergesangs – sowohl inhaltlich-formal als auch zeitlich. Seine Lebenszeit ist aus Zeitangaben in seinen Gedichten zu erschließen. Er war Dichter und Komponist, stand bei verschiedenen Herren in Diensten, war zur Zeit des Konzils 1415 in Konstanz, 1422 in Nürnberg, 1437 in

6. *Verderbnis durch die Sünde.*

Diensten des Erzbischofs Dietrich von Mainz. Wahrscheinlich hat er an den Hussitenkriegen 1420, 1422, 1427 und 1431 teilgenommen.
Werke: 104 Lieder.

Muskatblüts Dichtung umfaßt drei Gruppen: 1. Marienlieder. Sie stehen unter dem Einfluß scholastischer und mystischer Gedanken, besonders die Marienverehrung. Natur ist ein Symbol für die christliche Lehre – wie im wesentlich älteren »Physiologus« schon (vgl. Bd. 1 dieser Reihe). 2. Minnelieder, die Muskatblüt noch im Sinne der Minnesänger als Diener der Frau singt; die Frauen verherrlicht er zum Lobe Mariens. Dabei benutzt er die Technik der Blütezeit in Natureingängen und Wortwahl. 3. Politische und moralische Sprüche (vgl. auch Kap. II). Sie sind zumeist Sittenpredigten und Sittenbilder der Zeit, Fürstenlehre und Tadel gegen die Unsitten der Zeit in allen Ständen. Auch die politischen Sprüche sind Stellungnahmen zu Zeitereignissen: Konzilien, Hussitenkriege, Schisma, Kreuzzug gegen Polen.
Über allem verstand sich Muskatblüt als gelehrter Dichter, der um seine Quellen weiß und seine Kunst durch Beherrschung der Sieben Freien Künste und der Philosophie für erlernbar hält (Text).

Schweigt vnde lost, gemachsam kost[1],
vernempt die wort gesanges hort
nach rechter ordenunge,
teusch vnd latein, die dene fein
aus musica, man saget da
gedicht der maister zungen.
hie wirt gesang mit maisterschaft
suptilich[2] ausgemesen,
rethorica mit irer kraft

1. *sprecht langsam.*
2. *gekonnt, nach den Regeln.*

vnd darin nichts vergesen,
das silben zal nit sey zeschmal
zelang oder zebraite.
die reime sollen sein gesterckt; ir singer merckt,
pflegt gůtter witz, secht auf die spitz[3],
daz man es recht ausraitte.

Ein mercker sol besinne wol
den rechten grunt, schlos vnde punt[4]
mit cluger maisterschöfte.
wirt im bekant der kunsten hant
so wais er doch der sinen joch.
ob im sein zung icht höfte,
wa sy den strauchen auf dem weg
vnd hat ain weite geferte[5]
vnd trift nit rechter kunsten steg,
so wirt es ir zů herte,
ob sy verruckt, ainen silben zuckt,
ain rennen aus der mase,
da sol der mercker heren zů wie man im tů
wer sich verirt, in gesang verwirt,
den weis er auf die strase.

Kunstiger man, wilt du bestan
auf disem wal[6], silben vnd zal
solt du hoflich begreiffe,
da meledey sol wandels frey
gantz bey dir sein; die zunge dein
solt du mit witzen schleiffe[7].
wilt du ain maister sein genant,
mit warhait tů ich spreche,

3. *nutzt rechten Verstand und bedenkt das Ende.*
4. *die rechte Harmonie, Klausel (Kadenz) und Griffe (auf der Laute).*
5. *Fahrt, Weg.*
6. *Walstatt.*
7. *üben.*

loyca[8] sol dir sein bekant
mit ire kinste freche[9].
doch rat ich das, bis nit zů las[10],
das sy dich nit verweise[11].
greif in die kunst gramatica vnd sing vns da
zal mas gantz gůt, spricht Musca plůt,
so magst ir gsange breise.

OSWALD VON WOLKENSTEIN

Wie kein anderer mittelalterlicher Dichter hat Oswald von Wolkenstein eigenes Erleben zum Inhalt seiner Lyrik erhoben. Aus seinen 134 Liedern sowie aus seinen Urkunden läßt sich die erste genaue Dichterbiographie erschließen; in den von ihm selbst angelegten Sammlungen seiner Lieder (2 Handschriften) findet sich das erste authentische Selbstporträt eines Dichters.

Zwischen 1376 und 1378 geboren, entstammte Oswald einem Zweig der Tiroler Adelsfamilie Vilanders, der sich nach einem seiner Burgsitze nannte: Burg Wolkenstein im Grödnertal. Früh verlor er durch einen Unfall sein rechtes Auge. Als Zehnjähriger verließ er das Elternhaus und zog durch die Länder Ost- und Südeuropas. Als Koch, Ruder- und Pferdeknecht und als Spielmann, so berichtet er 38jährig in seinem biographischen Lied von 1416 (Nr. 1), lernte er zehn Sprachen, rauhe Sitten und das Ritterhandwerk. Nach dem Tod des Vaters (um 1400) Rückkehr nach Tirol; er übernahm als Erbteil unter anderm Anrechte auf die Burg Hauenstein und damit einen alten Erbstreit mit der Familie Jäger, die gleichfalls Besitzrechte auf Hauenstein hatte. Eine aus Leidenschaft und Erbinteresse entstandene Liebe zu Sabine Hausmann (?), der verheirateten Tochter seines Erbgegners Jäger, brachte Oswald dreimal in Gefangenschaft. Auf Veranlassung der Sabine Hausmann unternahm Oswald 1409 eine Fahrt ins Heilige Land. Der Streit wurde 1427 beigelegt. In dieser Zeit sind zahlreiche Liebeslieder und religiöse Gedichte entstanden.

Als Gefolgsmann und Diplomat Kaiser Sigismunds reiste Oswald zwischen 1414/15 und 1432 zum Konzil in Konstanz, nach Frankreich, England, Portugal, Spanien, Italien sowie zum Basler Konzil. Im Jahre

8. *Logik.*
9. *kühn.*
10. *lässig, faul.*
11. *verführe, irreleite.*

1417 hatte er Margarete von Schwangau geheiratet. Seither betätigte er sich zunehmend in der Tiroler Landespolitik. Als Vertreter der Tiroler Adelspartei lag Oswald aus politischen und persönlichen Gründen mit seinem Herzog Friedrich IV. von Österreich-Tirol im Streit, der erst im Zusammenhang mit der Schlichtung seines Erbstreits 1427 beigelegt wurde. 1425 war die erste Handschrift mit 42 seiner Lieder entstanden; ein anderer Schreiber fügte bis 1432 noch 66 weitere Lieder hinzu. Dieser von Oswald selbst besorgten zweiten Handschrift, einer »Ausgabe letzter Hand«, ist das vermutlich 1432 auf einer Italienreise entstandene Selbstporträt vorangestellt. Die Handschrift enthält zu den Liedern auch Melodien, die zumeist von Oswald selbst geschrieben wurden. Von 1439 bis zu seinem Tode war Oswald ausschließlich in der Tiroler Landespolitik engagiert und mit der Verwaltung seiner Güter beschäftigt. Am 2. August 1445 ist er in Meran gestorben und im Kloster Neustift bei Brixen begraben worden.
Werke: 126 Lieder mit 122 Kompositionen.

Die Lieder Oswalds von Wolkenstein spiegeln, ebenso wie seine Biographie, die Unruhe und Umbrüche des späten Mittelalters. Einerseits der Tradition deutschsprachiger Lyrik seit Walther verbunden, ist Oswald durch die persönlichen Lebensumstände der ritterlichen Standeskultur doch völlig entfremdet. Die überkommenen Formen, Formeln und Traditionen mischen sich mit den Denk- und Erlebnisweisen des ausgehenden Mittelalters; so wird Oswalds Dichtung die Dichtung einer eigenen Individualität, in der sich die Spannungen der Zeit als Spannungen und neue Möglichkeiten des Menschen spiegeln.
Sicherlich hat Oswald die Zeugnisse des Minnesangs gekannt und literarische Vorbilder benutzt: die Lieder des Mönchs von Salzburg, die Lieder Neidharts, Wolframs und die Sprüche Freidanks. In Italien und Frankreich hat er Vorbilder für seine ein- und mehrstimmigen Kompositionen gefunden. Aus der Tradition benutzte Oswald die kunstvollen Formen und Fügungen, auch einzelne Motive; aus seiner Gegenwart schöpfte er die Wortfülle und den sprachlichen Reichtum und nicht zuletzt auch die Freude an gelehrtem Detailwissen und an der gegenständlichen Einzelheit. Dadurch zählt er zu den sprachlich schwierigsten unter den mittelalterlichen Dichtern.

Oswald von Wolkenstein. Porträt in der Innsbrucker Handschrift von 1432 (Universitätsbibliothek Innsbruck)

Zu seiner frühen Lieddichtung gehören seine Liebeslieder. Sie sind nicht Minnesang hohen Stils, sondern an reale Frauen gerichtet: an Sabine Hausmann, an seine eigene Frau Margarete von Schwangau; dazu gehören Sommerlieder in der Neidhart-Neifen-Nachfolge, Tagelieder in der Tradition Wolframs (Text 2), eine Tageliedparodie im Stile Steinmars bzw. des »Kühhorns« des Mönchs von Salzburg (Text 3).
Aus der Zeit seiner Gefangenschaft und seiner späten Jahre stammt seine geistliche Dichtung; sie kreist um Themen wie die Klage über vergangene Zeit, Absage an die Welt, Bitte um Schutz gegen Luzifer, Versprechen zur Umkehr und Reue. In seiner biographischen Dichtung steht die Fülle eigenen Erlebens (Text 1) im Überblick neben der Schilderung von Einzelereignissen und zeitgeschichtlicher Aussage – so die Verteidigung des Greifenstein durch den Tiroler Adel gegen die Bauern oder ein Bericht über die Konzilsreise nach Basel. Ein Lied über den häuslichen Alltag (Text 4) ist ein persönliches Genrebild, das aber vor dem Hintergrund seiner Liebeslieder an die eigene Frau zeigt, wie sehr Oswalds Lyrik Aussage eines Individuums ist und einer neuen Sicht der Wirklichkeit.

1

Es fuegt sich, do[1] ich was von zehen jaren alt,
ich wolt besehen, wie die welt wär gestalt.
mit ellend[2], armuet mangen winkel haiss und kalt
hab ich gepaut[3] pei cristen, kriechen, haiden.
Drei pfenning in dem peutel und ain stücklin prot
das was von haim mein zerung, do ich loff in not.
von fremden freunden[4] so hab ich manchen tropfen rot

1. *als.*
2. *Not.*
3. *gehaust.*
4. *fern von den Freunden.*

gelassen seider, dass ich want verschaiden.
Ich loff zu fuess   mit swärer puess,   pis das mir starb
mein vater zwar,   wol vierzen jar,   nie ross erwarb,
wann ains raubt, stal   ich halbs zumal   mit valber varb
und des geleich schied ich davon mit laide.
Zwar renner[5], koch   so was ich doch   und marstallär,
auch an dem rue-   der[6] zoch ich zue   mir, das was swär,
in Kandia[7]   und anderswa   auch wider här.
vil mancher kitel was mein pestes klaide.

Gen Preussen, Littwan, Tartarei, Türkei, über mer,
gen Lampart[8], Frankreich, Ispanien mit zwaien küngesher
traib mich die minn auff meines aigen geldes wer,
Rueprecht, Sigmund, paid mit des adlers streiffen[9].
Franzoisch, mörisch[10], katlonisch und kastilian,
teutsch, latein, windisch, lampertisch, reuschisch und roman,
die zehen sprach hab ich gepraucht, wann mir zeran;
auch kund ich vidlen, trummen, pauken, pfeiffen.
Ich hab umbvarn   insel und arn[11],   manig lant
auff scheffen gross,   der ich genoss   von sturmes pant,
des hoch und nider   meres gelider   vast berant;
die Swarze Se lert mich ain vass begreiffen[12],
Do mir zerprach   mit ungemach   mein wargatin[13].
ain kauffmann was ich,   doch genas ich   und kam hin,
ich und ain Reuss[14];   in dem gestreuss   haubtguet, gewin[15]
das suecht den grund und swam ich zue dem reiffen[16].

5. *Bote.*
6. *Ruder.*
7. *nach Kreta.*
8. *Lombardei.*
9. *mit dem Adlerwappen (Kaiser).*
10. *maurisch.*
11. *Halbinsel.*
12. *ein Faß umklammern.*
13. *Schiff.*
14. *ein Russe.*
15. *in diesem Kampf verschwanden Kapital samt Gewinn.*
16. *auf den Grund des Meeres; ich aber schwamm zur Küste.*

Ain künigin von Arragun was schön und zart,
dafür ich kniet zu willen raicht ich ir den part,
mit hendlein weiss pand si darin ain ringlin zart
lieplich und sprach: »non maiplus disligaides.«
Von iren handen ward ich in die oren mein
gestochen durch mit ainem messin nädelein[17],
nach ir gewonhait sloss si mir zwen ring darein,
die trueg ich lang, und nent man sie racaides.
Ich suecht ze stunt künig Sigmunt, wo ich in vant.
den mund er spreutzt und macht ain kreutz, do er mich kant;
der rueft mir schier: »du zaigest mir hie disen tant?«
freuntlich mich fragt: »tuen dir die ring nicht laides[18]?«
Weib und auch man mich schauten an mit lachen so;
neun personier künklicher zier die waren do
ze Pärpian, ir pabst von Lun genant Petro,
der römisch künig der zehent, und die von Praides[19].

Mein tummes leben wolt ich verkeren, das ist war,
und ward ain halber beghart[20] wol zwai ganze jar.
mit andacht was der anvank sicherlichen zwar,
het mir die minn das ende nicht erstöret.
Die weil ich rait und suechet ritterliche spil
und dient zu willen ainer frauen, des ich hil[21],
die wolt mein nie genaden ainer nussen vil[22],
pis das ain kutten meinen leib betöret.
Vil manig ding mir do gar ring in handen gieng,

17. Messingnadel.
18. weh.
19. da waren auch neun Personen von königlichem Rang in Perpignan, ihr Papst, Petrus von Lun genannt, der Römische König war der Zehnte, und dazu kam noch die (Frau) von Prades (Margarete von Aragonien, Witwe Martins von Aragonien; sie stammte aus Prades bei Tarragona).
20. Begarde.
21. darüber will ich schweigen.
22. die wollte mir nicht für eine Nußschale Gnade erweisen.

do mich die kappen mit dem lappen[23] umbevieng.
zwar vor und seit mir nie kain meit so wol verhieng,
die meine wort freuntlich gen ir gehöret.
Mit kurzer snuer[24] die andacht fuer zum gibel auss,
do ich die kutt von mir do schutt in nebel rauss.
seit hat mein leib mit laidvertreib vil mangen strauss
geliten und ist halb mein freud erfröret.

Es wär zu lang, solt ich erzelen all mein not.
ja zwinget mich erst ain ausserweltes mündlin rot,
davon mein herz ist wund pis in den pittern tot.
vor ir mein leib hat mangen swaiss berunnen[25];
Dick rot und plaich hat sich verkert mein angesicht,
wann ich der zarten dieren hab genumen pflicht,
vor zittern, seufzen hab ich oft empfunden nicht
des leibes mein, als ob ich wär verprunnen.
Mit grossem schrick so pin ich dick[26] zwai hundert meil
von ir gerost[27] und nie getrost zu kainer weil;
kelt, regen, sne tet nie so we mit frostes eil,
ich prunne, wenn mich hitzt der lieben sunne.
Won ich ir pei[28], so ist unfrei mein mitt und mass.
von meiner frauen so muess ich pauen ellende strass[29]
in wilden rat, pis das genad lat iren hass,
und hulff mir die, mein trauren käm zu wunne.

Vier hundert weib und mer an aller manne zal[30]
vand ich ze Nyo[31], die wonten in der insel smal;
kain schöner pild besach nie mensch in ainem sal:
noch mocht ir kaine disem weib geharmen.

23. *Zipfeln.*
24. *kurz und bündig.*
25. *vor ihr ist mir oft der Schweiß ausgebrochen.*
26. *gut.*
27. *fortgerannt.*
28. *wenn ich bei ihr bin.*
29. *wandern auf fremden Straßen.*
30. *400 Frauen und mehr, ohne einen einzigen Mann.*
31. *Los.*

Von der ich trag auff meinem ruck ain swäre hurt[32],
ach got, west si doch halbe meines laides purt,
mir wär vil dester ringer oft, wie we mir wurt[33],
und het geding, wie es ir müest erparmen.
Wenn ich in ellend dick mein hend oft winden muess,
mit grossem leiden tuen ich meiden iren gruess,
spat und auch frue mit kainer rue so slaff ich suess[34],
das klag ich iren zarten, weissen armen.
Ir knaben, mait, bedenkt das lait, die minne pflegen,
wie wol mir wart, do mir die zart pot iren segen.
zwar auff mein er, west ich nicht mer ir wider gegen[35],
des müest mein aug in zähern dick erwarmen.

Ich han gelebt wol vierzig jar leicht minner zwai[36]
mit toben, wüeten, tichten, singen mangerlai;
es wär wol zeit, das ich meins aigen kinds geschrai
elichen hört in ainer wiegen gellen.
So kan ich der vergessen nimmer ewikleich,
die mir hat geben muet auff disem ertereich;
in all der welt kund ich nicht vinden iren gleich.
auch fürcht ich ser elicher weibe pellen[37].
In urtail, rat vil weiser hat geschätzet mich,
dem ich gevallen han mit schallen liederlich[38].
ich Wolkenstain leb sicher klain vernünftiklich,
das ich der welt also lang beginn zu hellen.
Und wol bekenn, ich waiss nicht, wenn ich sterben sol,
das mir nicht scheiner volgt wann meiner werche zol[39].
het ich dann got zu seim gepot gedienet wol,
so vorcht ich klain[40] dort haisser flammen wellen.

32. *Last.*
33. *mir wäre oft sehr viel leichter zumute, wie weh mir auch wäre.*
34. *ruhig, sanft.*
35. *doch bei meiner Ehre, wüßt' ich, sie nicht wiederzusehen.*
36. *nur weniger zwei (= 38).*
37. *das Schelten von Ehefrauen.*
38. *mit leichten Liedern.*
39. *daß mir kein Glanz folgt als die Zahl meiner Werke.*
40. *so fürchte ich nicht.*

2

»Sag an, herzlieb, nu was beteutet uns so gar schricklicher hal
mit seinem don?«
aahü, aahü, wol auf, die nacken bloss!
»Ainiger man, sol uns der gast erstören hie so ach ellend?
wem lastu mich?«
aahü, aahü, her gat des tages schein.
Pald ab dem weg, die geren läg'
hör, hör, hör, gesell, klüglichen geschell,
stand upp, risch upp, snell upp!
die voglin klingen in dem hard,
amsel, droschel, der vinck,
und ain ziselin, das nennet sich guggukh.

»Los, frau, und hör des hornes schal,
berg und tal überal, ane qual,
ouch hör ich die nachtigal;
des liechten morgen rötte
sich vor der pleb her dringt. blas schon,
wachter! ich spür dein zoren michel gross.
Mich rürt ain wind von orient,
der entrennt, euch blennt das firmament,
und der uns die freud hie wennt.
zart minnikliche dieren,
das horen pollret grimmikleich.
ich hör dich wol, du trübst die fraue mein.«
»Los, los los, los,
sennliche klag, mordlicher tag,
wie lang sol unser not mit dir bestan?
hab urlob, höchster schatz, kürzlich herwider ruckh!«

3

Stand auff, Maredel, liebes Gredel! zeuch die rueben auss!
kint ein, setz zue flaisch und kraut! eil, pis klueg!
get, ir faule tasch! die schüssel wasch!
wer wett[41], Küenzel knecht der dieren flecht[42]?
auss dem haus, ir verluechter dieb[43]!

Frau, ich enmag, wann es ist verre gen[44] dem tag.
nu wol, wenn sol ich vol slaffen mir genueg?
zue lat euch der weil! ja trag wir auch ain peil.
pleib hie, nicht eil[45],
mein trauter Küenzel- Süenzel ist mir wärlich lieb.

Gret, lauff gen stadel, suech die nadel, nim den rechen
mit!
gabel, drischel, reiter, sichel vindstu dort.
Jans, Kathrei nim mit dir, der Kuenz pleib mir!
sweig, du vaige haut[46], und schrei nicht laut!
dein schand werd prait und er[47] sicherlichen smal.

Wer kumpt hernach, der mir went meinen ungemach
so schain und rain allain? arbait ist ain mort.
Kathrei ist unnutz, Jänsleins pin ich urdrutz.
mit liebem smutz
pin ich genzlich des Küenzleins auss dem edlen Zilerstal.

Pfäch dein, Gredlein[48]!
spin, ker, dich ner!

41. wetten, daß.
42. umarmt.
43. Schelm.
44. weit bis.
45. Geht, laßt euch Zeit.
46. du schlechte Haut.
47. guter Ruf.
48. Pfui doch, Gretel!

nicht verzer deinen rock!
pock, so wirst du ain lock.
tock, vier schock
gib ich dir zu ainem manne vil schier.

Frau, eur straffen ist enwicht[49].
spinnen, keren mag ich nicht.
pflicht
trag ich zue dem Küenzelein,
wann er ist wol mein.
sein leib geit freuden vil, darnach sich sent mein gier[50].

4

Durch Barbarei[51], Arabia,
durch Harmanei in Persia[52],
durch Tartarei in Suria,
durch Romanei in Türggia[53],
Ibernia[54], der sprüng hab ich vergessen[55].
Durch Preussen, Reussen, Eiffenlant,
gen Litto, Liffen[56], übern strant[57],
gen Tenmark, Sweden, in Prabant,
durch Flandern, Frankreich, Engelant
und Schottenlant hab ich lang nicht gemessen.
Durch Arragun, Kastilie,
Granaten und Afferen[58],

49. *Frau, Euer Schelten hilft doch nicht.*
50. *Lust.*
51. *Berberland.*
52. *Armenien nach Persien.*
53. *durch Byzanz in die Türkei.*
54. *nach Georgien.*
55. *verlernt.*
56. *Livland.*
57. *über die Küste hinweg.*
58. *Navarra.*

auss[59] Portigal, Ispanie
pis gen dem vinstern steren[60],
von Provenz gen Marsilie –
in Races pei Saleren[61],
daselben plaib ich in der e[62],
mein ellend da zu meren
vast ungeren[63].
Auff ainem kofel rund und smal,
mit dickem wald umbvangen,
vil hoher perg und tieffe tal,
stain, stauden, stöck, snestangen,
der sich ich täglich ane zal.
noch aines zwingt mich pangen,
das mir der klainen kindlin schal[64]
mein oren dick bedrangen
hat durchgangen[65].

Wie vil mir eren ie beschach
durch fürsten, künigin gevach,
und was ich freuden ie gesach,
das püess ich als under ainem dach.
mein ungemach der hat ain langes ende.
Vil gueter witz der gieng mir not[66],
seit ich muess sorgen umb das prot.
dazue so wirt mir vil gedrot,
und tröst mich niena[67] mündlin rot.
den ich e pot[68], die lassen mich ellende[69].

59. *von.*
60. *nach Kap Finistère.*
61. *in Ratzes am Schlern.*
62. *dort bleib ich im Ehestand.*
63. *sehr ungern.*
64. *Geschrei.*
65. *hat durchdrungen.*
66. *Viele gute Einfälle hab ich gebraucht.*
67. *kein einziges.*
68. *die ich früher rief.*
69. *die lassen mich jetzt im Stich.*

Wellend ich gugg[70], so hindert mich
köstlicher ziere sinder[71];
der ich e pflag, dafür ich sich
neur[72] kelber, gaiss, pöck, rinder,
und knospot leut[73], swarz, hässelich,
vast rotzig gen dem winder,
die geben muet als sackwein, vich[74].
vor angst slach ich mein kinder
oft hinhinder.
Dann kumpt ir mueter zuegepraust,
zwar die begint zu schelten.
gäb si mir aines mit der faust,
des müest ich ser engelten[75].
si spricht: »wie hastu nu erzaust[76]
die kind zu ainem zelten[77]?«
ab irem zoren mir da graust;
doch mangel ich sein selten
scharff mit spelten.

Mein kurzweil die ist mangerlai,
neur[78] eselgsang und pfawengschrai
wunscht ich mir nicht mer umb ain ai.
vast rauscht der pach in hurlahai
mein haubt enzwai, das es begint zu kranken.
Also trag ich mein aigen swär[79].
täglicher sorg, vil pöser mär
wirt Hauenstain gar selten lär.

70. *wohin ich auch sehe.*
71. *Asche, Schlacke.*
72. *nichts als.*
73. *ungehobelte Leute.*
74. *die geben Stimmung wie Sauerwein und Vieh.*
75. *spüren.*
76. *verprügelt.*
77. *Fladen.*
78. *nichts als.*
79. *Last.*

möcht ichs gewenden an gevär[80],
oder wer das wär[81], dem wolt ich immer danken.
Mein landesfürst der ist mir gram
von pöser leute neide,
mein dienst die sein im widerzam[82],
das ist mir schad und laide,
wie wol mir sust kain fürstlich stam
pei meinem gueten aide
geswechet hab, leib, er, guet nam
in seiner fürstenwaide,
köstlich raide.
Mein freund die hassen mich überain
an schuld, des muess ich greisen[83].
das klag ich aller welt gemain,
den frummen und den weisen,
darzue vil hohen fürsten rain,
die sich ir er lan[84] preisen,
das si mich armen Wolkenstain
die wolf nicht lan erzeisen,
gar verweisen[85].

80. *könnt' ich's doch nur gleich ändern.*
81. *oder wer auch immer.*
82. *lästig.*
83. *ohne meine Schuld, darüber werde ich grau und alt.*
84. *lassen.*
85. *nicht erlauben, die Wölfe zu zausen und ganz zu vertreiben.*

IV. Epik, Erzählung

Die Epik der spätstaufischen und spätmittelalterlichen Zeit unterliegt ab 1230 den gleichen Einflüssen und Bedingungen, unter denen auch die Lyrik ihre Wendung von höfischer Idealität zu bürgerlicher Realität und Gelehrsamkeit nahm. Wohl bleiben die großen Epen der dichterischen Leitgestalten Hartmann, Wolfram und Gottfried bis weit in die Spätzeit hinein bestimmend. Aber sie sind Vorbilder nur für Themen und Stoffe; sie werden imitiert, doch die geistig-sittlichen Dimensionen ihrer Dichtung werden nicht mehr voll begriffen. Idealität und mâze *des Artusritters sind zu exotischen Wunschbildern des ritterlichen und neuen städtischen Publikums geworden, wortreich und lehrhaft bemühend vorgetragen, aber aus der Lebenswirklichkeit einer veränderten Gesellschaft in die Gärten der Literatur verbannt.*

Mit Konrad von Würzburg und Rudolf von Ems erscheinen am Ende des 13. Jahrhunderts wohl noch einmal zwei neue Vorbilder, die aber als Neuerer und Vollender höfischer Formgestaltung eben jenen späten Epigonen zum Vorbild wurden, die sittlich-normative Gestaltung der Welterfahrung nur noch als Kategorie des lernenden Bemühens verstanden. Die geistig-sittlichen Ordnungen der Stauferzeit als Grundlagen ritterlichen Handelns und dichterischen Gestaltens aber sind endgültig zerbrochen. Die Wirklichkeit tritt an die Stelle höfischer Wirklichkeitsferne, bestimmt thematisch und sprachlich zunehmend die Epik des Spätmittelalters und ihre Möglichkeiten im Formalen.

Das sicherlich zumeist oberflächliche Interesse an den Stoffen der höfischen Epik steht in der Zeit ab 1230 ganz zweifellos auch in einem engen Zusammenhang zu der nun ständig zunehmenden Fülle und thematischen Breite des Geschriebenen überhaupt. Professionelle Schreiber, in den

Stadt- und Lateinschulen ausgebildet, kompilieren, tragen zusammen, notieren und schreiben auf, was vor allem den Stadtbürgern wichtig und nützlich war: Es entstehen Stadtchroniken, Gesundheitsbücher, Handelsbücher, Bücher über und für Handwerk, Wissenschaft und Kriegswesen, über Seefahrt, Landbau und die verbotenen Künste, Erziehungsbücher für die vermögenden bürgerlichen Stände sowie Rechtsliteratur. Noch bevor die Druckerkunst erfunden wird, ist die ganze Breite eines »Buchmarktes« thematisch abgesteckt; denn in den Städten sammelt sich das Vermögen, das seit jeher zu seiner Legitimation nach Kultur verlangt und sich diese – in einer dünnen Schicht wohlhabender Stadtbürger – auch leisten kann.

Der höfische Aventiurenroman ufert aus zu einer breiten, allein auf Abenteuer reduzierten Unterhaltungsliteratur, er ist in seinen formalen und stofflichen Möglichkeiten erschöpft, aventiure *ist auf Abenteuer reduziert.*

Dieser Entwicklung unterliegen auch jene Epiker-Epigonen, die versuchen, in Prosa und Vers zu vollenden oder gar zu übertreffen, was die großen Vorbilder nicht geleistet hatten. Ulrich von Türheim schließt um 1250 Gottfrieds »Tristan« ab und wenig später auch Wolframs »Willehalm«. Im »Jüngeren Titurel« hat Albrecht von Scharfenberg um 1270 die gesamte Gralsgeschichte noch einmal aufgebaut. Zwar finden sich besonders bei Rudolf von Ems – im »Guten Gerhard«, im »Wilhelm von Orlens« – und bei Konrad von Würzburg noch einmal die Motive und Gestalten höfischer Epik, aber der Verlust des höfischen Lebensideals fordert die bürgerlichen »Berufsschreiber« (wie Konrad von Würzburg) zur Rechtfertigung heraus durch gelehrtes Kennen und Können. Das Ergebnis ist der Versuch zur Bändigung ausgewalzter Erzählstoffe durch den preziösen, epigonalen Stil. Unter dem Einfluß vor allem französischer Epik erfolgt dann auf der nächsten Stufe die Auflösung der Versepik in Prosaromane, zunächst für ein

adliges Publikum, dann im 16. Jahrhundert in Form der Volksbücher auch für bürgerliche Leser.
Auch die Heldenepik – die aus Raumgründen hier nicht aufgenommen wurde – unterliegt dieser Entwicklung. Inhaltlich wird sie den Stoffen der späten höfischen Epik angeglichen; »Wolfdietrich« (Mitte 1200) und »Kudrun« (um 1240) etwa zeigen dabei jedoch die Tendenz zu einer stofflichen Raffung, die diesen Stoffen dann auch ein Überleben in Heldenliedern und Heldenbüchern des 16. Jahrhunderts sicherte.
In der allegorischen Dichtung der Spätzeit manifestiert sich der Hang zur Gelehrsamkeit und Phantasie im Stofflichen sehr deutlich. Minneregeln, Minneallegorie und Minnerede erscheinen als neue, eigene Gattungen, die zunehmend an die Stelle der höfischen Epik treten. Die Abhandlung eines Minnethemas, bei Personifizierung von abstrakten Begriffen, wird in Hadamar von Labers Minneallegorie »Die Jagd« (1335) zum erstenmal vorgeführt. Vorbild waren zumeist die lateinische weltliche Dichtung und der französische Rosenroman. Das »Schachzabelbuch« (1337) des Konrad von Ammenhausen zeigt, daß auch das Schachspiel als Allegorie auf menschliche Tugenden, Laster und den Lauf der Welt auslegbar ist.
Aus dem Bedürfnis nach Unterhaltung auch in den nichthöfischen Kreisen entstand seit dem 13. Jahrhundert eine Kleinepik oder Kleindichtung, die sich ausschließlich weltlicher Themen und Stoffe bedient und zunächst von den Fahrenden verbreitet wurde. Die Schwänke des Stricker und Konrad von Würzburgs Kleinepen (»Herzmære« und »Heinrich von Kempten«) sind prägende Beispiele am Beginn einer langen Reihe ansonsten mittelmäßiger Schwänke und Abenteuergeschichten, in denen Minne auf die körperliche Liebe verkommen ist. Im »Helmbrecht« des Wernher der Gartenære und in Wittenwîlers »Ring« hat diese Unterhaltungsliteratur durch poetische Kunst und kritische Weltsicht die Dimension der großen Epen nahezu wieder-

gewonnen; der Schwank weitet sich zur Parabel des unbegriffenen und gefährdeten menschlichen Lebens.
Seit dem Ende des 13. Jahrhunderts entwickelt sich neben der weltlichen auch eine geistliche Kleinepik in Versen. Sie ist vor allem in zahllosen Legenden, in anonymen Marienlegenden oder Heiligenlegenden verbreitet gewesen. Glanzstücke dieser geistlichen Kleinepik oder Legendendichtung sind das »Passional« und das »Väterbuch« (beide um 1300); anders als die Mehrzahl der weltlichen Kleindichtung hatte die Legende neben der erbaulich-unterhaltenden auch eine Funktion als christliche Vorbilddichtung für die einfachen geistlichen und weltlichen Stände. Dabei kann sie jedoch in der Form der historischen Legende bei Meistersingern und in der Deutschordensdichtung durchaus auch politische Tendenzen aufnehmen.
Die Entwicklung epischer Prosa, im »Prosa-Lanzelot« Ende des 13. Jahrhunderts beginnend, ist nicht allein durch den »Abbau« höfischer Versepik gefördert worden. Das mystische Erleben eines neuen Verhältnisses des Menschen zu Gott hat in seiner Darstellung durch die Mystiker zur Erweiterung der Sprache in Bildern und Ausdrucksformen geführt. Mechthild von Magdeburg benutzt noch Vers und Prosa nebeneinander für die Beschreibung ihrer Visionen (»Das fließende Licht der Gottheit«). Durch die Mystiker Heinrich Seuse, Johannes Tauler und Meister Eckhart hat die deutsche Sprachprosa dann neue, zunächst religiöse Ausdrucksmöglichkeiten erfahren, die in der Prosa des »Ackermann aus Böhmen« durch Johannes von Tepl zur Mitteilung eines individuellen seelischen Konflikterlebens sich bewähren, die aber nach den Romanübersetzungen der Elisabeth von Nassau-Saarbrücken und der Eleonore von Vorder-Österreich nützlich waren für die Darstellung alter Standesdichtung in neuen Realitätsbezügen.

DER STRICKER

Zur Biographie ist wenig bekannt: In der ersten Hälfte des 13. Jahrhunderts vermutlich in Franken geboren, etwa um 1250 gestorben. Zumeist hat sich der Stricker, von bürgerlicher Herkunft, in Österreich aufgehalten. In verschiedenen Handschriften sind 164 Gedichte unter seinem Namen überliefert.
Neben zahlreichen novellistischen Erzählungen und lehrhafter »bîspel«-Dichtung zeigt der Stricker in seinen epigonalen Epen, wie höfisch-ritterliche Literatur zur bürgerlichen Dichtung wird: »Karl der Große« ist der ungeschickte Versuch einer Modernisierung des »Rolandslieds« des Pfaffen Konrad; im »Daniel vom blühenden Tal« (um 1215?) versucht er sich in der Nachfolge Hartmanns und anderer, verschiedenartigster Vorlagen mit dem ritterlichen Artusroman; einen höfischen Frauenpreis hat er mit seinem Gedicht »Frauenehre« versucht.
Um 1230 setzt die lange Reihe seiner realistischen Schwank- und Lehrdichtungen ein. In seinem bîspel »Von den Gäuhühnern« nimmt er beispielsweise ein Ereignis seiner Zeit zum Thema, das nicht von höfischer Idealität handelt, sondern von sozialrevolutionären Bewegungen unter den Bauern. Seine größte Wirkung hat der Stricker als Schwankdichter erzielt, besonders mit der ersten deutschen Schwanksammlung »Der Pfaffe Âmîs« (1240).

Der Pfaffe Âmîs

Die zwölf Schwankerzählungen vom »Pfaffen Âmîs« kreisen um zwei zentrale Erfahrungen: das Erlebnis des neidisch-habgierigen Bischofs und die Erfahrung menschlicher Torheit und Leichtgläubigkeit. Als reicher, gastfreier Pfaffe lebt Âmîs in höfischer Gesinnung, bis er den Neid seines Bischofs erregt. Um sich zu rechtfertigen, verlangt er vom Bischof, in den Kenntnissen seines Amtes geprüft zu werden. In dieser Prüfung versucht der Bischof, durch listige und schwierige Fragen seinen Pfaffen zu übervorteilen, der dadurch aber zum Mann wird, der liegen und triegen anevienc.
Nach der Prüfung (Text) zieht Âmîs durch die Welt, um die Toren aller Stände zu prellen und zu betrügen mit ihrer eigenen Leichtgläubigkeit: Fürsten und Bauern, Rit-

ter, Geistliche und Kaufleute zwischen Paris und Konstantinopel. Dann kehrt er in seine Heimat zurück, nimmt sein früheres Leben wieder auf und tritt schließlich in ein Zisterzienserkloster ein. Dem Kloster vermacht er seinen Besitz, wird Abt und stirbt eines seligen Todes.

Die Biographie des Pfaffen Âmîs spiegelt das Muster des Aventiurenromans: Ein auslösendes Erlebnis treibt den Helden in und durch die Welt. Abenteuer werden ruhmvoll bestanden, und am Ende stehen die Rückkehr in die Heimat und frommer Lebensabschluß in einem Kloster. Die Welt aber ist hier nicht höfische Idealwelt, sondern eine Welt der wirklichen Torheiten und Eitelkeiten.

Der Pfaffe Âmîs ist, wie der Reinhart Fuchs oder der Eulenspiegel, zum Prototyp und Vorbild aller späteren Schwankdichtung geworden.

Âmîs und der Bischof

Hie vor was vröude und êre
geminnet alsô sêre,
swa ein höfsch man ze hove quam
daz man gerne von im vernam
seitspil singen oder sagen.
daz was genæme in den tagen.
daz ist ab nuo sô unwert
daz es der sehste nine gert,
er'n kunde danne ein mære
daz guot den liuten wære
vür sorgen unt vür armuot:
anders dunket ez vil selten guot
swaz er mit worten künste kan.
wie sol dann' ein gevüege[1] man
ze hove nuo gebâren[2]?

1. kunstverständiger.
2. sich aufführen.

des enkan ich niht gevâren[3].
ich kan gevüeger[4] worte vil,
daz beziug'ich swer si hœren wil;
swâ man der ze hove nine gert
dâ bin ich eines tôren wert.
nuo hœret waz hie vor geschach.
dô vröude vür die sorge brach,
dô man êre vür die schande enphie,
unt milte vür die erge[5] gie,
unt triuwe vür untriuwe schreit[6],
unt vrümekeit vor der bôsheit
âne kumber wol genas,
unt wârheit vor der lüge was:
dô was diu zuht genæme
und unzuht widerzæme[7],
unt besaz diu tugent elliu lant,
daz man untugent ninder vant;
vür übele gienc diu güete,
vür trûren hôchgemüete;
der muot[8] was der vrides kneht,
unt gie daz reht vür'z unreht.
daz was in den stunden
ê triegen wurde vunden.

Nû saget uns der Strickære,
wer der êrste man wære
der liegen unt triegen ane vienc,
unt wie sîn wille vür sich gienc
daz er niht widersatzes[9] vant.
er het hûs in Engellant

3. *erspähen.*
4. *wohlgesetzte, kunstfertige.*
5. *Kargheit.*
6. *schritt.*
7. *unschicklich.*
8. *Gesinnung.*
9. *Widerstand.*

in einer stat ze Trânîs,
unt hiez der phaffe Âmîs.
er was der buoche ein wîse man
unt vergap sô gar swaz er gewan,
beidiu durch êre unt durch got,
daz er der milte gebot
ze keiner zît übergie.
er lie[10] die geste unde enphie
baz denn' ieman tæte,
wand' er es state hæte[11].
sîn miltekeit was alsô grôz
daz es den bischof verdrôz
dem er was gehôrsam.
daz er des sô vil von im vernam
daz liez er niht âne nît.
er kom zem phaffen z'einer zît.
zuo dem sprach der bischof:
»herre, ir habet grœzern hof
z'allen zîten denne ich;
daz ist harte unbillich.
ir habet überigez guot
daz ir mit höfscheit vertuot;
des sult ir mir ein teil geben.
ir endürfet dâ niht wider streben;
ich enwil's von iu niht enbern;
ze wâre, ir müezet mich's gewern.«
dô sprach der phaffe Âmîs:
»mîn muot der stêt ze solher wîs
daz ich mîn guot vil wol verzer,
unt mich des vil gar gewer
des mir über werden sol:
wær's mêre, ich bedörfte 's wol.
ich engibe iu anders niht:

10. *entließ.*
11. *weil er sich das leisten konnte.*

geruocht ir mîner spîse iht[12],
sô rîtet in daz hûs mîn,
unt lât mich iuwern wirt sîn
swie dicke[13] ez iuwer wille sî,
und lât mich dirre gâbe vrî.
ich engib'iu umbe disiu dinc
nimmer einen phenninc.«
daz wart dem bischove zorn.
»so ist diu kirche verlorn«,
sprach er, »die ir von mir hât,
umb' die selben missetât.«
er sprach: »des sorg'ich kleine.
âne diz dinc alterseine
ich was iu gehôrsam ie;
dar an versûmet' ich mich nie.
ouch heizet mich versuochen
mit worten und an den buochen.
kunn' ich mîn amt alsô wol
sô ich ze rehte kunnen sol,
des lât ouch geniezen mich.«
der bischof sprach: »daz tuon ich.
sît ich iuch versuochen sol,
sô kan ich iuch versuochen wol
mit kurzen worten hie zehant:
ir habet den habech an gerant[14].
saget mir, wie vil des meres sî;
der rede enlâz'ich iuch niht vrî;
unt bedenket iuch vil ebne ê.
saget ir mir minner oder mê,
ich tuon iu solhen zorn schîn,
daz diu kirche muoz verloren sîn.«
»des ist ein vuoder[15]« sprach er.

12. *wenn Ihr kein Verlangen nach meiner Speise habt.*
13. *ganz wie.*
14. *Ihr habt den Habicht (= den Stärkeren) angegriffen.*
15. *das ist eine riesige Menge.*

der bischof sprach: »nû saget, wer
gestêt[16] iu des? den zeiget mir.«
der phaffe sprach: »daz müezet ir.
ich'n liug'iu niht als umbe ein hâr.
endunket ez iuch niht vil wâr,
sô machet ir mir stille stên
diu wazzer diu dar in gên,
sô mizz'ich'z unde lâze iuch sehen,
daz ir mir nâch müezet jehen[17].«
der bischof sprach zem phaffen:
»sît ir'z alsô wellet schaffen,
sô lât diu wazzer vür sich gân;
ich wil iuch 's mezzens erlân,
sît ich's niht verenden mac.
nû saget mir, wie manec tac
ist von Âdam unze her?«
»der sint siben«, sprach er.
»als die ende hânt genomen,
sô siht man aber siben komen.
swie lange disiu werlt stê,
ir'n wirt doch minner noch mê.«
daz was dem bischove ungemach.
zorniclîche er zuo dem phaffen sprach:
»nû saget mir aber dâ bî,
welhez rehte enmitten sî
ûf disem ertrîche.
teilt ir'z niht vil gelîche,
ir wert der kirchen âne.
des sagt mir niht nâch wâne.«
der phaffe sprach: »daz sî getân.
diu kirche, die ich von iu hân,
diu stêt enmitten rehte.
daz heizet iuwer knehte
mezzen mit einem seile;

16. bezeugt.
17. daß Ihr mir zustimmen müßt.

reich' ez an deheinem teile
eines halmes breit vürbaz,
sô nemt die kirchen umbe daz.«
der bischof sprach: »ir lieget.
swie harte ir mich betrieget,
doch muoz ich iu gelouben ê
dann' ich daz mezzen ane gê.
nû saget mir, wie verre[18]
(ir sît ein wîser herre)
von der erde unz an den himel sî.«
der phaffe sprach: »ob ez sô bî[19],
dar ruofet samfte ein man.
herre, zwîvelt ir iht dran,
sô stîgt hin ûf: sô ruofe ich,
unt hœrter niht vil greite[20] mich,
sô stîgt vil balde her nider,
unt habet iu die kirchen wider.«
daz was dem bischove leit.
er sprach: »iuwer wîsheit
diu müet mich sô sêre.
nuo sagt mir aber mêre,
wie breit der himel müge sîn,
oder diu kirche ist mîn.«
dô sprach der phaffe Âmîs:
»des mach' ich iuch vil schiere wîs.
als mir mîn kunst hât geseit,
sô ist er tûsent klâfter breit
unt dar zuo tûsent ellen.
welt ir si rehte zellen
(des wil ich iu wol gunnen),
sô sult ir die sunnen
und ouch den mânen nemen abe
unt swaz der himel sterren habe,

18. weit entfernt.
19. sei, wäre.
20. alsobald.

unt rücket in dann' über al
zesamen: er wirt alsô smal,
swenne ir in gemezzen hât,
daz ir mir mîne kirchen lât.«
der bischof sprach: »ir kunnet vil:
dâ von ich niht enberen wil,
ir müezet mich dâ mite êren
und einen esel diu buoch lêren[21].
sît ir den himel gemezzen hât,
und den wec der hin unz dar gât,
unt dar zuo mer und erden,
nû wil ich innen werden
ob iu iht kunne widerstân.
habt ir diz allez getân
daz ir mir hie vore zelt,
sô tuot ir ouch wol swaz ir welt.
nuo wil ich schouwen hie bî
ob daz ander allez wâr sî.
gelêrt ir nû den esel wol,
sô nim' ich allez daz vür vol
daz ir mir habt gesagt,
unt weiz wol, daz ir rehte jagt[22].«
»nuo gebt mir einen esel her;
den wil ich lêren« sprach er.
dô wart in kurzen stunden
ein junger esel vunden,
den brâhte man dem phaffen dar.
der bischof sprach: »nû nemet war,
unz wenne[23] ir in gelêret hât
daz ir mich die zît wizzen lât.«
der phaffe sprach: »ir wizzet wol,
swer ein kint lêren sol
unz man im wîsheit müeze jehen,

21. *das Lesen lehren.*
22. *auf der richtigen Fährte seid, recht habt.*
23. *wenn Ihr dann.*

daz enmac nimmer ê geschehen,
er müeze lêren zweinzec jâr:
dâ von weiz ich vüre wâr,
gelêre ich einen esel wol
in drîzec jâren als ich sol,
sît er sprechen nine kan,
dâ muoz es iu genüegen an.«
der bischof sprach: »nû lât sehen.
deiswâr, und mages niht geschehen,
ich gemache iuch harte unvrô.«
nuo dâhte der phaffe dô:
»wir'n geleben nimmer drîzec jâr
alle drî, daz ist wâr,
der esel sterbe oder ich,
ode der bischof. swaz er sich
vermizzet ûf mînen schaden,
des mac mich wol der tôt entladen[24].«
dô der bischof danne quam,
der phaffe sînen esel nam;
dem hiez er machen einen stal,
da er die kunst wol verhal[25]
wi er in lêren wolde.
ein bœse[26] buoch er holde;
daz leit' er rehte vür in,
unt schutte im haberen dar in
zwischen ieslîchez blat,
unt liez in nie werden sat.
diz tet der phaffe umbe daz,
daz er die bleter deste baz
gelernde werfen umbe.
als danne der tumbe
zwischen einem blate nine vant,
sô warf er umbe zehant

24. befreien.
25. verhehlte.
26. wertlos.

ein anderz unde suochte dâ,
unt suochte aber anderswâ.
als dâ niht mêr inne was,
sô stuont der esel unde las
in dem buoche unz an die stunt,
daz im die liste wurden kunt
wi er den haberen ûz gewan.
daz treiber z'allen zîten an
beidiu vruo unt spâte,
unz er wol gelernet hâte
daz selbe blatwerfen[27] gar.
nû quam der bischof dar,
unt sprach, er wolde wizzen
wie sich hete gevlizzen[28]
sîn esel zuo den buochen.
nu begunde der phaffe suochen
ein buoch niuwe unde vrisch.
daz leit' er vür sich ûf den tisch,
unde sprach den bischof an:
»herre, ich sage iu waz er kan:
er kan blatwerfen wol.«
»daz selbe næme ich vür vol«
sprach der bischof zehant.
»sît er sich es underwant,
des ist sô lanc niht gewesen,
er gelerne ouch wol lesen.
nuo lât mich'z blatwerfen sehen.«
der phaffe sprach: »daz sî geschehen.«
als er daz buoch ûf getete
nâch des bischoves bete,
vuort' er den esel dar.
do er des buoches wart gewar,
dô greif er sâ durch gewin
nâch dem haberen dar in.

27. umblättern.
28. sich bemühen, befleißigen.

swaz er gezzen het unz dar
daz was ûz einem buoche gar.
nu enwas dâ niht inne.
dô warf er nâch gewinne
her umbe ein anderez blat,
unt vant ouch niht an der stat.
dô warf er aber anderswar,
und ersuochte'z buoch alsô gar.
wære ein korn dar inne gewesen,
daz het er ouch ûz gelesen.
dô er ninder niht envant,
do begunder lüejen[29] zehant
so er immer lûtist kunde.
als er des begunde,
dô sprach der bischof: »waz ist daz?«
»des wil ich iuch bescheiden baz«
begunde der phaffe jehen.
»er hât die buochstabe ersehen.
ich lêre in daz â bê cê;
des enhât er niht mê
noch gelernet wan daz â.
der hât er vil gesehen dâ,
dô sprach er'z dicke umbe daz,
daz er'z bedæhte deste baz.
er lernet ûz der mâze wol;
ich lêre in swaz ich sol.«
des was der bischof harte vrô.
alsus schieden si sich dô
harte minneclîche.
nû lôste got der rîche
den phaffen von der selben nôt,
wan der bischof der lac tôt
dâ nâch in einer kurzen zît.
nu enlêrter niht den esel sît.

29. *schreien.*

nuo dûhte der phaffe Âmîs.
die liute alle alsô wîs
daz si gewis wolten wesen,
wær' der bischof genesen,
er het den esel gelêret.
des wart der phaffe gêret[30]
unt harte wîten erkant.
swer daz mære bevant
der reit dar, oder er gienc,
wand' er die liute wol enphienc.
des mêrten sich sîne geste,
unz sîn kumber wart sô veste
dêr niht mêr vergelten kunde,
unde dar nâch an die stunde
daz niht mohte geborgen[31].
do begunder vaste sorgen.
do gedâht' er in sînem muote
»swaz ich ie tete ze guote
daz verlius' ich ganzlîche,
ob ich dem hûs' entwîche:
ich wær' sô gerne drinne.
swie ich daz guot gewinne,
alsô gewinne ich ez ê
dann' ich dem hûse abe gê.
ich wil nâch guote werben;
mîn hûs sol niht verderben.«

RUDOLF VON EMS

Um 1200 in Hohenems in Vorarlberg geboren, entstammte Rudolf von Ems wahrscheinlich dem Geschlecht der späteren Grafen von Hohenems. Er war Ministeriale der Herren von Montfort und hat in enger Ver-

30. geehrt.
31. borgen, leihen.

bindung zum staufischen Hof gestanden; sein letztes, unvollendetes Werk, die *Weltchronik*, hat er im Auftrag Konrads IV., seines Mäzens, geschrieben. Vermutlich auf einem Italienzug unter Konrad IV. ist er zwischen 1250 und 1254 gestorben.
Die Literaturgeschichte rechnet Rudolf von Ems zu den fruchtbarsten mittelhochdeutschen Epikern; seine Hauptschaffenszeit lag zwischen 1230 und 1250. Seine großen Vorbilder waren Heinrich von Veldeke, Hartmann von Aue, Wolfram von Eschenbach und vor allem Gottfried von Straßburg. In seinem gelehrten, manierierten Stil war er ihr Epigone.
Werke: *Der gute Gerhart* (Versroman, um 1225); *Barlaam und Josaphat* (Legende, um 1230); *Wilhelm von Orlens* (höfisches Epos, nach 1235); *Alexander* (höfisches Epos, Fragment, um 1230/35); *Weltchronik* (nach 1250).

Wilhelm von Orlens (Auszug)

Durch Vermittlung Konrads von Winterstetten – der bereits Ulrich von Türheim mit der Vollendung von Gottfrieds »Tristan« beauftragte – hat Rudolf von Ems die französische Vorlage für einen Johann von Ravensburg ins Deutsche übersetzt. Dieses höfische Versepos enthält eine Reihe zeitgeschichtlicher Bezüge und spielt in Brabant, im Hennegau, in Flandern, der Normandie, Frankreich, England, Spanien und Norwegen.
Als Adoptivsohn Jofrits von Bouillon – der Wilhelms Vater im Zweikampf erschlagen hat – wird Wilhelm zur ritterlich-höfischen Ausbildung nach England geschickt. Nun Knappe des Königs, wird er Minneritter der jungen Königstochter Amelie, die ihn aber zunächst zurückweist (Text): Minne muß erdient *und kann nicht kraft Herkunft beansprucht werden. Für sie zieht er auf Turnierreisen. Als der König von England durch Verheiratung seiner Tochter einen Frieden mit Spanien sucht, kehrt Wilhelm nach England zurück. Sein Versuch, Amelie zu entführen, mißlingt; in ehrenhaften Verhandlungen mit dem König nimmt Wilhelm ein Gelübde auf sich, nach seiner Freilassung das Land zu verlassen und kein Wort zu sprechen, bis Amelie*

dieses Gelübde löst. Als der stumme Ritter begibt er sich in den Dienst des Königs von Norwegen, zeigt dort unter seinem Gelübde ein ritterlich-vorbildhaftes Leben, bis Amelie das Schweigegebot löst und die beiden vereint werden.
Nicht höfischer Aventiurenroman, sondern Darstellung eines Vorbildes im Sinne eines Fürstenspiegels ist die Absicht hinter diesem Epos: wie sich idealisches staufisches Rittertum in seinen Bezügen zur realen Umwelt verhalten und bewähren kann.

Nu sagent an, vro Minne,
Was wiset ir so[1] lihter craft
Das ir iuwer maisterscaft
Besůchen an so cranker[2] jugent,
Das ir dem kinde[3] kindes tugent
Mit sǒlchen sorgen cranchtent
Und vrǒd in sorgen wanchtent[4],
Und das ir uf sin årbeit[5]
Iuch sůndent[6] mit der Kinthait
Das si ú wart gehorsam?
Nu sint ir doch ein andern[7] gram,
Vro Minne, und ǒch dú Kinthait,
Als úns maister Walther sait
Von der Vogel waide,
Der sanch das ir baide
Warent gar an ander gram:
Nu wart si ú gehorsam
Uf Wilhelmes swåre.

1. *werft Ihr denn so vor.*
2. *zarter.*
3. *dem jungen Mann.*
4. *verändern machtet, verändern ließet.*
5. *um ihn zu mühen, zu quälen.*
6. *verbündetet.*
7. *einander.*

Ist ú das lobebåre
Das ir uf sinen ungewin[8]
Úch sůndent frúntlich uf in?
Nain es, zwair, des wan ich,
Es wais ain tail[9] ze vientlich
Das ir im ainem wonent bi
Und si liessent sorgen vri.
Durch úwers namen werdechait
Ringent[10] im sin årbait
Oder gebent im bessern můt,
Durch úwer sålechait das tůt!

Tů das vro Minne beschehen,
Des sol dú aventúre jehen,
Die súln wir aber griffen an!
Do Wilheln alsus began
Siner vrŏden vlis begeben
Und laitliche leben
Und nieman weste was im war,
Der hof und al die sinen gar
Erbunden[11] im der årebait
Die er mit unvrŏden lait,
Und vragton was im wåre,
Ob si ze siner swåre
Im iht geraten[12] kunden.
Die sinen ŏch begunden
Zúrnen sin unvrŏlich leben,
Das er sich hate also begeben
Siner vrŏden der er phlag,
Und sich der also bewag[13]

8. *zu seinem, ihm zum Schaden.*
9. *etwas, ein wenig.*
10. *verringert.*
11. *waren unzufrieden.*
12. *helfen.*
13. *verzichtete.*

Das man in durch dis ungemach
Ze allen ziten truren sach,
Und er des nieman wissen lie.
Der zorn vil wenig iht vervie,
Wan swas er tet, do was sin mů̊t
Betwungen von der vrǒwen gů̊t.
Swenne er us dem palas
Gieng und bi den vrǒwen saz,
So was im die vrǒwe sin
Hainlich[14], unz er sinen pin
Clagte, so gie si von dan.
Do von er grosser lait gewan
Danne er gewunne da vor ie.
Als er danne us gegie,
So sprachen clagelichen
Die vrǒwen alle gelichen
»Aý herre Got, wie kumt es so
Das Wilheln ist so reht unvro?
Was im arges werre,
Das besser únser herre,
Des ist sin edel herze wert
Das nit wan tugende und ere gert!«

Dô er lang in sȯlcher clag
Lepte, er gieng an ainem tag
Besunder uf den palaz.
Dú juncvrǒwe gegangen was
In aine kapelle raine
Nit wan si allaine
Und wolte naisswas[15] sů̊chen da.
Do kam der juncherre ie sa
Zů̊ ir da er si aine vant.
Also ir sin komen was erkant,
Si kerte und wolte von im gan.

14. zutraulich.
15. irgend etwas, aber er wußte nicht, was.

Do bat er si stille stan.
Do strebt eht si von im hin dan
Und sach in schåmelichen an.
Er sprach »genade, vrǒwe, stet
Durch úwer tugende, das ir niht get,
Dar uf das ich hie miner clag
Ain endelich ende sag,
Und das ich niemermere
Die bet an úch bechere,
Es sig danne das úwer munt
Mirs erlob ze etlicher stunt.« –
»So sol ich das gewis han?« –
»Ja, vrǒwe min.« – »so wil ich stan
Bis du nach dines herzen gir
Gesprichest kurtzlich gen mir
Und danne ån not[16] mich lassest
Und diner bet dich måssest,
Wan ich getůn es niemmer,
Benamen, lebt ich iemer!«

Do sprach er trurecliche
»Aý vrǒwe sålden riche,
Sol ich danne iemerme truric sin
Und clagen minen hohon pin?« –
»Ja, minhalb! des du hast begert,
Des wirst du niemer me gewert.« –
»So welt ir das ich sterbe
Und åne ú verderbe?« –
»Nain, ich wil das du lebst
Und dise bete gar begebest[17].« –
»Vrǒwe, mag es iht besser sin?« –
»Nain es, uf die trúwe min!« –
»So han ich gesehen wol
Das ich dar an niht zwivelon sol

16. ungestört, unbelästigt.
17. aufgibst.

Ir wellent gar verderben mich.
Nu ist mir besser vil das ich
Verderbe gahes[18] e das ir
Min leben er sterbent mir,
Das ich lebe und doch sterbe
Und lebende tot erwerbe,
Das ich wil gåhes enden
Und kurzelich verenden
Min endelosos herze lait.
Sam mir dú grosse hailighait[19]
Dú hie vor úns baiden ist
Und Got, der sůze raine Crist,
So wil ich al das leben min
Ungas[20] und ungetrunken sin
Iemermere biz das ir
Bessern trost erzaigent mir!« –

Sus bot er gen dem aide
Die vordern vinger baide
Und swůr es ainen ganzen ait.
Si sprach »ich wais von ganzer warhait
Wol das man dich vasten siht
Die wile das dich hungert niht.« –
»Vrǒwe, das můs iemer sin,
Ir trôstent bas das herze min!
Das wais ich wol.« – »nu la mich gan!«
Das můste sin, si lie in stan
Und gie si von dannan sa.

18. rasch.
19. bei diesen Reliquien! (beteuernd: so wahr mir helfen . . .).
20. ohne Speise, ungegessen.

Weltchronik (Auszug)

Das letzte, unvollendet gebliebene Werk Rudolfs von Ems wird mit seinen fast 36 000 Versen nach 1250 entstanden sein. Es sollte eine Darstellung der Menschheitsgeschichte seit der Schöpfung werden. Die Einteilung sieht sechs Weltalter vor, wobei die Geschichte des »Alten Testaments« und die vier vorchristlichen Weltreiche als Vorgeschichte gelten und erst das sechste Buch, mit der Geburt Christi beginnend, die Geschichte der christlichen Könige und Herrscher bis zu den Staufern bringen sollte. Mit dem Tode Salomos bricht das Fragment im 5. Buch ab.
Die Absicht Rudolfs von Ems war es, ein belehrendes Geschichtsbuch für die Erziehung des staufischen Adels (Konrads VII.?) zu schaffen. Anders als in den frühen Geschichtswerken und höfischen Epen wird hier die historische Wirklichkeit gesucht, nicht aber die Geschichte als Idee. Die Biographien christlicher Herrscher sollten aus den Quellen der Geschichte als exemplarisches, vorbildhaftes Leben dargestellt werden.
Die »Weltchronik« steht am Anfang der deutschen Reimchroniken des späten Mittelalters; Realismus, Wirklichkeitsnähe und Gelehrsamkeit entsprachen den Vorstellungen der Zeit, weshalb die Chronik, in 76 Handschriften überliefert, weiteste Verbreitung und Aufnahme in andere spätmittelalterliche Chroniken fand. Als eines der meistgelesenen Bücher im Mittelalter war sie besonders Laien ein Ersatz für die nicht erlaubte Bibellektüre. Die »Weltchronik« wurde zu einem Vorläufer der später weitverbreiteten Reimbibeln.

Von der Tůnŏwe, als si gat
und ir fluz da den namen hat,
untz an die hohsten Albe hin

ist, als ich bewiset bin[1],
dú obir Germanie gelegin,
dú dén namen hat gewegen
nah allin tútschen landen:
von dén die ez sus nanden,
nah dén sint ellú tútschú lant
noch Germania genant.
welhe der undermarche[2] sin?
westert scheidet si der Rin,
nordent dú Elbe als si noch gat,
dú die marche undirscheidin hat
und ir gezilte[3] marche git.
in disim teile Swabin lit,
das Alemannia hiez ê
nah Alemane den boden se,
der inder Swabe lande swebt,
durh den mit richim fluze strebt
der Rin, des fluz noch strichit hin
von disin lant gebirgin drin,
der von dem sundir teile gat
nordent ze tal und den vluz hat
untz in das groze nort mer.
bi dem Rine lit mit wer
manic veste, wol bereit
nach rilichir werdecheit,
vil werlich unde rich irchant.

Dú erste ist Chostentze genant,
die der edil degin gût,
unvirzagt und hochgemût,
ein rômschir kúnic riche
stifte werdecliche:
er hiez keisir Chonstantius:

1. *unterwiesen, belehrt worden bin.*
2. *Unter-Mark.*
3. *abgegrenzte.*

nah im so nander si alsus
und tet ir namen so irkant
das si ist Chostenze genant.
darnah bi des Rines vlůt
so lit ein veste ummazen gůt,
Basel dú vil werde,
das niendir uf der erde
bedarf bezzer veste sin.
si hat chorn und gůtin win
vollecliche groze gnuht[4].
och hat si den besten luft
der in cheinem lande mǒhte wesin:
das sprichich, wan ich hans gelesin.
darzů ist si gevestit,
gewehit und gegestet[5]
mit maneger burc vil schone,
die si reht als ein krone
zierent mit werlichir chraft.
in Basel sint ouh ellenthaft
mit hûse inne gesezzin
zallir zit virmezzen
fúnfzic rittir odir mer,
die man niemir widir ker
sihet tůn ze kindin,
ze vrǒwin noh gesindin,
ê das si gesigit hant.
ouh tůn ih iuh noh mer irkant
da ist gůt alliz gůtis:
da ist des heiligin blůtis
des von Gotis herzen vloz,
das er durh únsich[6] alle goz
an dem vrone chrúze her,
daran er hienc virwundit ser

4. Reichtum.
5. geziert und geschmückt.
6. für uns.

da ze Calvaria.
des selbin chrúzis ist ouh da
ze Basil inder houbit stat,
da von si so vil lobis hat
das si nieman vol loben kan.
werlichú lant dú stozent dran,
dú mit richir genuht
bringint manege sůze fruht.
darnah bi dem Rine hin
so lit, als ich bewisit bin,
eine schǒne wúnnenchlichú stat
Strazburc si den namin hat:
si ist gezieret schone,
si ist des landes krone.
bi der stat vil nahe bi
ubir cleinir rastin[7] dri
ligent silbirberge rich,
groze, hohe, wúnnenclich.
das silbir das da wirt gegrabin,
sos wirt gebrant, so wirtz irhabin
und wirt gefůret indie stat
ze Strazburc, da von si vil sat
ist von silbir unde her:
da von nah der bůche ler
Strazburc in lingua latina
heizet Argentina,
intúsch ein Silbirstat genant,
durh das wand ellú tútschú lant
beidú hie und da und dort
den vil keiserlichin hort
antwúrten[8] dar, und si fúr baz
ze Rome da der keiser saz.
úns kúndit ouh dú rehte zal
das bi dem Rine hin zetal

7. Meilen.
8. überantworten.

lit Spire wol gevestent,
da manege kúnege restent
und da wartende sint
wenne kom der megde kint
gebietende den strengin sent[9],
dem si danne rede irgent
und vil gar ze rehte stant[10]
wie si sin lút gerihtet hant.
ouh sund ir fúr war wizin das
das zwischent Strazburc, als ich las,
und Spire lit ein drilih[11] berc,
als úns seit der warheit werc,
davon er Drivels ist genant,
in allen landin wol irchant:
wand da sint ufe schone
des richis sper und chrone,
die da mit hohir wirde sint.
ez ist dú chrone die das kint,
der megede sun Got Jhesus krist,
der allir dingin schepfer ist,
der ellú dinc in sin gewalt
beslúzit, klein, groz, junc und alt
(himil, erde, wazzir, steine
und der helle kruft gemeine
berihtet er mit sinir kraft) –
sin gwalt hat ellú dinc behaft[12],
der dise selbe krone trůg:
der warheit weiz man vil und gnůg.
nah Spire bi dem Rine sa
lit ein stat Wormacia.
dú selbú stat dú ist vil gůt.
darnah bi des Rinis flůt

9. *Gericht.*
10. *Rechenschaft geben.*
11. *dreifach.*
12. *besessen.*

lit Megenze[13] vil virmezzin:
ein erzebischoph ist da gesezzin.
úns seit dú ystoria
das nah dem Moin Moguntia
si disú selbú stat genant:
si ist vil verre wol irchant.
darnah bi des Rinis floz
lit Chůlne, ein stat dú ist vil groz
und inhohir schǒwe gar.
dú mêre sagint úns fúr war,
dú stat si seldin riche:
wand da stetecliche
restent grozir heiligen vil,
der ih ein teil hie nennin wil:
Caspar, Baltasar und Melchior,
die drie kúnege die hie vor
ir opfir Gote brahten
und vil balde gahten[14]
gein Bedlehem hin da er was,
da sin sin můtir magit genas,
magt davor und magt darnah.
ze Jhesu Christo was in gah:
mit hohir kúnegis zúhte gar
bot im der eine wierouh dar;
der ander kúnig riche,
vil gar zúhtecliche
bot er mirren zopfer[15] gar;
do gie der drite kúnig dar,
vil zúhtecliche er sih lie
uf die erde an sinú knie
und brahte kúniclichin solt
Gote zopfir, edil golt.
die drie kúnege die nu hat

13. Mainz.
14. eilten.
15. zum Opfer.

dú scrift genant, sint inder stat
ze Cholne: da von man si wol
von rehten schuldin lobin sol.
swem niht behagt der paragraf
und von dem Rine dirre klaf[16],
der sol das ze lone han:
er sol ez ungelesin lan
und leber allir sorgin bar.

ULRICH VON LICHTENSTEIN

Frauendienst (Auszug)

Als erste Selbstbiographie in deutscher Sprache könnte man Lichtensteins »Frauendienst« bezeichnen. 1255 schreibt er in 1850 Versen und 60 eingeschobenen Gedichten die Geschichte seiner historischen Minnefahrten, die er 1238 als Frau Venus (Text) und 1240 als König Artus verkleidet durch Italien, Kärnten, Steiermark, Österreich und Böhmen unternommen hatte. Dabei hat er Szenen aus höfischen Romanen vor einem Publikum gespielt, das an der Darstellung bereits zur Fiktion gewordener höfischer Lebensweise bereitwillig teilnahm. In der szenisch-realen Übersteigerung fiktiven Minnedienstes aber gerät die Idee der Hohen Minne nur noch zur Karikatur: als Zeichen seines Dienstes schickt Ulrich seiner Dame einen im Turnier verletzten, nun freiwillig abgehackten Finger; er erbietet sich, das Handwaschwasser der Dame zu trinken, als Zeichen seiner bedingungslosen Ergebenheit. Solche Szenen zeigen, daß die vergangene Hofkultur auch im Spiel nicht zu restaurieren war, weil die Grundhaltung der höfischen Schicht sich entscheidend gewandelt hatte.

16. Erzählung.

Politische Zeitereignisse und (übertriebene) Beschreibungen höfischen Lebens im »Frauendienst« machen diese Selbstbiographie zu einem kulturhistorisch bedeutsamen Dokument am Ende des ritterlichen Minnesangs.

Diu werde küneginne Venus, gotinne über die minne, Enbiutet al den rittern, die ze Langparten und ze Friûl und ze Kernden und ze Stîr und ze Œsterrîch und ze Bêheim gesezzen sint, ir hulde und ir gruoz und tuot in kunt, daz sie durch ir liebe zuo in varn wil, und wil si lêren mitwiegetânen dingen si werder vrowen minne verdienen oder erwerben suln. Si tuot in kunt, daz si sich hebet des næhsten tages nâch sande Georjen tage ûz dem mer ze Meisters, und wil varn unz hin ze Bêheim mit sôgetânen dingen. Swelch ritter gegen ir kumt und ein sper wider si enzwei gestichet, dem gibt si ze miet ein guldîn vingerlîn: daz sol er senden dem wîbe, diu im diu liebest ist. Daz vingerlîn hât di kraft, swelher vrowen man ez sendet, diu muoz immer deste schœner sîn und muoz in sunder valsch minnen, den der irz hât gesant. Stichet mîn vrowe Vênus deheinen ritter nider, der sol envier enden in die werlt nîgen einem wîbe ze êren. Stichet aber sî dehein ritter nider, der sol elliu diu örsse haben, diu si mit ir füeret. Si vert des êrsten tages ze Tervîs, des andern tages an den Plât, des dritten tages ze Schetschîn, des vierden tages ze sande Uolrîch, des fünften tages ze Clemûn, des sehsten tages zer Clûse, des sibenden tages ze dem Tor, des ahten tages ze Villach. Dâ lît si den neunten tac stille. Des zehenden tages ze Veltkirchen, des einleften tages ze sante Vîte, des zwelften tages ze Vrisach, des drîzehenden tages ze Scheuflich, des vierzehenden tages ze Judenburc, des fünfzehenden tages ze Knütelvelde, des sehzehenden tages ze Liuben, des sibenzehenden tages ze Kapfenberc, des ahzehenden tages ze Murzuslage, des niunzehenden tages ze Glokenz. An dem zweinzigestem tage ist si dâ über tac, an dem ein und zweinzigestem tage ist si ze Niünkirchen; an dem zwein und zweinzigestem tage ist si ze der Niwenstat; an dem drî und zweinzigestem tage ist si ze Dreskirchen; an dem vier und zweinzigestem tage ist si ze Wiene; an dem fünf und zweinzigestem tage ist si dâ über tac; an dem sehs und zweinzigestem tage ist si ze Niuwenburc; an dem siben und zweinzigestem tage ist si ze Mistelbach; an dem aht und zweinzigestem tage ist si ze Velsperc; an dem neun und zweinzigestem tage ist si enhalp der Tye ze Bêheim: dâ hât ir vart ein ende. Sie wil ûf der vart ir antlütze noch ir hende niemen lâzen sehen, si wil ouch wider niemen ein wort sprechen. Si gebiutet, von dem tage und ir vart ein ende hât, an dem ahten tage einen turnei ze Niuwenburc: swelch ritter ir vart vernimet und gegen ir niht enkumt, den tuot si in der minne æhte und in aller guoten wîbe æhte. Si hât ir herberge dar umbe alle an geschriben, daz ein ieslîch ritter wize, wâ oder wenne er gegen si komen sül, dâ ez sich im aller beste füege.

KONRAD VON WÜRZBURG

Um 1225 wurde Konrad in Würzburg geboren, also um die Zeit, als Walther von der Vogelweide dort gestorben sein soll. Er war bürgerlicher Herkunft, besaß Gönner in Straßburg und in Basel, wo er schließlich nach einer Zeit als Fahrender ansässig wurde und als Berufsdichter lebte. In Basel ist er am 31. August 1287 gestorben.
Ein großer Teil besonders seiner epischen Dichtung ist als Auftragsdichtung für vermögende Gönner aus geistlichem und bürgerlichem Stadtpatriziat entstanden. Konrad hat sich in nahezu allen Gebieten der Dichtung versucht. Neben Lyrik und Spruchdichtung sind es vor allem seine Versepik und die erzählende Dichtung, die seinen Ruhm in der Zeit und bei späteren Dichtern begründet haben. Der Dichter Hermann der Damen rühmte ihn noch zu Lebzeiten; Hugo von Trimberg *(Der Renner)*, Meister Boppe und vor allem Heinrich von Meißen *(Frauenlob)* in seiner Totenklage um Konrad von Würzburg haben diesen Epigonen an die Seite der hochhöfischen Dichter gestellt. Für die Meistersinger

schließlich war Konrad einer der 12 Meister und durch seinen geblümten Stil, seine metrische Virtuosität und Formkunst das große Vorbild. Konrad hat sich selbst als Nachfahre der höfischen Vorbilder aus der Dichtung staufischer Klassik verstanden. Diese Idealwelt der hochhöfischen Zeit war politisch, gesellschaftlich und künstlerisch nicht mehr vorhanden; aber aus der Verehrung für sie hat er ihre Wiederbelebung und erhöhende Stilisierung durch seine Dichtung versucht. Wohl beabsichtigte er, die höfischen Tugenden auch seiner Zeit als verpflichtende Aufgabe zu vermitteln, aber resignierend erkennt er die Unmöglichkeit einer Wiederbelebung. Dadurch gewinnt seine Dichtung insgesamt den Rang einer eigenständigen, sich keineswegs im Formalen erschöpfenden Epigonendichtung des späten Verehrers großer Vorbilder.

Werke: Epen: *Engelhard* (Druck von 1573); *Partonopier und Meliur*; *Der Trojanische Krieg* (zwischen 1277 und 1281). – Epische Kurzerzählungen: *Herzemære*; *Der Welt Lohn*; *Schwanritter* (1256/57); *Turnier von Nantes* (1257); *Heinrich von Kempten* (1265–70). – Verslegenden: *Silvester*; *Alexius*; *Pantaleon*. – Lieder, Sprüche.

Engelhard (Auszüge)

In seinem vermutlich frühesten Versepos hat sich Konrad von Würzburg formal und vor allem ideell an seinem großen Vorbild Gottfried orientiert; thematisch greift er auf eine lateinische Quelle zurück, die zum Typus des Freundschaftsromans gehört.

Engelhard und Dietrich, die Söhne zweier Adelsfamilien, gleichen sich in Aussehen und Charakter wie Zwillinge. Beide leben am dänischen Königshof; während Engelhard die Liebe der Königstochter Engeltrud gewinnt, wird Dietrich in die Heimat zurückgerufen. Die Liebe Engelhards wird entdeckt und dem König hinterbracht. Engelhard soll sein Leugnen, um der Geliebten willen, in einem Zweikampf gegen den Rivalen von der Beschuldigung reinigen. Er schickt nach seinem Freund und Doppelgänger, der als Unschuldiger für ihn den Kampf gewinnt. Engelhard wird König von Dänemark. In der Heimat wird Dietrich vom Aussatz befallen und verstoßen (Text 1). Ein Engel offenbart ihm, daß er nur durch das Blut der beiden Kinder seines Freundes Engelhard geheilt werden könne. Engelhard beweist nun seinerseits dem Freund die rechte triuwe: *er schlägt seinen Kindern selbst das Haupt ab (Text 2). Im Bade des unschuldigen Blutes wird Dietrich geheilt. Gott aber erweckt die beiden Kinder wieder zum Leben; nur ein dünner roter Streifen an ihren Hälsen gemahnt an die Tat und an Gottes Wunder zur Belohnung für eine in* triuwe *bewährte Freundschaft (Text 3).*

Der Roman ist – nicht allein durch seine zahlreichen didaktischen Einschübe – Beispieldichtung im höfischen Sinne. Die Bewahrung und Bewährung der Treue wird von Gott wunderbar belohnt. Alle Handlungen und Ereignisse werden an dieser triuwe *gemessen; sie rechtfertigt Engelhards Leugnen, um Engeltruds Ehre zu wahren; sie rechtfertigt den Betrug im Zweikampf und Gottesurteil; und sie rechtfertigt den Mord an den eigenen Kindern. Die thematische Nähe zu Gottfrieds »Tristan« und Hartmanns »Armem Heinrich«, aber auch zum »Wilhelm von Orlens« des Rudolf von Ems ist deutlich. Doch hinter diesen Affinitäten zeigen sich deutliche Veränderungen im Verständnis des Epigonen Konrad von Würzburg. Der Minneroman zwischen Engelhard und Engeltrud gipfelt in einer glückhaften Ehe; die Vorgänge im Epos werden als Handlungsabläufe aneinandergereiht, eine emotionale Dimension etwa fehlt den handelnden Personen völlig, wenn sie nicht sogar durch Sentimentalität ersetzt wird; bei Hartmann wird der Aussatz des armen Heinrich wohl erwähnt, aber eine fast realistische Schilderung der Krankheit, wie von Konrad gezeigt (Text 1), war in der Vorstellung höfischer Schönheitsidealität nicht denkbar. Schließlich werden die Konflikte bei Konrad durch rationale Gewichtung des Für und Wider gelöst, ohne daß aus der Konfliktspannung in oder auch nur zwischen den Personen eine die Handlungen bestimmende Dramatik entsteht (Text 2). Hierin besonders zeigt sich die epigonale Rationalität der Spätzeit und des nüchternen Stadtbürgers, der mehr um sein Vorbild und seinen*

Auftrag bemüht ist als um die eigene Gestaltung und Durchdringung eines Stoffes. Sprachlich aber gehört der »Engelhard« zu Konrads besten Leistungen; hier ist das höfische Vorbild Gottfrieds fast erreicht, sind die Manierismen von Konrads geblümtem Stil und der sprachliche Schwulst seiner späten Arbeiten noch nicht zu finden.

1

Der Aussätzige

Nû merket wie daz hüebe sich.
dô der getriuwe Dieterich
kam von dem strîte wider heim
und im der sælden honicseim
nâch wunsche lange zuo geflôz,
dô wart in ungemüete grôz
verkêret al sîn wunne gar.
sîn spilende freude liehtgevar
in trüebez leit sich wandelte.
sîn lîp der wol gehandelte
wart vil schiere dô geslagen
mit dem vil armen siechtagen
den man dâ heizet miselsuht.
diu viel ûf in mit der genuht
daz er betalle ûzsetzic wart.
im wurden hâr unde bart
dünne und seltsæne.
sîn ougen, als ich wæne,
begunden sich vergilwen.
als ob si æzen milwen,
sô vielen ûz die brâwen drobe.
sîn varwe, diu dâ vor ze lobe
was liutsælic unde guot,
diu wart noch rœter danne ein bluot

und gap vil egebæren schîn.
diu lûtersüeze stimme sîn
wart unmâzen heiser.
im schuof des himels keiser
grôz leit an allen enden.
an füezen unde an henden
wâren im die ballen
sô genzlich în gevallen
daz mich sîn immer wundert.
sîn lîp der wart gesundert
vil gar von schœnen sachen
und wart mit ungemachen
jæmerlichen überladen.
und dô der edele fürste schaden
begunde merken unde spehen,
dô wart sîn junger lîp gesehen
trûric unde freuden bar.
ouch wart sîn werdiu hoveschar
betrüebet und diu lantdiet
sô vaste daz si balde schiet
ûz allen freuden sich zehant.
swem sîn tugent was bekant
und sîn vil hôchgebornez leben,
dem wart dô leides vil gegeben
um sînen jungen siechen lîp.

2

Das Kinderopfer

Dar nâch zehant wart im gegeben
von gotes willen der gedanc
daz er si wolte ân allen wanc
erslahen unde tœten.
sîn herze ranc mit nœten

lange zwîvellîche alsus,
biz er ze leste manegen kus
gap den kinden beiden
und er ûz sîner scheiden
daz swert mit nazzen ougen schiet.
diu houbet er in abe schriet
und nam zwei schœniu beckelîn:
ir bluot enpfienc er allez drîn
und îlte dan mit leide sider.
diu kint het er gedecket wider
mit einem dünnen kulter.
sîn herze ân allez fulter
lac in der Triuwen klûse.
ze Dieteriches hûse
truoc er daz bluot verholne
und alsô gar verstolne
daz sîn niemen wart gewar.
dâ von der sieche man sô gar
an herzen unde an lîbe erschrac
daz er viel und ouch gelac
in âmaht nider und für tôt.
er kam mit engestlicher nôt
ze kreften wider unde sprach
»wâfen hiute und immer ach
daz ich zer werlt ie wart geborn!
waz gêst dû, friunt vil ûz erkorn,
wunders ûf der erden an?
wes bin ich sældenlôser man
gezigen um dîn eigen bluot?
owê daz mir der helle gluot
niht rasten sol für die getât
die nû dîn lîp begangen hât
an den vil schœnen kinden!
ich wolte daz mich slinden
müeste daz abgründe
durch daz man si niht fünde

lebens unde lîbes bar.
wan daz ich armer niht getar
zürnen vaste, sam mir got,
ich schülte sîn vil hôch gebot,
daz er sô vrevellicher tât
hiute an dir verhenget hât
daz dû dîner kinde leben
in den tôt für mich gegeben
hâst ûf zwîvel aller meist,
wan dû des rehte niht enweist
ob mich dis arzenîe mac
gehelfen immer einen tac.«
»geselle mîn, daz stêt an gote«
sprach Engelhart der Triuwen bote,
»ob si dich hilfet oder niht.
ich hân vil starke zuoversiht
daz si gesunden mache dich.
swie dû, getriuwer Dieterich,
mit dirre salben wirst ernert,
sich herre, sô hân ich verzert
nâch sælden mîner kinde bluot.«
sus hiez in dô der künic guot
sitzen blôz in eine büten.
daz bluot begunde er ûf in schüten
mit flîze enallenthalben.
von der vil tiuren salben
wart sîn lîp rein unde frisch,
als von den schuopen noch ein visch
vil schône wirt gescheiden.
sus wart er ûz den leiden
und von dem armen siechtagen
erlœset unde alsô getwagen
daz er dâ vor in keiner stunt
wart sô rehte wol gesunt
noch alsô flætic an der hût.
dâ von wart sîn geselle trût

beide trûric unde frô.
sîn leit daz wart gemischet dô
mit freuden in dem herzen.
durch sîner kinde smerzen
truoc er ungemüete grôz,
und wart dar umbe sorgen blôz
daz Dieterich alsô genas.
er gienc ûf sînen palas
mit liebe und ouch mit leide wider
und frâgte nâch den kinden sider
als ob er niht enweste noch
daz si beide wæren doch
von sîner hant gelegen tôt.
er hiez si bringen und gebôt
daz man si trüege sâ für in.
sus gienc ir amme snelle hin
und wolte si gewecket hân,
wande ez was ir aller wân
daz si dannoch dâ lægen
und slâfes beide pflægen.

Nû prüevet grôzez wunder
daz aber dô besunder
erzeigete unser herre got.
den kinden wart dô sîn gebot
gesuntheit wider gebende.
si vant ir amme lebende
sitzen ûf dem bette guot.
frœlich unde wol gemuot
spilten si dâ gegen ir
und wâren, daz geloubet mir,
von dem tôde erquicket.
als umbe ir keln gestricket
wære ein sîdenvaden klein,
reht in der selben mâze schein
der slac der in geschehen was.

3

Freundes-triuwe

Der werde künic ûz erlesen
liez in mit hôhen êren
rîten unde kêren
wider heim ze Brâbant.
liute, guot, wîp, unde lant
enpfienc er wider alsô dô:
wan die sîne wâren frô
des heiles und der künfte sîn.
im wart hie grôzer êren schîn
und manicvalter sælden hort.
ouch wonte sîn geselle dort
in küneclicher werdekeit.
waz touc hie lange von geseit?
gelücke in hôhe stiure bôt.
si lebeten beide unz an den tôt
frœlichen unde schône.
diz heil gap in ze lône
ir triuwe der si wielden.
wan si ze herzen vielden
gar lûterlîche stætekeit,
sô wart in sælde vil bereit
in himele unde ûf erden.
got liez in beiden werden
sêle und lîp behalten
durch ir manicvalten
triuwe und umbe ir stæten art.
daz Dieterich generet wart
von sîner sühte mâsen
und daz diu kint genâsen,
daz liez der süeze got geschehen
durch daz die liute möhten sehen
unde erkennen wol dar an

daz er triuwe minnen kan
und inneclîche wârheit.
swer ein getriuwez herze treit,
der merke wol diz mære:
sô mac er triuwenbære
belîben unde stæte.
ez kan im valsche ræte
und alle untugent leiden.
ouch mac ein man bescheiden
diu getriuwer immer wesen,
ob er diz buoch gehœret lesen
und dis âventiure wâr.
triuw ist ein tugent alsô klâr,
swer si von herzen meinet,
daz er wirt gereinet
von schanden ûf der erden
und er ze himele werden
ûz erwelten lop bejaget.
hie sî des mæres gnuoc gesaget,
wan ez nû gar ein ende hât.
von Wirzeburc ich Kuonrât
hân ez von latîne
ze tiuscher worte schîne
geleitet und gerihtet
und ûf den trôst getihtet
daz ein herze wol gemuot
dar an ein sælic bilde guot
ze lûterlicher triuwe neme
und sich der untriuwe scheme
swenne er hœre in sînen tagen
von sô fremdem wunder sagen
als den trûtgesellen zwein
umbe ir hôhen triuwe erschein.

Das Herzmære (Auszug)

Auch in dieser Verserzählung (588 Verse) greift Konrad auf eine literarische Vorlage zurück, die Geschichte vom gegessenen Herzen. Das Motiv dieser Erzählung, im 11. Jahrhundert aus Indien nach Europa übernommen, hat sich in der Literatur bis ins 19. Jahrhundert erhalten.
Um den Argwohn des eigenen Gatten zu zerstreuen, bittet die Dame ihren Geliebten, für eine Zeit ins Heilige Land zu ziehen. Der Ritter gehorcht, doch stirbt er vor Minnesehnsucht. Vor seinem Tode bittet er den Knappen, sein einbalsamiertes Herz in einem Kästchen seiner Dame zu überbringen, als Zeichen seiner Treue über den Tod hinaus. Der Knappe wird von dem Gatten der Dame abgefangen und gibt das Geheimnis preis. Das Herz wird als Speise zubereitet und der Dame vorgesetzt. Nach der Enthüllung dieser »Rache« gelobt die Dame, keine irdische Speise mehr zu nehmen, und bricht tot zusammen.
In seiner Einleitung beruft sich Konrad auf Gottfrieds »Tristan« als Vorbild für die Haltung des Ritters und die Überhöhung des Minnedienstes und des Minnetodes. Der Tod der Liebenden ist ein Märtyrertod aus Liebe, die Vereinigung erfolgt im Tode, so, wie auch in Gottfrieds »Tristan«. Das Herz des Geliebten wird eine spîse hêr *und damit ins Sakramentale überhöht. Minnedienst ist Gottesdienst, ist real vollzogene »unio mystica«. Darin beweist sich für Konrad die Reinheit und die Macht Hoher Minne.*

Hie mite was diu rede hin
die si dâ triben under in
von ir herzeleide.
diu zwei gelieben beide
schieden sich mit marter[1],

1. Schmerzen.

und twungen sich dô harter
ze herzen an der stunde
danne ich mit dem munde
iu bescheiden künne.
an werltlicher wünne
lag ir beider herze tôt[2]:
ir liehten münde rôsenrôt
vil senfter küsse pflâgen,
dar nâch si sich verwâgen
aller fröuden under in.
der werde ritter kêrte hin
mit jâmer an daz mer zehant;
den êrsten kiel den er dâ vant,
darinne wart er über brâht[3].
er hæte sich des wol bedâht
daz er ûf der erden
niemer wolte werden
fröudehaft noch rehte frô,
got gefuoctez danne alsô
daz er ze lande quæme
und etewaz vernæme
von der lieben frouwen sîn.
des wart sîn herzeclicher pîn
vil strenge und ouch vil bitter:
der tugenthafte ritter
begunde nâch ir trûren
und in sîn herze mûren[4]
vil jâmerlîche riuwe.
sîn altiu sorge niuwe
nâch ir süezen minne wart.
der reinen[5] turteltûben art
tet er offenlîche schîn,

2. *war ihr beider Herz abgestorben.*
3. *übergesetzt.*
4. *vermauern.*
5. *unschuldigen.*

wande er nâch dem liebe sîn
vermeit der grüenen fröuden zwî[6]
und wonte stæteclîche bî
der dürren sorgen aste.
er sente nâch ir vaste,
und wart sîn leit sô rehte starc
daz im der jâmer durch daz marc
dranc unz an der sêle grunt;
er wart vil tiefer sorgen wunt
und innecliche swære.
der sende[7] marteræere
sprach ze maneger stunde
mit siufzendem munde:
»gêret sî[8] daz reine wîp,
der leben und der süezer lîp
mir gît sô herzeclichen pîn.
jâ si liebiu frouwe mîn,
wie kan ir süeziu meisterschaft
sô bitterlicher nœte craft
senden mir ze herzen!
wie mac sô grôzen smerzen
ir vil sælic lîp gegeben!
sol si trœsten niht mîn leben,
sô bin ich endelîche tôt.«
In dirre clagenden herzenôt
was er mit jâmer alle tage,
und treip sô lange dise clage
biz er ze jungest[9] wart geleit
in alsô sende siecheit[10]
daz er niht langer mohte leben.
im wart sô grimmiu nôt gegeben

6. *Zweig.*
7. *sehnsuchtskranke.*
8. *geehrt, gepriesen sei.*
9. *zuletzt.*
10. *Liebeskrankheit.*

daz man wol ûzen an im sach
den tougenlichen ungemach
den innerhalp sîn herze truoc.
und dô der werde ritter cluoc
der leiden mære sich versach
daz im ze sterbenne geschach,
dô sprach er zuo dem cnehte[11] sîn:
»vernim mich, trûtgeselle mîn;
ich bevinde leider wol
daz ich benamen[12] sterben sol
dur liebe mîner frouwen,
wan si mich hât verhouwen[13]
biz ûf den tôt mit sender clage.
dar umbe tuo daz ich dir sage:
swenne ich sî verdorben
unde ich lige erstorben
durch daz keiserlîche[14] wîp,
sô heiz mir snîden ûf den lîp
und nim dar ûz mîn herze gar,
bluotic unde riuwevar[15];
daz soltu denne salben
mit balsam allenthalben,
durch daz ez lange frisch bestê.
vernim waz ich dir sage mê:
frum eine lade cleine[16]
von golde und von gesteine,
dar în mîn tôtez herze tuo,
und lege daz vingerlîn dar zuo
daz mir gab diu frouwe mîn:
sô diu zwei bî einander sîn

11. Knappen.
12. unweigerlich.
13. verwundet.
14. herrliche.
15. trauerfarben.
16. beschaff einen kleinen Kasten.

verslozzen und versigelet,
sô bring alsô verrigelet
si beidiu mîner frouwen,
durch[17] daz si müge schouwen
waz ich von ir habe erliten,
und wie mîn herze sî versniten[18]
nâch ir vil süezen minne.
si hât sô reine sinne
und alsô ganze triuwe
daz ir mîn jâmer niuwe
lît iemer an ir herzen,
bevindet si den smerzen
den ich durch si lîden sol.
dar umbe tuo sô rehte wol
unde erfülle mîn gebot.
der reine und der vil süeze got,
der kein edel herze nie
mit der helfe sîn verlie,
der ruoche sich erbarmen
über mich vil armen,
und müeze der vil lieben geben
fröud unde ein wünneclichez leben,
von der[19] ich hie muoz ligen tôt.«
Mit dirre clagenden herzenôt
der ritter nam sîn ende.
dar umbe sîne hende
der cneht vil jâmerlîche want;
er hiez in snîden ûf zehant[20]
unde erfulte im sîne bete.
swaz er in ê gebeten hete
daz tet er unde kêrte dan
als ein fröudelôser man

17. damit.
18. gebrochen.
19. um deretwillen.
20. sogleich.

mit dem herzen alsô tôt.
er fuorte ez, als er im gebôt,
zuo der selben veste
dâ er si ûfe weste
durch die der liebe herre sîn
leit des grimmen tôdes pîn.

WERNHER DER GARTENÆRE

Wie über viele andere Autoren wirklich bedeutender Literatur des ausgehenden Mittelalters ist auch über den Dichter des *Helmbrecht* kaum etwas bekannt. Es gibt nur wenige, mittelbare Anhaltspunkte seiner Existenz. In der zweiten Hälfte des 13. Jahrhunderts hat er gelebt, vor 1282 seinen Versroman abgeschlossen. Sprachliche Indizien verweisen auf den bayerisch-österreichischen Raum, in dem auch seine Romanhandlung abläuft. Er führte zumindest wohl zeitweise ein Wanderleben, und er besaß eine genaue Kenntnis der höfisch-ritterlichen Literatur; Neidhart von Reuental und Wolfram waren für ihn die großen Vorbilder seiner Verserzählung (1922 Verse).

Helmbrecht (Auszug)

Zeitsatire, Zeitkritik und Lehrstück in einem ist diese Geschichte von dem jungen Bauernsohn, der aus Unlust am eigenen Stand und an der Arbeit den Aufstieg in den Ritterstand versucht. Eine von Mutter und Schwester unziemlich üppig und kunstvoll hergestellte seidene Haube für den jungen Helmbrecht ist das auslösende Moment und Symbol des erstrebten höheren Standes. Aus der Pracht dieser Haube und der Schönheit seiner Gestalt leitet er den Anspruch zum gesellschaftlichen Aufsteiger her; in der Auseinandersetzung mit dem Vater durchbricht er zunächst verbal die Grenzen seines Standes und die gradualistische Gesellschaftsordnung seiner Zeit. Der Vater warnt den Sohn, er verweist ihn auf die gesellschaftlichen Normen und Grenzen, die er als Vater vertritt und die der junge Helmbrecht nicht ungestraft übertreten kann, wenn er wider sînen orden ringet *(V. 290). Indem er das Ideal des wahren Rittertums verteidigt, kritisiert aber der Bauer zugleich den Niedergang dieses Standes in der Gegenwart. Helmbrecht zeigt sich unbelehrbar, er argumentiert aus Vorstellungen, die geradezu der Beweis für den Verfall ritterlicher Kultur sind. Der Vater kann den Sohn weder mit Mahnungen noch mit Versprechungen umstimmen (Text). Dann überläßt er dem Sohn einen ritterlichen Hengst. Helmbrecht, mit Haube und Hengst als Insignien seines neuen Standesideals ausgerüstet, verläßt den elterlichen Hof. Nun durchbricht er künftig auch in Taten die Grenzen der Ordnungen und Stände.*

Er sucht das Abenteuer, um sich nicht zu verligen. *Als Parodie des Parzival zieht er nicht an den Artushof, sucht er nicht den Gral, sondern lernt in den Diensten eines Ritters das Rauben und Plündern. Der reich gewordene Emporkömmling Helmbrecht kehrt nach einem Jahr zurück in sein Dorf, wird bewundert und gefeiert in seiner parvenuhaften Ritterlichkeit. Er überredet seine Schwester, als Braut für einen seiner Genossen mit ihm zu gehen. Der »verlorene Sohn« kehrt nicht heim, bittet nicht um Vergebung; er zerstört die Vaterautorität und die Familie noch weiter, indem er auch die Schwester mit sich zieht. Der Bruch mit seinem Stand, seiner Familie und aller Ordnung ist jetzt endgültig. Seine zweite »Ausfahrt« bringt die Katastrophe. Beim Hochzeitsfest seiner Schwester erscheint der Richter; die neun Kumpane, Helmbrechts »Knappen«, werden gehenkt, er selbst an den Gliedern verstümmelt und geblendet. So kehrt er ein zweites Mal auf den väterlichen Hof zurück, bereit nun zur Reue. Aber selbst der Vater verstößt den außerhalb aller Gesetze stehenden Sohn; als Vertreter der gottgewollten gradualistischen Ordnung ist er der letzte Richter. Helmbrecht zieht bettelnd und blind durchs Land, wird von Bauern, die er*

geplündert hat, wiedererkannt und gehenkt. Gottes Gerechtigkeit ist vollzogen, die verletzte Ordnung wiederhergestellt, der soziale Konflikt im Rahmen eines konventionellen Gesellschaftsbildes isoliert.
Wohl werden hier die Konflikte der nachhöfischen Gesellschaft in konservativen Vorstellungen gelöst; aber in diesem Versroman wird wie sonst kaum in der Literatur dieser Zeit deutlich, wie tief die Zeitkrise das gesellschaftliche Ordnungsgefüge gefährdet oder bereits verändert hatte: Ein Bauer besitzt die Mittel und Möglichkeiten, sich höfisch zu kleiden und zumindest materiell in den höheren Stand aufzusteigen; die Normen göttlicher Ordnung – Helmbrecht verstößt gegen das vierte Gebot, und das Gleichnis vom verlorenen Sohn verkehrt sich in sein Gegenteil – reichen zur Konfliktlösung allein nicht mehr aus; vom Ritter ist nicht mehr höfische Lebensart, sondern nur noch Raubrittertum und Plünderung zu lernen.

Als si dô dem stolzen
sîniu bein hêt gekleit,
»mîn wille mich hinz hove treit«,
sprach er. »lieber vater mîn,
nu bedarf ich wol der stiure[1] dîn:
mir hât mîn muoter gegeben
und ouch mîn swester, sol ich leben,
daz ich in alle mîne tage
immer holdez herze trage.«
Dem vater was daz ungemach.
zuo dem sune er in spotte sprach:
»ich gibe dir zuo der wæte
einen hengest, der ist dræte
und der wol springe ziune und graben,
den soltû dâ ze hove haben,

1. Unterstützung.

und der lange wege wol loufe.
wie gerne ich dir den koufe,
ob ich in veile vinde[2]!
lieber sun, nu erwinde
hinz hove dîner verte.
diu hovewîse ist herte
den die ir von kindes lit
habent niht gevolget mit.
lieber sun, nû men dû mir
oder habe den phluoc, sô men ich dir,
und bûwe wir die huobe[3];
sô kumst du in dîne gruobe
mit guoten êren alsam ich:
zwâre des versihe ich mich.
ich bin getriuwe, gewære,
niht ein verrâtære;
darzuo gibe ich alliu jâr
ze rehte mînen zehenden gar:
ich hân gelebet mîne zît
âne haz und âne nît.«

Er sprach: »lieber vater mîn,
swîc und lâ die rede sîn!
dâ mac niht anders an geschehen,
wan ich wil benamen besehen,
wie ez dâ ze hove smecke.
mir sulen ouch dîne secke
nimmer rîten den kragen.
ich sol ouch dir ûf dînen wagen
nimmer mist gevazzen.
sô solt mich got gehazzen,
swenne ich dir ohsen wæte
und dînen habern sæte.
daz zæme niht zewâre

2. *wenn ich ihn nur billig bekomme.*
3. *Hufe Land.*

mînem langen valwen[4] hâre
und mînem reidem locke[5]
und mînem wol stânden rocke
und mîner wæhen hûben
und den sîdînen tûben[6]
die dar ûf nâten frouwen.
ich hilf dir nimmer bouwen[7].«

Der vater sprach: »belîp bî mir!
ich weiz wol, ez wil geben dir
der meier Ruopreht sîn kint,
vil schâfe, swîne und zehen rint,
alter unde junger.
ze hove hâstu hunger
und muost dar zuo vil harte ligen
und aller gnâden sîn verzigen.
nû volge mîner lêre,
des hâstu frum und êre;
wan selten im gelinget,
der wider sînen orden[8] ringet.
dîn ordenunge ist der phluoc.
dû vindest hoveliute genuoc,
swelhez ende dû kêrest[9].
dîn laster dû gemêrest,
sun, des swer ich dir bî got:
der rehten hoveliute spot
wirdestû, vil liebez kint.
dû solt mir volgen und erwint.«

Er sprach: »Vater, und wirde ich geriten,
ich trûwe in hovelîchen siten

4. *hellen, blonden.*
5. *gedrehten Locke.*
6. *kostbaren Mütze (Haube) und den seidengestickten Tauben.*
7. *ackern.*
8. *Stand.*
9. *wohin du auch siehst.*

immer alsô wol genesen,
sam die ze hove ie sint gewesen.
swer die hûben wæhe[10]
ûf mînem houpte sæhe,
der swüer wol tûsent eide
für diu werc beide,
ob ich dir ie gemente
oder phluoc in furch gedente.
swenne ich mich gekleide
in gewant daz si mir beide
ze stiure gâben gester,
mîn muoter und mîn swester,
sô bin ich sicherlîche
dem vil ungelîche,
ob ich etewenne
korn ûf dem tenne
mit der drischele ûz gebiez,
oder ob ich stecken ie gestiez.
swenne ich fuoz unde bein
hân gezieret mit den zwein,
hosen und schuohen von korrûn[11],
ob ich ie geziunte zûn
dir oder ander iemen,
des meldet mich niemen.
gîst dû mir den meidem,
meier Ruoprehte zeinem eidem
bin ich immer mê verzigen:
ich wil mich niht durch wîp verligen.«

Er sprach: »sun, eine wîle dage[12]
und vernim waz ich dir sage.
swer volget guoter lêre,

10. kostbare.
11. Leder aus Ziegenfellen von Cordoba.
12. schweige.

der gewinnet frum und êre:
swelh kint sînes vater rât
ze allen zîten übergât,
daz stât ze jungest an der schame[13]
und an dem schaden rehte alsame.
wilt dû dich sicherlîchen
genôzen und gelîchen
dem wol gebornen hoveman[14],
dâ muoz dir misselingen an;
er treit dir dar umbe haz.
dû solt ouch wol[15] gelouben daz,
ez kleit dehein gebûre niht
swaz[16] dir dâ ze leide geschiht.
und næme ein rehter hoveman
dem gebûren swaz er ie gewan,
der gedinget doch ze jungest baz
danne dû. nû wizze daz:
nimst dû im ein fuoter,
lieber sun vil guoter,
gewinnet er dîn oberhant,
sô bist dû bürge unde phant
für alle die im haben genomen.
er lât dich niht ze rede komen,
die phenninge alle sint gezalt;
ze gote hât er sich versalt[17],
sleht er dich an dem roube.
lieber sun, geloube
mir diu mære und belîp[18]
und nim ein êlîchez wîp.«

13. Schande.
14. dem adligen Höfling.
15. ganz sicher.
16. wenn.
17. übergeben, überantwortet.
18. bleibt.

Er sprach: »Vater, swaz sô mir geschiht,
ich lâze mîner verte[19] niht;
ich muoz benamen in die büne[20].
nû heiz ander dîne süne[21],
daz si sich mit dem phluoge müen.
ez müezen rinder vor mir lüen[22]
die ich über ecke[23] trîbe.
daz ich sô lange belîbe,
des irret mich ein gurre[24];
daz ich niht ensnurre
mit den andern über ecke
und die gebûren durch die hecke
niht enfüere bî dem hâre,
daz ist mir leit zewâre.
die armuot möht ich niht verdoln[25];
swenne ich driu jâr einen voln
züge und als lange ein rint,
der gewin wær mir ein wint[26].
ich wil rouben alle tage,
dâ mite ich mich wol bejage
mit vollecîcher koste
und den lîp vor froste
wol behalde in dem winder,
ez enwelle et niemen rinder[27].
vater, balde île,
entwâle deheiner wîle[28],

19. *Zug (zum Hofe).*
20. *ich muß höher hinaus.*
21. *Söhnen.*
22. *brüllen.*
23. *querfeldein.*
24. *daran hindert mich ein Pferd.*
25. *aushalten.*
26. *ein Nichts.*
27. *es sei denn, daß niemand mehr Rinder will.*
28. *warte keinen Augenblick mehr.*

gip den meidem[29] balde mir:
ich belîbe lenger niht bî dir.«

Die rede wil ich kürzen.
einen loden von drîzec stürzen
(alsô saget uns daz mære,
daz der lode wære
aller loden lengest)
den gap er an den hengest
und guoter küeje viere,
zwêne ohsen und drî stiere
und vier mütte[30] kornes.
owê guotes verlornes!
er koufte den hengst umb zehen phunt:
er hêt in an der selben stunt
kûme gegeben umbe driu:
owê verlorniu sibeniu!

Dô der sun wart bereit
und er sich hêt an geleit,
nû hœret wie der knabe sprach.
er schutte daz houbet unde sach
ûf ietweder ahselbein:
»ich bizze wol durch einen stein;
ich bin sô muotes ræze,
hei waz ich îsens æze!
ez næme der keiser für gewin,
vienge ich in niht und züge in hin
und beschazte in unz an den slouch[31]
und den herzogen ouch
und eteslîchen grâven.
über velt wil ich draven

29. Hengst.
30. Scheffel.
31. bis auf die Haut.

âne angest mînes verhes[32]
und alle welt dwerhes.
lâ mich ûz dîner huote;
hinnen für[33] nâch mînem muote
wil ich selbe wahsen.
vater, einen Sahsen
den züget ir lîhter danne mich.«

Er sprach: »sun, sô wil ich dich
mîner zühte lâzen frî.
nû zuo des der neve sî!
sît ich mîne zuht sol mîden
an dem ûfrîden,
sô hüete dîner hûben
und der sîdînen tûben,
daz man die indert rüere
oder mit übele iht zefüere
dîn langez valwez hâre.«

Prosa-Lanzelot (Auszug)

Die erste deutsche Erzählprosa entsteht in einer Zeit, als Wolfram und Hartmann mit ihren höfischen Romanen die großen Vorbilder der Versepik schufen, wie sie bis ins späte Mittelalter verbindlich blieben. Die erhaltenen Bruchstücke des Prosa-Lanzelot sind vermutlich Ende des 13. Jahrhunderts im niederdeutsch-ripuarischen Sprachraum entstanden. Dabei handelt es sich um die Übertragung eines französischen Prosaromans, der um 1220 in Frankreich am Beginn der ritterlichen Prosaromane steht. Eine vollständige Handschrift des Prosa-Lanzelot ist aus dem 15. Jahrhundert als Bearbeitung der Vorlagen erhalten.

32. *ohne Angst für mein Leben.*
33. *von jetzt an.*

Der deutsche Roman übernimmt einzelne Teile der Vorlage: Herkunft und Jugend Lanzelots, die eigentliche Lanzelot-Handlung, die Erzählung von der Gralssuche und vom Tod des König Artus.
Bereits in den beiden ersten Abschnitten, Herkunft und Jugend Lanzelots, zeigt die Personenbeschreibung, welche neuen Möglichkeiten die Erzählprosa bot; die idealtypische Charakteristik des Helden gewinnt geradezu individuelle Züge, der Erzählfluß entwickelt eine Dynamik, die dem Versepos fehlte. Die zentrale Idee des Romans ist die Darstellung und Bewahrung höfischer Tugenden und ritterlicher Ehre in der Gestalt Lanzelots. Diese Vorbildlichkeit aber hat sich auch an den inneren Widerständen des Helden zu bewähren; im Verlauf der Handlung zeigt er sich als ein Melancholiker, der von Ahnungen des Weltunterganges und des Todes gequält und in seinem Tun bestimmt wird. Der Hinweis auf Lanzelots Fähigkeit zu übermäßigem Zorn zeigt schon in der Personenbeschreibung (Text), wie dieser vorbildhafte Ritter Idealität durch unmâze *gefährdet; die Vergänglichkeit und Gefährdung des Ideals durch die eigene Natur – darin zeigt sich späthöfische Skepsis und Weltsicht.*

Da die jungfrauw Lanceloten dru jare hett gehalten in dem lack, da ensah yn nymant, er wónd, er were drů mal alter als er was, und darzu das er jungk was, was er wise und verstendig, hubsch und resch zu allen dingen, me dann er zu recht solt von sym alter. Die frauw gab im einen meyster, der sin pflegen solt und húbscheit leren, als man zu recht sol thun eynes koniges kint. Nochdann enwúst nymant von yrm gesinde wer er was, dann die jungfrauw alleyne und ein ir jungfrauw. Das saget uns die hystory das yn das gesinde und das gemeyn volck hieß der schön jungling, und die jungfrauw nant yn króniges kint und by wilen der rich weise. Da er die macht gewan, da macht im syn meister eynen bogen nach syner sterck und gelich geschuße, und lert yn zum allerersten zu eim ziel schießen und darnach zu cleynen vögelin in dem walde. Da er größer ward, da macht er im synen bogen und sin geschucz merer. Darnach schoß er zu hasen und zu den cleynen tyern und zu großen vogeln, wo er darzu qwam. Da er ryten mocht, da gab im die jungfrauw ein schön pfert schnel und starck und wol zu harnasche von zaum und von sattel und von sporn und von schwert. Er reit all tag umb den lack und ein knapp mit im da er ryten begund. Da er großer wart und starcker, da reyt er alle tag mit großer gesellschafft von junckherren und von fryen luten. Er kunde auch als wol gebaren, das alle die wonen die yn gesahen das er were der edelste junckherre den sie ye gesahen. Er lernet schachzabel und wurffzabel und allerhand spiel das man spielen mocht mit den handen, das er alle die meystert die er fant, mit allerhande spielen. Das saget uns die hystoria das er der schonst jungeling was den man gesehen hatt, beide von wolgethone und von libe; synes anczliczes wollen wir auch nit vergeßsen als uns die hystoria gebútet. Nu wil ich allen den sagen die gern von schönen luten horen sprechen, wie schon aller syn lip was: sin lip was sere wiß under synen cleydern, nicht zu vil wiß noch zu vil schwarcz, von beyden gemenget, das man heißt liecht brun, syn antlicz wol erluchtet mit schoner farbe so wol zu maß, das got von hymel nye schöner farb zusamen gemenget als an Lancelot was gemenget under synen augen, von wißer farb und von bruner und von roter, so das die rot farb erlucht die andern die gemenget was wiß und brun uber all syn antlicz. Sin mûnt was im kleyn, lachend und rott als ein rose, ein wenig dick, die zene cleyn und wiß glich nah by einander. Sin kinne stunt im wol mit eim cleynen tal. Sin nase was im zu maßen lang und enmitten ein wenig hoch, gra augen großlachende die wil das er gutes mûtes was; wann als er sere zornig was, so luchtens im als ein fuer in eim ofene, so das alle die ducht die yn sahen das im durch die sehen von den augen kemen blutes tropffen geschossen, und gebart mit der nasen als ein roß das sere ist gerant, und beiß die zene zuhauff das sie krachten. Sin athem der ußer sim mund ging der scheyn als rot als ein blut, und sprach dann so herticlich und so groß als ein busune, und was er dann begreiff das zurreiß er alles mit den zenen und mit den henden. So sin zorn groß was, so vergaß im alles das er willen hett zu thun und alles das im ye geschah, biß an das dingk allein da er umb gezurnet hett; das wart sitther wol schin an meniger stat. Die stirn was im hoch zu guter maß und sin augbrawen liecht brun, das hare was im kleyn und liecht blůt, dwil das er kint was. Da er zum wapen kam, da wart es im brun, wann alleweg was es im liecht und kruß zu guter maßen. Sin halß was im wiß und lang. Die schultern warn im recht und breit wol zu maß. Sin lichnam was im wol geschaffen, zu guter maß lang, wedder zu schmal noch zu dick. Sin brust was groß und starck und breit und dick, das missestunt im allermeist an sim libe; und alle die yn sahen sprachen, wer im die brust ein wenig mynner gewesen, das sie nye so wol geschaffen man gesehen und so schön. Die kúniginn Jenever, die yn allermeist prúfete, sprach das im die brust nicht zu groß were, wann das hercz das darinn lag hett sin groß darnach das die brust was; und sprach me, were das groß hercz in eyner cleynen brust gewesen, so múst die brust zurißen und zurbrechen, da das hercz nit volliclich statt inne hett, da es gemechelich und zu synem recht inne lege. »Wer ich gott«, sprach sie, »so hett ich Lanceloten wedder mynner noch me gemacht dann er ist.« Sin arm waren lang und recht und wol zu maßen groß, die hend schlecht und lang als einer jungfrauwen hende, wern im die finger ein wenig mynner gewesen. Die syten waren im langk zu guter maßen. Sin beyn waren im schlecht und zu guter maßen lang, die fuß waren im schlecht und hol, langk und hoch. Ußermaßen sang er wol, so ers wolt thun; darzu was nicht dicke das er in umbederbe fro was, wann er zu recht freud solt machen. So enwart nie man geborn der frauwen und rittern als wol freud kund machen als er kunde.

JOHANNES VON TEPL

Geb. zwischen 1342 und 1350 in Tepl, gest. um 1414 in Prag. Bis 1368 besuchte er eine Lateinschule in Tepl, studierte an der Universität Prag, möglicherweise vorübergehend auch in Bologna, Padua oder Paris. Er war Schüler des Johannes von Neumarkt und besaß eine umfassende Bildung. Als magister artium war er zunächst in der Prager Kanzlei tätig; von 1378 bis 1411 war er notarius civitatis (Stadtschreiber) und seit 1383 auch rector scholarium in Saaz (deshalb auch häufig noch Johannes von Saaz genannt). Am 1. August 1400 starb seine Frau Margaretha im Kindbett. 1411 ging er als Pronotar nach Prag-Neustadt. Sein Bild ist erhalten in dem von ihm 1404 gestifteten St.-Hieronymus-Offizium zu einem Hieronymus-Altar in der St.-Niklas-Kirche in Eger. Werke: *Der Ackermann* (1401); zehn deutsche Verse im St.-Hieronymus-Offizium; 4 Formelbücher.

Der Ackermann aus Böhmen (Auszug)

Der frühe Tod seiner ersten Frau gab Anlaß und Wahl für das Thema zum »Ackermann« – das Streitgespräch zwischen Ackermann und Tod. (Johannes von Tepl bezeichnete sich selbst als »einen Ackermann der Feder«). In der Form des zeitgenössischen Rechtsprozesses erhebt der Ackermann Anklage gegen den Verbrecher Tod, der ihm die Frau genommen habe. Der aber geht weder auf die formaljuristischen Argumente noch auf die Schmähungen des Klägers ein, sondern stellt den emotional vorgetragenen Anschuldigungen auf Raub und Mord Fragen entgegen, die der Person des Anklägers und seinen Argumenten gelten. Der Ackermann nennt nun seinen Namen, wiederholt die Anklage und fordert, daß der Tod geächtet und durch ›Gottes Kraft‹ hingerichtet werde. Der

Tod weist den Kläger zurück und beruft sich auf die Rechtmäßigkeit seines Tuns in der Welt; er argumentiert sachlich und überlegen, mit allen Kniffen lateinischer Rhetorik und juristischer Dialektik, daß er ein Recht auf das Leben der Sterblichen habe: Er ist tumm, der beweinet die totlichen *(Kap. VIII). Das Streitgespräch zieht sich in Argument und Gegenargument hin, Emotion und persönliche Klage des Ackermanns stehen gegen vernunftbegründeten Rechtsanspruch und stoischen Gleichmut des Todes. Schließlich verlangt der Ackermann nicht mehr die Hinrichtung des Angeklagten, sondern nur eine Vergütung für seinen Verlust, und er ist am Ende in der hilflosen Lage, den Tod um Rat zu bitten, was er in seinem Schmerz denn tun solle. Der Tod ist sich seiner Position so sicher, daß er bereit ist, dem Schiedsspruch Gottes sich zu unterwerfen. Im 33. Kapitel fällt Gott seinen Urteilsspruch. Er gönnt dem Ackermann Ehre, dem Tod aber gehört der Sieg; denn der Mensch schuldet das Leben dem Tod, den Leib der Erde und die Seele Gott. Der Ackermann unterwirft sich dem Spruch und schließt mit einem Gebet für die Seele seiner Frau.*

Sprachlich zeigt »Der Ackermann« die Stufe eines späten Mittelhochdeutsch mit deutlichen neuhochdeutschen Anklängen aus der böhmischen Kanzleisprache, die etwa 100 Jahre später Luther für seine Bibelübersetzung nutzte und die zur Grundlage unserer heutigen Sprache wurde. Mittelhochdeutscher Sprachstil wird besonders in der meistersingerisch geblümten Rede deutlich, wie sie bei Frauenlob, Heinrich von Mügeln und Barthel Regenbogen zu finden ist; in Bildern und Beispielen sind noch die Meister der höfischen Gesellschaftsdichtung des 13. Jahrhunderts erkennbar. Formal hat der Dichter die Dialoge in Rede und Gegenrede nach Meistern der lateinischen Rhetorik und Syntax gestaltet. Auch darin ist ein Indiz zu sehen für das Vordringen neuhumanistischer Bildung und Geisteshaltung in die spätmittelalterliche Literatur.

»Der Ackermann« steht literaturhistorisch in der Tradition des Streitgesprächs, wobei Johannes von Tepl vor allem auf ältere, zum Teil lateinische Vorlagen zurückgegriffen hat. Vor allem ein »Traktat von der Grausamkeit des Lebens« war das Vorbild für den »Ackermann«; weitere, vom Dichter benutzte Vorlagen: die Stoa, Augustinus, Bonaventura, Bernhard von Clairvaux, die mittelalterlichen Totentänze. Seinen literaturhistorischen und dichterischen Rang aber bezieht »Der Ackermann« weder aus seinen Vorlagen noch aus der Bildung seines Autors, sondern erst dadurch, daß er die Elemente der Überlieferung und Gelehrsamkeit nutzte, um einem persönlich-existentiellen Erleben den adäquaten, individuellen Ausdruck zu geben. Das Streitgespräch ist nicht länger gelehrte Disputation, sondern Prozeßverfahren; die Existenzfrage nach Leben und Tod wird nicht länger durch die Autorität der – damals in Schisma und Reformunfähigkeit lebenden – Kirche gelöst, sondern in der individuellen Konfrontation; eigenes Schicksal wird nicht länger in der Konvention von Sprache und Form aufgefangen, sondern nimmt sich das Recht auf Selbstdarstellung. Wohl ist die Lösung des Konflikts zwischen Leben, Tod und Gott noch mittelalterlich bestimmt; aber in dem Streitgespräch selbst, in Kritik, Skepsis und Dialektik, in der Befragung und Anklage des Todes, die mittelbar auch eine Frage an den Gottesbegriff impliziert – darin zeigt sich eine neue Geisteshaltung, die den Bruch mit der mittelalterlichen Weltordnung sucht, um den Menschen durch Empirie und Wissen frei zu machen.

Im 15. und 16. Jahrhundert ist »Der Ackermann« häufig gedruckt und abgeschrieben worden; er ist in 15 Handschriften und 17 Drucken erhalten, von denen jedoch keine aus der Entstehungszeit des »Ackermann« oder aus der Feder des Dichters stammt.

Der Ackerman. Das XXIX. capitel

Frawenschender[1] mussen geschendet werden, sprechen der warheit meister. Wie geschicht euch dann, herre Tot? Ewer vnuernunftiges frawenschenden, wie wol es mit frawen vrlaub[2] ist, doch ist es werlich euch schentlich vnd den frawen schemlich. In maniges weisen meisters geschrifte findet man, das one weibes steure[3] niemant mag mit selden gesteuret werden; wann weibes vnd kinder habe ist nicht das minste teil der irdischen selden. Mit solcher warheit hat den trostlichen Romer Boecium hin geleget Philosophia, die weise meisterin. Ein ieder abentewerlicher vnd sinniger man ist mir des gezeuge: kein mannes zucht kan wesen, sie sei dann gemeistert mit frawen zuchte. Es sage, wer es welle: ein zuchtiges, schones, keusches vnd an eren vnuerrucktes weib[4] ist vor aller irdischer augelweide. So manlichen man gesach ich nie, der rechte mutig wurde, er wurde dann mit frawen troste gesteuret. Wo der guten samenung[5] ist, da sihet man es alle tage: auf allen planen[6], auf allen hofen, in allen turnieren, in allen herfarten tun die frawen ie das beste. Wer in frawen dienste ist, der muß sich aller missetat anen[7]. Rechte zucht vnd ere lernen die werden frawen in irer schule. Irdischer freuden sint gewaltig die frawen; sie schaffen, das in zu eren geschicht alle hubscheit vnd kurzweil auf erden. Einer reinen frawen fingerdrowen[8] strafet vnd zuchtiget vur[9] alle waffen einen frumen man. One liebkosen mit kurzer rede:

1. *Schmäher der Frauen.*
2. *mit Erlaubnis der Frauen.*
3. *Führung.*
4. *unberührtes Weib.*
5. *Zusammenkommen.*
6. *Plätzen.*
7. *enthalten.*
8. *Fingerdrohen.*
9. *mehr als.*

aller werlte aufhaltung[10], festung[11] vnd merunge[12] sint die werden frawen. Iedoch bei[13] golde blei, bei weizen raten[14], bei allerlei munze beislege[15] vnd bei weiben vnweib mussen wesen; dannoch die guten sullen der bosen nicht engelten: das gelaubet, hauptman vom berge!

Der Tot. Das XXX. capitel

Einen kolben vur einen kloß goldes, eine koten vur einen topasion[16], einen kisling vur einen rubin nimpt ein narre; die hewschewer[17] eine burg, die Thunaw[18] das mer, den mausar einen falken nennet der tore. Also lobestu der augen lust, der vrsachen schetzestu nicht; wann du weist nicht, das alles, das in der werlte ist, ist eintweder begerung des fleisches oder begerung der augen oder hochfart des lebens. Die begerung des fleisches zu wollust, die begerung der augen zu gute oder zu habe, die hochfart des lebens zu ere sint geneiget. Das gut bringet girung vnd geitigkeit[19], die wollust machet geilheit vnd vnkeuscheit, die ere bringet hochfart vnd rum. Von gute turstigkeit[20] vnd forchte, von wollust bosheit vnd sunde, von ere eitelkeit vnd guft mussen ie kumen. Kundestu das vernemen, du wurdest eitelkeit in aller werlte finden; vnd geschehe dir dann liebe oder leide, das wurdestu dann gutlichen leiden, auch vns vngestrafet lassen. Aber als vil als ein esel leiren kan, als vil kanstu die warheit vernemen. Dar-

10. *Bewahrung.*
11. *Festigung.*
12. *Mehrung.*
13. *neben.*
14. *Rade (Unkraut).*
15. *Falschgeld.*
16. *Topas.*
17. *Heuschober.*
18. *Donau.*
19. *Begehren und Habsucht.*
20. *Begierde.*

vmb so sein wir so sere mit dir bekummert. Do wir Pyramum den jungeling mit Tysben der meide, die beide ein sele vnd willen hetten, schieden, do wir kunig Alexandrum aller werlte herschaft entenigten[21], do wir Paris von Troya vnd Helenam von Kriechen zerstorten: do wurden wir nicht also sere als von dir gestrafet. Vmb keiser Karel, marggrave Wilhelm, Dietrich von Berne, den starken Boppen vnd vmb den hurnen Seifrid haben wir nicht so vil mue gehabet. Aristotilem vnd Auicennam klagen noch heute vil leute: dannoch sein wir vngemuet[22] beliben. Do Davit, der gedultig, vnd Salomon, der weisheit schrein, sturben, do wart vns mere gedanket danne gefluchet. Die vor waren, die sint alle dahin; du vnd alle, die nu sint oder noch werden, mussen alle hin nach: dannoch beleiben wir Tot hie herre[23]!

Der Ackerman. Das XXXI. capitel

Eigene rede verteilet dicke[24] einen man vnd sunderlich einen, der iezunt eines vnd darnach ein anderes redet. Ir habt vor gesprochen: ir seit etwas vnd doch nicht, auch nicht ein geist, vnd seit des lebens ende vnd euch sein alle irdische leute empfolhen. So sprechet ir nu: wir mussen alle dahin vnd ir, herre Tot, beleibet hie herre. Zwo widerwertig rede mugen mit einander nicht war gewesen. Sullen wir von leben alle dahin scheiden vnd irdisch leben sol alles ende haben vnd ir seit, als ir sprechet, des lebens ende, so merke ich: wann nimmer lebens ist, so wirt nimmer sterbens vnd todes. Wo kumpt ir danne hin, herre Tot? In himel muget ir nicht wonen, der ist gegeben allein den guten geisten. Kein geist seit ir nach ewer rede. Wann

21. *enteigneten.*
22. *unbeschwert.*
23. *hier der Herr.*
24. *verurteilt häufig.*

ir dann auf erden nimmer zu schaffen habet vnd die erde nimmer weret, so musset ir gerichtes[25] in die helle; darinnen musset ir on ende krochen[26]. Da werden auch die lebendigen vnd die toten an euch gerochen[27]. Nach ewer wechselrede[28] kan sich niemant gerichten. Solten alle irdische dinge so bose, snode vnd vntuchtig sein beschaffen vnd gewurket, das ist wider gote geredet vnd des ist von anfang der werlte er nie gezigen[29]. Tugent lieb gehabet, bosheit gehasset, sunde vbersehen vnd gerochen hat got bis her. Ich gelaube, hin nach tue er auch das selbe. Ich han von jugent auf gehoret lesen vnd gelernet, wie alle dinge got gut beschaffen habe. Ir sprechet, wie alle irdische lebende wesen sullen ende nemen: so sprichet Plato vnd ander weissagen, das in allen sachen eines zeruttung des andern geberung[30] sei vnd wie alle sache auf vrkund[31] sint gebawet vnd wie des himels lauf aller vnd der erden von einem in das ander verwandelt wurkunge ewig sei. Mit ewer wankelrede, darauf niemant bawen sol, wellet ir mich von meiner klage schrecken. Des berufe ich mich mit euch an got, meinen heilant. Herre Tot, mein verderber, damit gebe euch got ein boses amen!

Der Tot. Das XXXII. capitel

Oft ein man, wenne der anhebet zu reden, im werde dann vnderstossen[32], nicht aufgehoren kan. Du bist auch aus dem selben stempfel gewurket[33]. Wir haben gesprochen

25. *geradeswegs, direkt.*
26. *stöhnen.*
27. *gerächt.*
28. *Widersprüchen.*
29. *beschuldigt worden.*
30. *des einen Niedergang, des andern Geburt.*
31. *alle Dinge auf Beweis.*
32. *es sei denn, er werde unterbrochen.*
33. *geprägt.*

vnd sprechen noch (damit wellen wir ende machen): die erde vnd alle ir behaltung ist auf vnstetigkeit gebawet. In diser zeit ist sie wandelber worden, wann alle dinge haben sich verkeret: das hinder hervur, das voder hin hinder, das vnder gen berge, das ober gen tale, das ebich an das rechte, das rechte an das ebich hat die meist menige volkes gekeret[34]. In feures flammen stetigkeit han ich alles menschliches geslechte getreten: einen schein zu greifen, einen guten, getrewen, beistendigen freunt zu finden ist nahent geleich mugelich auf erden worden. Alle menschen sint mer zu bosheit dann zu gute geneiget. Tut nu iemant icht[35] gutes, das tut er vns besorgend. Alle leute mit allem irem gewurke sint vol eitelkeit worden. Ir leib, ir weib, ir kinder, ir ere, ir gut vnd alles ir vermugen fleuchet alles dahin, mit einem augenblicke verswindet es, mit dem winde verwischet es: noch kan der schein noch der schate nicht bleiben. Merke, prufe, sich vnd schawe, was nu der menschen kinder auf erden haben: wie sie berg vnd tal, stock vnd stein, walt vnd gefilde, alpen vnd wiltnuß, des meres grunt, der erden tiefe durch irdisches gutes willen in regen, winden, doner, schawer, sne vnd in allerlei vngewiter durchfaren, wie sie schechte, stollen vnd tiefe gruntgruben in die erden durchgraben, der erden adern durchbawen, glanzerden suchen, die sie durch[36] seltsenkeit willen vur alle dinge lieb haben, wie sie holz in welden fellen, gewant zewen, heuser den swalben geleiche klecken[37], pflanzen vnd pelzen baumgarten, ackern das ertreich, bawen weinwachs[38], machen mulwerk[39], zutun zehentzins[40], bestellen fischerei, weitwerk vnd wiltwerk, grosse herte

34. das Obere zu Tal, das Böse in Recht, das Recht in Böses hat das meiste Volk verkehrt.
35. etwas.
36. um der.
37. zusammenkleistern.
38. Weinberge.
39. Mühlenwerke.
40. Zins erhöhen.

vihes zusamen treiben, vil knechte vnd meide haben, hohe pfert reiten, goldes, silbers, edel gesteines, reiches gewandes vnd allerlei ander habe heuser vnd kisten vol haben, wollust vnd wunnen pflegen, darnach sie tag vnd nacht stellen vnd trachten – was ist das alles? Alles ist ein eitelkeit vnd ein serung[41] der sele, ein vergenglichkeit als der gesterig tag, der vergangen ist. Mit kriege vnd mit raube gewinnen sie es; wann[42] ie mere gehabet, ie mere geraubet. Zu kriegen vnd zu werren lassen sie es nach in[43]. O die totliche[44] menscheit ist stete in engsten, in trubsal, in leide, in sorgen, in forchten, in scheuhung[45], in weetagen[46], in siechtagen[47], in trauren, in arbeit, in betrubnuß, in jamer, in kummer vnd in mancherlei widerwertigkeit; vnd ie mer ein man irdisches gutes hat, ie mer im widerwertigkeit begegent. Noch ist das das aller groste, das ein mensche nicht gewissen kan, wann wo oder wie wir vber es vrplupfling[48] fallen vnd es jagen zu laufen den weg der totlichen. Die burde mussen tragen herren vnd knechte, man vnd weib, reich vnd arm, gut vnd bose, jung vnd alt. O leidige zuversicht[49], wie wenig achten dein die tummen! Wann es zu spate ist, so wellen sie alle frum werden. Das ist alles eitelkeit vber eitelkeit vnd beswerung der sele. Darvmb laß dein klagen sein! Trit in welchen orden[50] du wilt, du findest gebrechen vnd eitelkeit darinnen. Iedoch kere von dem bosen vnd tue das gute; suche den fride vnd tue in stete; vber[51] alle irdische

41. *Krankheit.*
42. *denn.*
43. *lassen sie es zurück.*
44. *sterbliche.*
45. *Schrecken.*
46. *in Tagen der Schmerzen.*
47. *in Tagen der Krankheit.*
48. *urplötzlich.*
49. *Aussicht.*
50. *Stand.*
51. *mehr als.*

dinge habe lieb rein vnd lauter gewissen! Vnd das wir dir rechte geraten haben, des[52] komen wir mit dir an[53] got, den ewigen, den grossen vnd den starken.

Des fursten rede von vil selden, des almechtigen gotes vrteil. Das XXXIII. capitel

Der lenze, der sumer, der herbest vnd der winter, die vier erquicker vnd hanthaber[54] des jares, die wurden zwistossig mit grossen kriegen[55]. Ir ieder[56] rumte sich seines guten willen mit seiner wurkung in regen, wintween, ... vnd wolte ieglicher in seiner wurkung der beste sein. Der lenze sprach, er erquickte vnd machte guftig alle fruchte; der sumer sprach, er machte reif vnd zeitig alle fruchte; der herbest sprach, er brechte vnd zechte ein beide in stadel, in keller vnd in die heuser alle fruchte; der winter sprach, er verzerte vnd vernutzte alle fruchte vnd vertribe alle gifttragende wurme. Sie rumten[57] sich vnd kriegten faste[58]; sie hetten aber vergessen, das sie sich gewaltiger herschaft rumten, die in von got verlihen was. Ebengeleich tut ir beide. Der klager klaget sein verlust, als ob sie sein erbrecht were; er wenet nicht, das sie im von vns were verlihen. Der Tot rumet sich gewaltiger herschaft, die er doch allein von vns zu lehen hat empfangen. Der klaget, das nicht sein ist, diser rumet sich herschaft, die er nicht von im selber hat. Iedoch der krieg ist nicht gar one sache[59]: ir habet beide wol gefochten; den twinget leit zu klagen, disen die anfechtung des

52. *damit.*
53. *zu.*
54. *Beherrscher.*
55. *wurden entzweit in großem Streit.*
56. *jeder von ihnen.*
57. *rühmten.*
58. *stritten heftig.*
59. *ganz grundlos.*

klagers die warheit zu sagen. Darvmb, klager, habe ere! Tot, habe sige! seit ieder[60] mensche dem tode das leben, den leib der erden, die sele vns pflichtig[61] ist zu geben.

HEINRICH WITTENWÎLER

Über den Autor des bedeutendsten spätmittelalterlichen Schwankepos ist kaum etwas bekannt. Anzunehmen ist, daß es sich bei ihm um jenen Heinrich Wittenwille, genannt Müller, handelt, der in Wängi (Thurgau) lebte und 1403 nach Lichtensteig im Toggenburg übersiedelte. Zwischen 1395 und 1426 ist er urkundlich nachzuweisen, bis 1436 Einwohner von Lichtensteig. Landschaftliches Szenarium und Sprache im *Ring* stützen diese Annahme.
Werk: *Der Ring* (um 1410).

Der Ring (Auszüge)

Zunächst und vordergründig ist dieses Schwankepos (9699 Verse) eine derb-groteske Bauerngeschichte: Werbung, Hochzeit und Ende des Bauernburschen Bertschi Triefnas aus Lappenhausen und der überaus häßlichen Magd Mätzli Rüerenzumpf. In diesen drastisch-komischen Schwank ist zugleich ein durchdacht ausgearbeiteter Lebensspiegel als Tugend- und Standeslehre eingearbeitet, der sowohl kultur- als auch zeitgeschichtlich wichtige Aufschlüsse vermittelt. Die Kompositionstechnik hat Wittenwîler selbst im Prolog (V. 1–54) erklärt und in der (einzigen) Handschrift die Teile des Schwanks mit grünen, die der Lehre mit roten Initialen gekennzeichnet. Der Titel selbst deutet die Allegorie des Epos: Der Ring als »orbis«, als Kompendium und als »anulus« – Abstraktes und Sinnliches zugleich; der Ring hält einen Edelstein, das Symbol der

60. es sei jeder.
61. verpflichtet.

Lehre. Gemeint ist also, über das Treiben und rechte Verhalten in der Welt Auskunft zu geben, ze ring umb. *Es wird die erzählte Geschichte zur grotesken Satire über bäuerliches Treiben, es wird hinter der Parodie über falschverstandene Lebensregeln die lehrhafte Absicht deutlich.*

Der Aufbau des Schwanks vollzieht sich in drei Teilen: 1. (V. 55–2622) Bertschi Triefnas wirbt um Mätzli Rüerenzumpf. Über Liebeskunst und Frauendienst wird er vom Dorfschreiber unterwiesen, der eine (parodierende) Minnelehre entwickelt und im Werbungsbrief das Muster eines höfischen Liebesbriefes entwirft. Mätzlis Antwort, vom Dorfbader aufgesetzt, ist eine Minneallegorie. 2. (V. 2623 bis 6457) Zwischen den beiden Familien wird eine Ehedebatte ausgetragen; dann folgen fünf Vorträge für den angehenden Ehemann: Schülerspiegel, Christenlehre (vom Bauern »Lastersack« vorgetragen), Gesundheitslehre, Tugendlehre und Haushaltungslehre (vom Bauern »Saichinkrug«). Es folgen die Trauung, das Hochzeitsmahl mit anschließendem Hochzeitstanz und die Hochzeitsnacht – eine derbe Satire auf höfische Minne (Text 1). 3. (V. 6458–Schluß) Aus dem Hochzeitstanz entwickelt sich eine Rauferei der Lappenhauser mit den Bauern aus dem benachbarten Nissingen. Es kommt zum Krieg. Dieser Bauernkrieg wird nach allen Regeln und Lehren ritterlicher Kriegskunst vorbereitet und nach Bauernart durchgeführt; er endet mit dem Untergang von Lappenhausen. Als Bertschi, nachdem er erfolglos auf einem Heuschober belagert wurde, seine Frau erschlagen und verstümmelt wiederfindet, flieht er aus der Welt und zieht sich – wie Simplicissimus – als Einsiedler in den Schwarzwald zurück (Text 2).

Wittenwîler hat für sein Epos den alemannischen Bauernschwank »Von Metzen hochzit« als Grundlage benutzt und zum Teil wörtlich übernommen; er hat an Neidharts Parodien angeknüpft und führt diesen selbst als handelnde Person ein; für seine Lehren hat Wittenwîler auf Theo-

Er obresten
Marien mü
Dar zu alle
Ze lob · ze die
Den güten
Den bösen z
Sült er hör
Ein püch d
Mit aynem
Wan es ze
Der welte la

Heinrich Wittenwîler: Ring. Beginn der Meininger Handschrift um 1440

phrast, auf Vegetius und andere lateinische Quellen zurückgegriffen; er nutzt den »Ritterspiegel« des Johannes Rothe und die Sprüche Freidanks, zitiert kanonisches und deutsches Recht, die Namen der Helden aus der hochhöfischen Literatur (Gawan, Wolfdietrich, Laurin greifen in den Bauernkrieg ein). Schon dieser Hintergrund belegt, daß »Der Ring« nicht als Schwank allein konzipiert war. Wie bereits vorher im »Helmbrecht«, so wird hier mit dem Mittel der Bauernsatire Standeslehre, Zeitkritik und Weltbeschreibung vorgeführt. Nicht ein bäuerliches Publikum war damit angesprochen, sondern ein gebildetes, städtisches Bürgertum, das seine Bildung zwischen derb-sinnlicher Weltfreude und religiöser Lebensangst genoß. Auch hier ist – wie schon im »Ackermann« – die Problemlösung noch mittelalterlich, wenn Bertschi Triefnas die Eitelkeiten der Welt flieht, durch Welterfahrung zur Weltverneinung kommt (Text 2). Aber in der Lust und Fähigkeit zur Darstellung von Realität in allen, auch in den physiologischen Bereichen (Text 1) zeigt sich ein neues, »emanzipatorisches« Verhältnis zur Wirklichkeit.

»Der Ring« ist nur in einer Handschrift überliefert; weder in der Zeit seiner Entstehung noch später hat er literarisch Nachahmung gefunden oder Einfluß gehabt.

1

Die Hochzeitsnacht

Man schol auch nicht vergessen
Des, daz Bertschi Triefnas
Tet, do er pei Mätzen was
In dem pett der selben nacht.
Daz sag ich euch nach meinr vermacht[1]:

1. *nach meiner Art.*

Er hiels[2] sei mit den armen sin
Und küsst sei in das maul hin in
Siben stund nach seinem lust
Und trucht ir prüstli an sein prust.
Des wolt er fürbas sein gevarn:
Mätzli chond den weg verwarn
Und huob ze schreien an so vast[3] –
Man hort es über ein halben rast[4].
Die pain seu huob ze samen ser:
Daz was der junchfrauwen er.
Des liess der preutgom von dem streit
Und gedacht im an der zeit,
Wie mit spächten[5] scholt der man
Daz dinch den frauwen gwinnen an.
Da mit so huob er an und sprach:
»Wol mir, daz ich ie gesach
Die stat, da mündel sich ze mund
Gefüeget hat in süesser stund!
Deineu prüstel zuo minr prust
Getruket sind so gar mit lust
In rechter lieb und auch so gleich:
Des lob ich got von himelreich,
Der die wunn geschaffen hat
Sunderleich mit seinem rat,
Daz die menschait wachsen schol.
Dar umb, mein lieb, nu tuo so wol,
Gedench, daz got gesprochen hat:
›Ein mensche seinen vatter lat,
Er tuot sich auch seinr muoter an
Und haltet sich zuo seiner chan[6]:
So werdent zwai in einem flaisch‹

2. *halst, umarmt.*
3. *laut, kräftig.*
4. *Meile.*
5. *Überredungskunst.*
6. *von ›kone‹, Eheweib.*

(Nach der glos[7], die ich da waiss,
Daz ist: ze einem chind zgeperen)
Und geruoch mich des zgeweren,
Daz die gens tuond in dem bach!
Liebes lieb, daz ist ein sach,
Daz ich ewecleichen dich
Halten muoss und wil sam mich.«
Mätzli do mit ungemach
Wainent zuo dem knechte sprach:
»Ja, ich waiss wol, wie im ist:
Du pists ein gsell mit falscher list
Sam einr, der vogel vahen wil:
Der pfeiffet suoss und macht sein vil
Und, so seu koment in sein hab,
So würgt er in die chragen ab.«
»Näna, Mätzli!« so sprach dirr,
»Mich dunkt, du seigist[8] worden irr
In disem bett, daz sag ich dir.
Waist nicht, daz von paider gir
Zwüschen uns geschehen ist
Die hailig ee an boseu list?
So leist auch in dem prautpett:
Dar umb so trachtin wir ze stett,
Daz die ee werd vollepracht,
Der so mit willen ward gedacht!«
Secht, do tett er sam ein man
Und graiff sei chrefticleichen an!
Wie schier er ir die pain auf kert,
Sam in der schreiber hiet gelert,
Und macht sich zwüschen seu enmitten!
Er tet nach seiner vordern sitten.
Mätzli was auch nicht ze träg,
Wie sei an dem ruggen läg:

7. Bedeutung, Auslegung.
8. wärest, seiest.

Sei hützret[9] vast und zappelt ser
Und bhielt auch wol des artzets ler.
Do nu daz erst vergangen was,
Daz wisst man wol und machet das,
Daz die pettstat was ze chranch[10]
Und hiet getan daz best gesanch,
Daz man joch iemer mag gesingen.
Da mit der preutgom wolt verprinnen
Von grossem durst; des rüeffet er:
»Wasser her jo, wasser her!«
Des pracht man in do von Venedi
Ein suppen gmachet mit tragedi
Und auch von malvasei da mit:
Daz was ir aller pester sitt.
Do assen seu und trunkend dar,
Bis daz sei wider chamen gar;
Da mit die geste bald hin für.
Die praut stuond auf und bschloss die tür
Inrentalb[11] vil gar ze stett
Und legt sich wider in daz bett;
Doch chond sei sich vil übel ghaben,
Den pluomen in irn fröden chlagen;
Des sprach der preutgom: »Wainn nicht mer,
Gehab dich wol, daz ist mein ler!
Hast den pluomen[12] nu verlorn,
Da wider wirt ein chind geporn:
Daz ist ein sälich dinch vil guot.
Dar zuo nim dir in den muot,
Daz du in treuwen mainist mich
Und tüegist, was ich haisse dich,
Daz doch mit nützen sei und eren!
Sich, so wil ich dir daz sweren,

9. *rutschte.*
10. *schwach.*
11. *von innen.*
12. *Jungfräulichkeit.*

Dich in rechter lieb ze halten,
Von dir auch niemer mich geschalten.«
Der rede danket sei im do
Und verhiess auch tuon also.
Des ward do lenger nicht gespart:
Er tett irs noch ein ander vart.
Des waren seu do müede worden
Und schlieffend hin bis an den morgen.
Hiet die praut nür einen man,
Kützeldarm ir vier gewan.
Annen ars der ward zerriben:
Sei hiet der gsellen mer dann siben.
Zehner phlag die Gnepferin,
Iecleichem nach seinem sin.
Ungemäss die hiet ir acht:
Die veilten all die langen nacht.
Die wöscherin so reudich was,
Daz sei vor inen allen gnas.
Do nu der liechte tag her prach,
Der wachter an der zinnen sprach:

»Wer an lieben armen leit,
Der mach sich auf! Won es ist zeit.
Die sunne hat den morgenstreit
Mit chreften überwunden.
Der man entweicht, ich waiss nicht war,
Die sternen sein verblichen gar,
Die nacht ir still ist worden bar:
Daz brüef ich ze den stunden.«

Et cetera. Daz sang er gar.
Des ward fro Mätzli do gewar
Und gedacht ir in dem sin:
»Wär, daz ich derweket in,
So tät er mirs zuor dritten stund,
E man uns in dem bette fund.«

Des ward sei sich do rüeren,
Daz bettgwand alz durchfüeren,
Bis er doch muosst derwachen do.
Pertschi auf und sprach: »Wie so?«
»Ich hiet mein fingerli verlorn«,
Antwürt sei, »daz tett mir zorn
Und han gesuocht bis an den tag:
Der macht, daz ich es funden hab.«
We, wie schier do ward vollpracht,
Des so ir Mätzli hiet gedacht!
Dar nach die gsellen kament all
Mit pheiffern und mit grossem schall
In daz gaden[13] ze dem zil
Und wunschten in des glükes vil.

2

Das Ende

Des chamen seu da überain,
Das seu allesampt gemain
Laiten sich hin umb das haus,
Bis in der hunger trib hin aus.
Des waren ir der scharen drei:
Iedeu schluog auf ein bastei
Und lagend da mit starker macht
Hin bis an die vierden nacht
Mit grosser zerung und auch wart.
Trun, do hungert Pertschin hart!
Do was der held besessen.
Was scholt der arman essen?
Secht, des was er doch nicht faul!
Er schluog des häwes in sein maul

13. Kammer.

Und baiss dar in, er cheuwet ser.
Das sach der Strudel in dem her;
Er schre: »Dar von! Es ist ein wicht:
Wir mügen hie geschaffen nicht;
Er isst das häw mit sampt dem stro.«
Des fluhen seu da hin aldo
Und drafften sich hin übern steg.
Pertschi nam ein andern weg,
Überd haid, der selben zeit
Und kam da hin, da sich der streit
Hiet derhaben und dergangen.
Des sach er da von toten mannen
Mangen grossen hauffen ligen.
Die warend auf enander gdigen
Von des pluotes güssen so.
Gen Lappenhausen cham er do
Und sach, wie da verderbet was
Haus und hoff, daz laub mit gras,
Man und weib mit sampt dem kind,
Er und guot also geswind
Und sein liebeu hausfrauw tod:
Das pracht im jamer, angst und not.
Das wasser im zum augen gie,
Ein stärkeu ammacht in gevie,
Das er wol ein halben tag
Sam ein andrer toter glag.
Des cham er zuo im selber do;
Ein sendes gschrai derhuob er so:
»Owe, jämerleicher tag,
Das ich dich ie gelebet hab!
Des muoss ich iemer leiden pein
Mit chlagen an dem hertzen mein
Und mangen pittern jamer dulden
Nicht anders dann von meinen schulden,
Das ich so weisleich was gelert
Und mich so wenig dar an chert.

Wie chlaine wolt ich es gelauben –
Nu sich ich selber mit den augen:
Wer heut lebt, der stirbet morn!
Wie schier ein man auch hat verlorn
Alles, das er ie gewan!«
Da mit gedacht er auch dar an,
Wie sich älleu dinch vergend,
Die an unsern werchen stend,
Dann allaine gottes vorcht,
Gottes minne unverworcht.
Also fuor er hin so bald
Enmitten in den Swartzwald.
Da verdienet der vil gwär
In gantzer andacht an gevär
Nach disem laid das ewig leben.
Das well uns auch der selbig geben,
Der wasser aus dem stain beschert
Hat und auch ze wein bekert!

Amen.

V. Drama

Ungefähr seit dem Jahr 900 sind liturgische Osterfeiern sowie Oster- und Weihnachtsspiele bekannt, die jedoch bis ins 13. Jahrhundert noch ausschließlich in lateinischer Sprache aufgeführt wurden. Sie blieben den großen Höhepunkten des Kirchenjahres und ihrer liturgischen Feier zugeordnet, wurden in den Städten und zumeist von Geistlichen aufgeführt. Etwa um 1350 erscheinen solche geistlichen Dramen dann in deutscher Sprache, bei gleichzeitiger Veränderung oder Loslösung von der Liturgie; auch die ersten Textaufzeichnungen weltlicher Spiele datieren aus dieser Zeit. Die Tradition der weltlichen Spiele, zunächst noch höfisch-ritterlicher Gesellschaft zugeordnet, setzt ein mit den Fastnachtspielen am Beginn des 15. Jahrhunderts in den Städten, besonders in Nürnberg und Tirol. (Vgl. hierzu das Kapitel »Drama« in Band 3 dieser Reihe.)
Das deutschsprachige geistliche Spiel des späten Mittelalters zeigt zunächst noch liturgische Grundzüge, bevor es im späten 14. und 15. Jahrhundert zum bürgerlichen Volksschauspiel sich verselbständigt. Aus den Anlässen kirchlich-liturgischer Feiern entstanden: Osterspiele, Passionsspiele und Marienklagen, Weihnachtsspiele, Leben-Jesu-Spiele, Antichrist-Spiele sowie in der Spätzeit schließlich die selbständigen Mirakelspiele, Moralitäten und Legendenspiele.
In der Absicht, die heilsgeschichtlichen Ereignisse möglichst real und nachdrücklich zu vermitteln, trat an die Stelle liturgischer Symbolik zunehmend ein Realismus, in dem Wirklichkeitsnähe, Lebenskritik, Lebensfreude und Individualisierung der biblischen Gestalten die Würde der Liturgie und die Distanz der lateinischen Sprache ablösten. Dabei bleibt das geistliche Drama zunächst doch der Erbauung und der kirchlichen Lehre verpflichtet. Verfas-

ser waren vor allem Geistliche, die anfangs auch als Spielleiter und Träger der Hauptrollen mitwirkten, so etwa für die Christus-, die Marien- und die Apostelrollen. Erst mit Beginn des 15. Jahrhunderts treten Laien an die Stelle der Geistlichen; seit Mitte des 14. Jahrhunderts waren auch bildende Künstler als Regisseure beteiligt, zum Beispiel Hans Memling und Pieter Bruegel d. Ä. in den Niederlanden, Kaspar Isenmann, Vigil Raber und Hans Holbein d. J. in Deutschland. Um diese Zeit auch werden die Gilden und Zünfte in den Städten Träger und Veranstalter der geistlichen und weltlichen Spiele.

In eben dem Maße, in dem der Realismus in den geistlichen Spielen zunimmt, wächst auch die Zahl der Szenen, der Mitwirkenden und die örtliche Ausdehnung der Spiele. So werden die Oster- und die Passionsspiele schon früh zwischen Kirche, Marktplatz und Kirchhof in einem epischen Nach- und Nebeneinander aufgeführt. Gespielt wurde zumeist im Freien auf Holzbühnen an klar voneinander getrennten Handlungsorten. Bürger und Studenten waren die Darsteller in den oftmals bis zu 100 Personen umfassenden Stücken. Die inhaltlich-szenische Aufschwellung der Spiele führte also zu einer zunehmenden Verweltlichung, zu einer Ablösung des Religiös-Liturgischen; an seine Stelle traten volkstümlich-weltliche Elemente.

Während das »Osterspiel von Muri« (um 1250) mit seiner höfischen Reimpaarsprache noch ausschließlich für ein ritterliches Publikum bestimmt war, zeigt um 1350 die »Frankfurter Dirigierrolle« (Regiebuch) des Baldemar von Peterweil bereits die Popularisierung des geistlichen Spiels zu einem geistlichen Volksdrama, das auf zwei Tage Spieldauer ausgedehnt wurde. Die Spieltexte selbst waren, anders als im weltlichen Spiel des 15. und 16. Jahrhunderts, in vierhebigen Versen abgefaßt; Prosasprache kommt im geistlichen Spiel nicht vor.

Im »Wiener Passionsspiel« (um 1325) stehen lateinische und deutsche Texte, funktional geschieden, noch neben-

einander, der Inhalt aber bleibt trotz volkstümlicher Züge an die kirchliche Feier gebunden. Doch bereits um 1354 wird im Spiel von »Des Antichrist Fastnacht« ebenso wie im »Innsbrucker Osterspiel« deutlich, in welchem Maße Zeitsatire und volkstümliche Sinnenfreude sich aus der Unterordnung unter die kirchliche Handlung befreien, ja verselbständigen. Hier werden Elemente sichtbar, die das weltliche Drama nur wenig später aufnimmt und kompilatorisch ausweitet.

Das deutschsprachige weltliche Spiel wird erst im 14. Jahrhundert in seiner schriftlichen Fixierung erfaßbar. Es muß jedoch seit dem 8. Jahrhundert etwa unterliterarische Vorläufer gegeben haben, die wohl hauptsächlich durch die mittelalterlichen Spielleute mündlich überliefert wurden und zum Teil in den mittelhochdeutschen Spielmannsepen (z. B. »Salman und Morolf«, 12. Jh.) greifbar sind. Ohne eine solche Tradition ist jedenfalls das plötzliche Auftreten weltlicher Spiele im 14. und 15. Jahrhundert kaum zu erklären. Thematisch sind diese frühen Spiele als Winter- und Sommerspiele, Neidhartspiele und Fastnachtspiele zu unterscheiden. Insbesondere die beiden ersten Gruppen werden wohl auf Kultspiele zurückgehen, so, wie es beispielsweise am »Spiel vom Tanawäschl« von 1414 noch nachweisbar ist: Austreibung einer damals in ganz Deutschland verbreiteten Krankheit. Die Neidhartspiele gehen auf die Schwänke von Neidhart mit dem Veilchen zurück; eine erste Spielform mit nur 58 Versen ist das von einem Fahrenden um 1350 verfaßte »St. Pauler Neidhartspiel«, dem im 15. Jahrhundert ein umfangreicheres Neidhartspiel nachfolgt, bevor dieser Schwanktypus in das Fastnachtspiel überging.

Mehr noch als die Winter- und Sommerspiele sind die Spieltexte der Fastnachtspiele in den spätmittelalterlichen Stadtgemeinschaften entstanden: Reihungen von Spielszenen unterschiedlichster Inhalte und Derbheiten, von Fahrenden und Bürgern für das Volk verfaßt. Die hand-

schriftliche Überlieferung dieser Fastnachtspiele ist eng an die Meistersingerschulen gebunden und setzt erst in der zweiten Hälfte des 15. Jahrhunderts ein. Sie sind deshalb hier nur mit einem Stück des Hans Rosenplüt, eben einem der frühesten Beispiele, berücksichtigt, das noch in dem Zeitraum unserer Darstellung entstanden ist und gleichsam überleitet zum Abschnitt über das Drama im 3. Band dieser Reihe.

Das Osterspiel von Muri (Auszug)

Im Jahre 1840 wurde im Kloster Muri (Kanton Aargau) in den Holzdeckeln einer Vulgataausgabe das Manuskriptfragment des ältesten deutschsprachigen Schauspiels gefunden; weitere Teile dieses von einem unbekannten Verfasser um 1250 geschriebenen Manuskripts wurden im Buchrücken derselben Vulgata 1942 aufgefunden. Anfang und Schluß sind bis heute noch nicht wieder aufgetaucht. Insgesamt sind 612 der vermutlich 1100 bis 1200 Zeilen des Textes erhalten. Dabei handelt es sich hier nicht um ein Szenarium oder einen vollständigen Bühnentext, vielmehr um eine sogenannte »Soufflierrolle«. Sprachlich – also in Orthographie, Sprachstand und Sprachstil – verweist »Das Osterspiel von Muri« in das Hochalemannische. Einfluß der höfischen Versepik und der ritterlichen Standessprache ist deutlich feststellbar, so besonders in der zum Teil drastischen Dialogführung. Die Szenen dieses Osterspiels sind den lateinischen Vorbildern der Osterspiele von Benediktbeuren, Tours und Klosterneuburg nachgebildet.
Zu den erhaltenen Teilen des »Osterspiels von Muri« gehören der Dialog der Wächter am Grabe, die Auferstehung, Pilatus- und Krämerszene, Höllenfahrt Christi, Salbenkauf und Gang der drei Marien zum Grab am Ostermorgen, Begegnung zwischen Jesus und Maria Magdalena.

Neu gegenüber seinen lateinischen Vorlagen ist in diesem Spiel die nüchterne Schau auf die Dinge der irdischen Welt und daß nicht mehr die drei Marien als Chor dem Chor der Engel gegenüberstehen, sondern Maria Magdalena als Einzelperson mit dem Engel spricht (Text).

[Maria Magdalena:]

Lieber paltenere[1],
hastu iht buhsen lere[2],
dar in so tů uns balsama
vnd nuwe aromata[3]
eines phundes gewiht,
völlechlih vnd minder niht!
daz wellen wir dir gelten[4] wol.

Institor[5]*:*

Die drie buhsen die sint vol
(daz spriche ih uf min truwe[6])
der selben salben nuwe.
vb ir die choffen wellent,
so wil ih dc ir cellent
dar vmbe mit gedinge
mir zwencic shillinge.
dez enlaze ih niht en ort[7].

Maria Magdalena:

Wir wen niht velshen din wort:
nim hin die phenninch gar

1. *Krämer.*
2. *hast du nicht leere Büchsen.*
3. *Spezereien.*
4. *bezahlen.*
5. *der Krämer.*
6. *Treu.*
7. *davon geh ich nicht runter.*

vnd gib vns die buhsen har!
wir wellen vurbaz cheren.

Institor:

Vrowe, ih wil uh eren.
dar wider mac ih niht sin,
do : : : rt ez nie dar vmbe min.

Maria Magdalena:

Owe nu gat vns sorge zvo
hute an disem morgen vrvo[8]!
– – – – – – – – – – – – – –
wir mugen heben eine[9]
– nu sin wir ce chleine[10] –
der uf dc grap ist geleit,
er ist swere vnde breit:
wie sol er chomen danne?
want uns von cheinem manne[11]
niender helfe mac gevromen.

Maria:

Got sol uns ce helfe chomen.
vf des helfe svn wir gan[12] . . .

[Maria Magdalena:]

– – – – – – – – – – – – – – –
vnd ist so chranh[13] vnser chraft,
daz ih mir vurhte sere.
doh sun wir diner lere
volgen vnd niht verzagen.

8. *frühen.*
9. *allein.*
10. *schwach.*
11. *Menschen.*
12. *darauf vertrauend, wollen wir gehen.*
13. *schwach.*

ih han doh ie gehoret sagen,
swer sih an gottes hulde lat,
daz der ein senftez wesen[14] hat.

Der engel:

Ir gutv wip, wen sůchent ir
(daz sulent ir besheiden mir)
alsus vrv in disem grabe
mit soliher ungehabe[15]?
gant vurbaz und enzagent niht,
want uh von mir nih geshiht!
ir sulent haben uwer bet[16].

[Maria Magdalena:]

Ihesum von Nasaret,
den unser uursten viengen
vnd an daz cruce hiengen.
des ist hvte der dritte tac,
daz er in todes banden lac,
want er den tot vershulte[17] nie,
den suchen wir gemeine hie,
als ih dir gecellet han.

Der engel:

Da von ih wol gesagen chan.
sit uwer rede ist also,
vurhtent niht vnd wesent[18] vro!
want des ir also geruchent[19]
vn in hie suchent,
der : : ist hvte erstanden

14. Leben.
15. Klagen.
16. euer Bitten soll erfüllt werden.
17. verdient hat.
18. seid.
19. begehrt.

von des todes banden.
dc ist diu rehtiv warheit.
sehent wa er wc geleit!
ir sulent snellichlihe gan,
daz sunt ir d : : : : : : : : : en lan,
vnde sagent in besunder
vnd den anderen daz wunder,
daz Jesus erstanden ist:
si svlen chomen sunder vrist[20]
hin ce Galilea,
so[21] gesehen si da
– – – – – – – – – – –

Des Antichrist Fastnacht (Auszüge)

In die Gruppe der Antichrist-Spiele des 14. und 15. Jahrhunderts gehört auch das aus dem Jahre 1354 überlieferte Dramenfragment »Der Entkrist« oder »Des Antichrist Fastnacht«. Es ist in der Regierungszeit Karls IV. entstanden und verknüpft die eschatologische Kirchenlehre von der Herrschaft des Antichrist mit der Politik der Zeit in einer dramatisierten Satire. In den erst spät und stark entstellt überlieferten 530 Versen werden Elemente eines bisher unterliterarisch, d. h. nicht schriftlich fixierten weltlichen Spieltypus sichtbar.

Das Erscheinen des Antichrist wird durch den Herold und den Ausschreier angekündigt; die Propheten Enoch und Elias warnen vor dem Antichrist, erhöhen so die Spannung, bis der »Widerchrist« selbst erscheint. Enoch und Elias entlarven den Antichrist als Lügner, doch allein die Juden lassen sich täuschen. Wie schon in dem ältesten erhaltenen Schauspiel, dem Tegernseer »Ludus de Antichristo« (zwischen 1140 und 1190), wird der Kaiser

20. ohne Zögern.
21. dann.

(Karl IV.) erst durch die Auferweckung und Beschwörung seines toten Vaters, des Königs Johann von Böhmen (gest. 1346), für den Antichrist gewonnen, der ihm dafür Reichtum sowie Jerusalem, Ungarn und das kunikreich von Salern *verspricht (Text). Nachdem der Antichrist den Kaiser für sich gewonnen hat, wendet er sich an den Vertreter der Kirche, den Abt Gödlein; auch er unterwirft sich für das Versprechen, Geld und gutes Leben zu erhalten.*
Neben der eschatologischen Thematik und der politischen Zeitsatire zeigt dieses Drama hinter den dunklen Bildern der Szenen die Klage der Zeit über den Verfall der Welt und die Angst vor dem Gericht im Jenseits.

Der Entkrist zum kaiser:

Ich heb an dem höchsten an.
Nu dar, ir kaiser lobesan,
Ir schült in disen sachen
Euch wol zu mir machen.
Ich wil euch geben lant und leut.
Den ich von meinem gewalt peut,
Die müßen euch wesen undertan,
Ob ir euch wolt an mich lan.
Jerusalem und das Ungerlant
Das gib ich euch in eur hant,
Und das kunikreich von Salem
Das gib ich euch gar gern,
Und darzu gib ich euch pfenning vil
Und was eur herz begern wil.
Ich haiß euch die toten auf stan,
Laufen, reden, sitzen und gan,
Als sie denn vor taten.
Was euch di selben raten,
Darnach so volget eur freunt ler,
Vor ee ich euch verker.

Der kaiser:

Herr Entkrist, wir wollen nit lan,
Wir wollen darumb rat han:

Der kaiser fragt rats:

Rat an, ritter Degenlein,
Du pist allweg der diener mein.
Was schullen wir nu beginnen?
Ich pin verirret in meinen sinnen.

Der Degenlein:

Herr, ich waiß nit, was ich raten schol;
Mein leib ist aller sorgen vol;
Ich riet gern, das gut wer.
Herr, nu merket neue mer!
Als ich in vernumen han,
Gute dink hat er aufgetan.
Wolt er das volenden,
Euren vater herwider senden,
Haist euch der glauben an in han,
So schult ir das durch niemant lan.

Der kaiser:

Nu rat an, Hilpolt hochgemut,
Ain ritter an meinem rat gut!
Rat an, wann es ist an der zeit!
Auf deinen aid nit lenger peit!

Der Hilpolt:

Herr, mir ist von herzen lait
Und wil euch raten auf meinen ait
Das pest, das ich waiß und kan.
Der Entkrist dünkt mich ain guter man.
Er hat golds und silbers vil,
Ob er euchs mittailen wil.
So seit ir ain notiger herr.

Ich gedenk in mich gar verr.
Burg, stet und eur lant
Habt ir alles gesetzt zu pfant.
Möcht euch das ledig werden,
Ir het denn genug auf erden.
Davon so mügt ir zu diser frist
Gern gelauben an den Entkrist.

Der kaiser:

Nu rat an, ritter Mangolt,
Ich pin dir sünderlichen holt,
Wann du pist allweg unverzagt
Und hast ie nach eren gejagt;
Nach eren und nach gut
Stund dir allzeit dein mut.

Der Mangolt:

Herr, ich rat, als ich kan.
Ir habt verlorn manchen man,
Ritter, knecht und auch diener.
Die seckel sind euch worden ler.
Möcht ir haben silber und golt,
Das ir gebet großen solt,
So gewünnt ir ritter und knecht
Und würd eur dink gar schlecht
Und gewunt leut und gut on zil
Und darzu schöner frauen vil
Und wein und kost in iren kragen,
Das wir nimer umb gut sorg haben;
Das dünkt mich gar ain gut spil.
Nu ich euch raten wil
Und rat auf die treue mein,
Ir schült dem Entkrist glaubig sein,
Das er uns geb pfenning vil,
Golt und silber one zil.

Der kaiser:

Nu rat an, ritter Degenhart!
Dein ler han ich pis her gespart.
Du warst ie der ratgeb mein.
Was dünkt dich das pest sein?

Der Degenhart:

Da rat ich auf die treue mein,
Ir schüllent vest und stet sein
An unserm herrn Jesu Crist,
Der von einer magt geporn ist,
Und habent cristenlichen gelauben.
Des schült ir nit verlaugen,
Wann ich oft gehört han,
Das es nit wol ist getan,
Wer glaubet an den Entkrist,
Wann er ein falscher man ist.

Der kaiser:

Dem merern tail ich volgen schol,
Wann es zimpt dem weisen wol.
Herr Entkrist, nu laßt zaichen geschechen,
Das ich meinen vater müg gesehen,
Was er denn rett mir,
Das thu ich denn pald und schir.

Der Entkrist:

Nu wolauf, künig von Pehaim,
Und weis deinn sun das pest an
Und sag im di ganzen warhait,
Das du an im icht sehest lait.

Der Tot des kaisers vater:

Sun, ich gib dir gesunten rat.
Was dir der Entkrist gesagt hat,
Das ist war und dennoch mer.

Groß gut und darzu wird und er
Mag er dir wol geben,
Wiltu dich kern in sein leben.
Dir mag auch geben der Entkrist
Ganze freud on argen list.
Davon rat ich auf di treue mein,
Das du an in scholt gelaubig sein.

Der kaiser:

Herr Entkrist, herre mein,
Wie gar gewaltig schult ir sein
Mein und meiner diener!
Wann ich nu die rechten mer
Hab vernumen also wol.
Ich tu allzeit willig, was ich schol.
An euch wil ich glauben han
Und von dem meinem ab lan.
Ich hab gesehen große zaichen,
Ich sih wol, das ir mich nit wolt laichen.
Nu gebt mir nu recht den solt!
Pfenning, silber und golt
Und bürg, stet und weite lant
Schült ir mir geben in mein hant.

Der Entkrist:

Das tu ich alles zu hant.
Bürg, stet und weite lant
Gib ich euch gar gern
Und di gute stet zu Pern
Und darzu golt und pfenning vil,
Wann die han ich one zil.

Der Entkrist:

Mit meinem zaichen zaich ich dich
Wenn du glaubest an mich
[...]

Der Entkrist zum abt:

Ker her, abt Gödlein Waltschlauch,
Ich will dir füllen deinen pauch
Von grund auf piß an den kragen.
Ich verscheub dir deinen magen
Mit guter köst und mit gutem wein.
Du scholt an mich glaubig sein.

Der apt:

Wie gern, herr der Entkrist,
Ich tu, was euch lieb ist.
Ich und all mein pruder
Müßen haben volles luder.
Ich und auch di münch mein
Müßen allweg vol sein.
Flaisch, visch und groß karpfent
Müß wir haben in unserm kofent,
Und scholten wir di klosterschuch
Darumb vertrinken und di pruch.
Darumb tund uns eur genoden schein
Und füllet uns mit gutem wein!
So woll wir uns verkern
Und eurn glauben mern.

Der Entkrist:

Das sei geschehen, abt Gödelein!
Du und di münch dein
Nemet hin! Abt Schludreich,
Mit pfenning mach ich dich reich
Und schüt sie dir in dein kappen
Und füll dir vol deinn geil rachen.

Der apt:

Herr, des habt imer dank!
Wir dienen euch on allen wank.

Der Entkrist:

Nu far ich hin mit reichem schall!
Also han ich die pfaffe und glerten all.
[...]

Der außschreier:

Herr wirt, habt unsern schimpf vergut!
Wir haben gehabt ainn guten mut.
Ob wir dem schimpf heten zu vil getan,
So schült irs uns nit verübel han,
Wann wir wollen in der vasnacht dienst besteen.
Es wirt uns schier allen vergeen
In der vasten, wenn wir die krapfen verdeuen,
So wirt es uns villeicht all gereuen.

Das Innsbrucker Osterspiel (Auszüge)

Das »Spiel von der Auferstehung des Herrn« ist zwischen 1323 und 1347 entstanden und in einer Handschrift von 1391 überliefert. Sicherlich geht auch dieses Spiel auf ältere Vorlagen im 13. Jahrhundert zurück; doch hier ist neu, daß die weltlichen Elemente nach Umfang und Inhalt gleichberechtigt neben den geistlichen stehen. Mehr noch als in anderen Spielen aus dieser Zeit stoßen hier aber auch die Szenen weltlicher Parodie und Derbheit mit den geistlichen Elementen aus der Liturgie zusammen und dokumentieren auf diese Weise die Welt der Gegensätze und Zerrissenheiten im späten Mittelalter.

Nicht weniger als 54 Darsteller waren erforderlich für die Aufführung der umfangreichen Szenenfolge: Pilatus und die Juden; vier Ritter werden zur Grabbewachung geschickt, doch sie schlafen ein; ein Engel erscheint, Christus erhebt sich aus dem Grab; Pilatus und die Ritter; Abstieg Christi in die Vorhölle; Teufelsszenen und Ständesatiren; die drei Marien, Krämerszenen; die Frauen am

Grabe; Christus erscheint ihnen als Gärtner; Bekehrung des ungläubigen Thomas; Maria Magdalenas Bericht vor den Aposteln; Wettlauf der Apostel zum Grab Christi; Johannes singt das Osterlied.

Viele der weltlichen Szenen waren auf derb-groteske Unterhaltung und Wirklichkeitssatire angelegt, auf bewußten Kontrast zu der liturgischen Grundhaltung des Spiels. So etwa, wenn das Spiel mit dem Tanz der singenden Juden einsetzt oder in der 60 Verse langen Aufzählung aller jener Stände und Berufe, mit denen Luzifer die Hölle wieder füllen will, nachdem sie durch Christus ausgeräumt worden ist; die Angst Luzifers vor dem Hurer, der selbst noch in der Hölle gefährlich werden könnte. Besonders aber in der breitausgeführten Mercator-Szene (Text 2) wird die Groteske zur realistischen Burleske nach Art der späteren Fastnachtspiele. Rubin, der Knecht des Krämers (Mercator), führt die klagenden Marien unter Parodierung eines liturgischen Gesangs und unflätigen Bemerkungen zum Kauf der Salben. Nachdem die drei Marien in einer Szene wahren Feilschens abgetreten sind, folgt eine Prügelszene zwischen dem Krämer und der Krämerin über den Preis, den die Marien für die Salben gezahlt haben; der Streit endet mit der ehebrecherischen Flucht Rubins und der Krämerin, der Krämer reibt sich die Augen und verfolgt die Fliehenden. Dann müssen die Engel unter dem wohl allzu erheiterten Publikum die Ruhe wiederherstellen, bevor eine ernste Marienszene einsetzt.

Deutlicher als in anderen Osterspielen wird hier sichtbar die Existenznot des spätmittelalterlichen Menschen zwischen Weltfreude und Jenseitsfurcht, zwischen Genußgier und Angst vor den Qualen der Hölle; Kirche und Staat waren als Ordnungsgefüge zu schwach geworden, auch in den aufbrechenden Gesellschaftsstrukturen waren Ausgleich und Versöhnung nicht mehr zu finden.

1

Prolog

Hic incipit ludus de resurrectione domini

Primo enim exiit Pylatus cum suis militibus.
Expositor ludi dicit:

Vornemet alle gliche,
beide arm vnd riche,
ir jungen mit den alden,
daz vwir got muͤße walde!
swigt vnd seczt uch neder czu der erden:
wir wullen uch laßen kunt werden,
wy vnser herre ist enstanden
von dez bittern todes banden
allem menschlichen geschlechte czu troste,
da mit er alle erloste,
vnd wy er fert vor der helle tor
vnd wil nemen ervor,
dy sinen willen haben gethan,
beide frawen vnd man,
wy er dy helle czustost,
vornichtet vnd enplost,
wan in funff tusent jaren
keyn mensche so wol mochte gebaren,
iz muͤste spate adir fru
iedoch der helle czu
vnd muͤste dy pin liden,
dez mochte ez nicht vormyden:
daz wil got hüte brengen wedir.
dar vm swiget vnd setzet uch neder
vnd seht diz spil czüchtiglichen
durch gotes willen des richen,
vnd merket abir vorbas,
daz ir moget vorsten deste baz,

waz ich uch wil bedůten,
ir seligen cristenlute:
ich wil uch kunt thon
(ir můget gerne hůren czu),
wy dy Juden dar varen
vnd daz grab wullen bewaren
mit rittern mechteg vnd gruz,
dy da sint der Juden gnoz:
sy schullen hute durch gut
Ihesum halden in irer hut.
dar vm siczt vnd swiget stille
dorch dez liben gotes willen!

2

Mercator-Szene

Mercator dicit:

Rubin, ich se dort vil lute!

Rubin dicit:

Herre, da ist iarmarkt hůte!

Mercator dicit:

Rubin, laz din klaffen sin
vnd stoz mir dy worcze myn!

Rubin dicit:

Daz thon ich, herre, alczuhant
mit myner rostigen hant.

Rubin terit in via.
Mercator dicit:

Rubin, stampes du dy worcze?

Rubin dicit:

Neyn, herre, ich stampphe eßels fůrcze!

Mercator dicit:

So nem abe dy hulßen
vnd wirff sy vnder dy aldin wib, daz sy laßen ir pulßen!

Rubin dicit:

Seht, ir alden czygen,
(da mit sy uch genegen),
set, ir alden hellekrucken
(der tufel huck uch vff den rucke!),
ya syt ir alle bose
ynd last nicht vwer gekose!

Mercator dicit:

Rubin, liber Rubin,
was stamphestu czu der salben myn?

Rubin dicit:

Herre, habet guten mut!
dy salbe wert in der maße gut:
da quam czu daz getummele von eyner brucken,
daz smalcz von eyner mucken,
vnd daz blut von eynem schlegele,
daz geherne von eynem flegele,
vnd der großen glocken klangk,
vnd waz der kucket hure gesanck,
vnd eynes alden monches fist.
hey, hey, wy gut der czu der salben ist!

Tertia persona cantat:

Heu nobis internas mentes
quanti pulsant gemitus
pro nostro consolatore,
quo privamur miseræ,

quem crudelis Iudæorum
morti dedit populus.

Et dicit:

Awe, an vns armen frawen
mag man nu wol schawen
gruz iammer vnd not:
min lyber herre ist nu tot,
den dy Juden haben ermort
an schulde, alz ir dicke habet gehort.
awe der yemerlichen stunt,
dy vns nuwelich ist worden kunt,
daz wir vnsern herren nicht schullen sehen,
wen vns groß leyt ist geschen!

Secunda persona cantat:

Iam percusso ceu pastore
oves errant miseræ,
sic magistro discedente
turbantur discipuli
atque nos absente eo
dolor tenet nimius.

Et dicit:

Awe, wy jemmerlich daz stet,
wo daz vy ane herten get!
daz mag man wol schauwen
an vns vil armen frawen,
sint wir Ihesum haben vorloren,
der vns czu troste waz geboren.

Tertia persona cantat:

Sed eamus et ad eius
properemus tumulum:
si diliximus viventem,
diligamus mortuum

et ungamus corpus eius
oleo sanctissimo.

Et dicit:

Ez czymt wol guten wiben,
wer en lib was an dem libe,
daz sy en noch dem tode clagen:
wir wullen gen czu dem grabe,
daz wir vnsern herren sehen,
wen vns groz leyt ist geschen.

Tunc Mercator vocat Rubinum ter:

Rubin! Rubin! Rubin!

Rubin non respondet nisi tertio et dicit:

Beyte, herre, beyte!
ich bin noch vmbereyte:
ich habe myn sack vorloren,
den haben mir dy alden wib gestolen!

Mercator convocat Rubinum (ut prius):

Rubin! Rubin! Rubin!

Rubin sileat et tacet.
Rubin dicit:

Mir ist komen vorhanden,
eyn werck han ich bestanden,
ich scholde eym alden wibe
den harmsteyn scnyde
mit eyner halben schussel.
der tufel var er in den droßel!

Mercator vocat Rubinum et dicit:

Rubin! Rubin! Rubin!

Rubin dicit:

Beite, mir ist vbel gelungen:
eyn alt wib hat mir myn sack abe gedrungen!

Item Mercator dicit:

Rubin! Rubin! Rubin!

Rubin dicit:

Waz wult ir, herre meister myn?

Mercator dicit:

Du machst wol eyn schalk syn!

Rubin dicit:

Waz dar vm, liber herre?
man vint er noch wol mere
in dorffern vnd in steten,
dy mir sin nymmer abe getreten.
scholde man alle schelke steyne,
da muͤste manick kint vm sin vater weyne:
scholde man alle schelke vz der stat jagen,
ir muͤst eyn myle vor hen drabe!
scholde man dy stat mit schelken vmmure,
man seczt uch czu eyner torsule:
ir syt eyn meister vbir alle schelke!
get hen, ir sult dy genſe melke!

Mercator dicit:

Rubin, lyber knecht myn,
nu laz von dem czorne din!
du hast mir vbel gesprochen,
dar an hast du dich wol gerochen.
ich sehe dort in eyner awen
dry schone Frawen:
sy weynen sere vnd clagen.
ich wene, ir herre hat sy geschlagen.

ge hen vnd heiz sy her komen:
da mit schicke wir vnsern framen.

Rubin dicit:

Daz thon ich, here, gerne,
vnd were ez noch drystunt so verne!

Et sic Rubin currit ad personas et dicit:

Got groz uch, ir dry frawen!
waz ist mir in den augen?
sint vwir nicht wen dry?
ich wente, vwir schelde funffe sy!

Item dicit:

Got gruß uch, ir dry frawen schir
baz wan ander vyr!

Tertia persona:

Got dancke dir, stolczer jungeling!
daz got gebeßer dine ding!

Rubin dicit:

Ir frawen, kunt yr mir gesagen,
wor vm ist vwir weyn vnd vwir clage?

Prima persona dicit:

Ja wir, stalczar jungeling,
daz got gebeßere dine ding!
daz ist vm den heiligen man
den dy Juden czu tode haben geschlan.
kanstu vns gewißen eynen man,
der czu arcztige icht gerate kan?

Rubin dicit:

Get mir noch, ich gen uch vor,
vnd tret mir noch vff myn spor:

ich wil uch wisen eynen man
der uch wol geraten kan.

Tunc prœcedit eis et cantat:

Ibant, ibant tres mulieres,
Ihesum, Ihesum, Ihesum quærentes:
Maria Magdalena,
Maria Jacobena
atque Salomena,
vociferasti tu tres mulieres,
date mihi denarium,
dabo vobis sal sal salbium.

Rubin dicit:

Herre, ich habez volant,
dar noch ir mich habit gesant:
sy kůn vns wol riche gemache,
nu můge wir wol gelache!

Mercator cantat:

Huc propius   flentes accedite,
hoc unguentum   si vultis emere,
cum quo bene   potestis ungere

Personæ cantant:

corpus domini sacratum.

Item cantant:

Dic tu nobis,   mercator iuvenis,
hoc unguentum   si tu vendideris,
dic pretium,   quod tibi dabimus!
heu quantus est noster dolor!

Mercator cantat:

Hoc unguentum   si multum cupitis,

unum auri talentum dabitis,
an aliter non deportabitis.

Personæ cantant:

Heu quantus est noster dolor!

Rubin dicit:

Waz heu, waz heu, waz heu?
waz sagit ir vns von häu?
saget vns von cygern vnd von keßen!
dez moge wir wol genesen!

Secunda persona dicit:

Got grůz dich, kremer, guter frunt!
ist dir vm arcztige icht kunt,
adir hastu icht salben gut?
dor noch stet vnser mut.

Mercator dicit:

Ja ich, frawe, selig wib,
ich han scleßen mynen lib
noch ercztige manig jar.
waz ich uch sage, daz ist war!
hy stet eyn macracy,
so stet da eyn laurina by,
so ist daz eyn nardipisti,
so stet eyn allabastrum hy,
dy ist beßer wen andir dry.

Tertia persona dicit:

Sage, meister (daz dich got laße lebe!),
wy wilt du vns dy salben gebe?

Mercator dicit:

Ich gebe eyne vm eyn phunt,

dy andirn vm eyn vyrdung,
dy dritte vm rotes goldes eyne marck.

Prima persona dicit:

Meister, dy rede were vns czu starck!

Mercator dicit:

Ir frawen, koufet schire!
ich were lyber czu dem wyne wen czu bere!

Rubin dicit:

Herre, du redest recht,
ich bin gar eyn czorniger knecht:
schal der marck icht lenger weren,
ich worde e dez phaffen geren!

Tertia persona dicit:

Meister, daz dir got holt sy!
hy sint guter bezanczen dry,
dar vm gib vns dy maße!
daz dich got lebe laße!

Mercator dicit:

Ir frawen, ir kouft ane schelden,
vwir besanczen wil ich uch abe gelden:
nemt dy worcze dar vmbe:
dy ist besser wen andere funffe!

Uxor mercatoris dicit:

We, daz iz uch wert czu onheile!
wy macht ir vns so wolveyle,
daz vns kost so manche marck?
wolt ir dar vm wesen karck?

Mercator percutit uxorem et dicit:

Facculdey! malaventure!
ach, du alde vngehure!

Uxor mercatoris dicit:

Ach! ist daz wol gethan,
daz eyn vnvorwißen man
sal schlan sine frawen!
diz dir keyn heil nummer můße geczawen!
iz ist dez tufels mynne,
daz dy alden man begynnen!

Mercator dicit:

Swiget vnd laßet vwir klaffen stan!
iz duncket mich nicht wol getan,
wen lůte her czu vns komen,
daz ir sy hindert an yrem fromen!

Uxor dicit:

Ja, ja, leider,
sin daz dy nuwen cleyder,
dy du mir czu desen ostern hast gegeben?
daz du daz jar nymmer must vbirleben!

Rubin dicit:

Eya, herre, daz ist mir leyt,
daz ir vorgeßet vwir hobescheyt!
ir habit vnhebeschlich getan,
daz ir habit myne frawen geschlan
vor aller werlde vffentlich:
so thot ir vnhebishlich!
lybe frawe, ich sage uch daz:
vortraget mynem hyrn vorbaz!

Ancilla dicit ad Rubinum:

Thu czu din flanz, du bůser wicht!
wy tarstu reden icht
mynem herren czu vnart?
du scholdes ez wol haben bewart!

erloz vns dyner teydinge,
adir du hast bose gedinge!

Rubin dicit:

Ach, du alde tempeltrete,
daz ist alles din gerete,
daz iz myner frawen mißget,
daz sy man herre czuschlet!
we, du alde tempelrynne,
daz dich der tufel fůre von hynnen!
ich sach daz dich der phaffe furte hynder den alter
vnd larte dich den salter.
er stiz dich mit dem arme:
ez mochte Schabedey den Juden erbarme!

Ancilla dicit:

Herre, ich wil uch sagen mere:
wult ir volgen myner lere,
ich wil ez wol erdencke,
daz wir ez em ingetrencken!

Rubin dicit:

Nu hort, lyben lůte:
dy da yczunt man nemen, daz sint brůte.
min herre hat sine frawen geschlagen
mit der fust an den kragen
dorch der dryer pulken willen.
daz sy der tufel fure von hynnen!

Mercator dicit ad personas:

Ir frawen, get mit helle,
vm daz gelt ist dy salbe wolveyle!

Mercator dicit:

Rubin, ez mag dem abend nehen,
ich wil mich schlafen legen:

ich laß dir den kram bevalen sin
vnd hůt mir der frawen myn!

Rubin dicit:

Lyber herre, daz schal syn,
daz sprech ich vff dy truwe myn.

Mercator ponit se dormitum.
Rubin dicit ad uxorem mercatoris:

Frawe, laz den alden man syn
vnd czuch mit mir an den Rin!

Uxor mercatoris dicit:

Rubin, lyber Rubin,
alz din wille ist, alz ist der můt myn!
Rubin, lyber bule,
fure mich nicht in dy schule:
kom ich in daz schulhus,
ich kome nymmer mait ervz!

Tunc Rubin et uxor mercatoris recedunt.
Post hæc Mercator surgit et dicit:

Awe, ich waz vbel gehut!
mir ist gestolen myn wib vnd myn gut!
dy fuße mich en nach tragen,
selde ich dar vm werden czuschlagen!

HANS ROSENPLÜT

Geb. um 1400 in Nürnberg, gest. um 1470 in München oder Nürnberg. Rosenplüt war Schmied und seit 1444 Büchsenmeister seiner Heimatstadt; er hat an der Fehde Nürnbergs gegen den Markgrafen Albrecht Achilles von Brandenburg teilgenommen und 1450 an der Schlacht bei Hambach. Rosenplüt, bürgerlich Hans Schnepperer, ist der älteste Meistersinger Nürnbergs und neben Hans Folz vor allem durch seine volkstümlichen Fastnachtspiele bedeutend. Daneben sind überliefert eine große Zahl von Sprüchen und Reimreden auf historische, zeitgeschichtlich-politische sowie moralisch-religiöse Themen, ferner geistliche Gedichte, politische Gedichte, derb-zotige Schwänke und die von ihm entwickelten Priameln, epigrammatische Stegreifsprüche zur Laute oder Orgel. In mehr als 60 Handschriften finden sich seine Arbeiten, doch ist für viele die Zuschreibung auf Rosenplüt nicht gesichert. Von den nahezu zwei Dutzend Fastnachtspielen nennt nur eines am Ende den Namen des Autors; es ist das *Spiel von der Hochzeit des Königs von England.*

Des Künig von Engellant Hochzeit

Entstanden ist dieses einzige mit Sicherheit Rosenplüt zuzuschreibende Fastnachtspiel 1441 in Nürnberg – also etwa um die Zeit der ersten deutschen Romanprosa in Übersetzungen französischer Vorlagen durch Elisabeth von Nassau-Saarbrücken.
Wie vieles in der Dichtung des Meistersingers Rosenplüt ist auch dieses Fastnachtspiel hinter aller Derbheit und Komik politische Satire. Durch acht Heroldsaufrufe werden die vier besten Turnierreiter und die höfischste Dame gesucht. Der trägste Turnierreiter erhält einen aufgezäumten Esel. Als Bürgen für die ausgesetzten Preise führt ein Brief schließlich auf: einen Scheinkönig, einen Pantoffelhelden, einen verjagten Fürsten – die Fürsten und Könige der Zeit.

Nu schweigt und hört fremde mer,
Die kumen auß ferren landen her.
Es hat der künig auß Engellant
Sein erwerge potschaft außgesant
Und leßet allermeniglich bedeuten
Burgern und purgerinn und edelleuten
Und fürsten und herrn und graven und freien

Und leßt ainn hof außrüfen[1] und schreien.
Wer frölich sein wöll, der soll kumen.
Der künig der hat im[2] für genumen,
Der wil ain große hochzait haben
Und wil all sein fremd gest begaben
Mit kosperr reicher reverenz.
Der jung herzog von Orlenz
Dem hat der künig sein tochter geben.
Wer frölich sein wöll und wöll wol leben,
Der sol dar kumen zu solcher frist.
Wenn der mei acht tag alt ist,
So wil man da die praut zu legen;
So sol sich denn iedermann da regen
Mit was er kan, mit all seinn sachen,
Da mit er schimpf und freud kan machen.

Der ander:

Nu hört, ir jungen und ir alten,
Meine wort di schült ir gar eben behalten,
Wann[3] sie sind war und nit gelogen.
Wer auf die hochzeit kümpt gezogen,
Geriten, gefaren oder gegangen,
Der wirt mit solcher schonhait[4] enpfangen,
Das er solch freud nie ein hat genumen.
Als manige meil[5] er denn ist her kumen,
Es sei frau, man, junk oder alt,
Als mancher güldein wirt da gezalt;
Die werden im von dem künig und von der künigin geschenkt
Und in eim seiden peutel an seinn hals gehenkt.

1. *ein Fest bei Hofe ausrufen.*
2. *sich.*
3. *denn.*
4. *Pracht.*
5. *wie weit auch immer.*

Der dritt:

Wer auf dem hof das pest thut mit stechen,
Mit turniern und mit sper zuprechen[6],
Dem wil der künig schenken ain pfert,
Das ist zwaiundfünfzig mark golds wert
Und mit eim roten purper verdeckt;
Darauf sein hundert mark perlein gestickt;
Die deck ist vorn gestept an der stirn
Mit hundert diamanten, mit hundert safürn[7]
Und ir iezlicher größer, denn ain pon.
Der künig wil under seiner küniklichen kron
Das clainet[8] verschenken auß sein selbs hant
Dem, der für den pesten stecher würd erkant.

Der vierd:

Wer nach dem ersten das pest thut
Mit stechen und mit menlichem mut,
So hat die künigin laßen machen
So gar mit künstenlichen sachen
Ain halspant von kriechischem golt,
Als es der künig im[9] haben wolt;
Darauf da steet in goldes zain
Vier der aller edelsten stain,
Zu der linken seiten ain weißer calcedonius,
Zu der rechten seiten ain gelber crisolidus[10]
Und hinten dran ain feurfarber jochant[11]
Und vorn dran ain schwarzer diamant,
Und iezlicher hundert karat an gewicht.
Wer nach dem nechsten am menlichsten sticht,

6. *(zer)brechen.*
7. *Saphiren.*
8. *Kleinod, Schmuckstück.*
9. *selbst.*
10. *Chrysolith.*
11. *Jochantstein (Hyazinth).*

Dem wil die künigin das halspant schenken
Und im das selber an seinn hals henken.

Der fünft:

Wer das pest thut nach den zwaien
Auf der hochzeit in dem maien,
Dem wil der preutigan schenken ain schwert.
Die schaid ist tausent nobel[12] wert.
Das schwert ist mit solcher kunst geschmitt,
Das sich ain man da mit befritt
Vor hundert mannen, wenn erß auß zeuht,
Das alle ir manhait[13] von in fleuht
Und all von ganzem herzen erschrecken,
Wenn sis in seiner hant sehen plecken.
Des schwertes knopf ist ain carfunkel;
Kain nacht ward nie so vinster und tunkel,
Der stain der hat ain solchs liecht,
Das man davon ain ganze meil gesicht.
Das wil der preutigam dem dritten vereern
Und mit seiner freuntschaft nimer mer von im kern.

Der sechst:

Wer nach den dreien thut das pest,
Dem wil die praut und all ir gest
So große eer und wird erzaigen,
Die praut die wil sich für in naigen
Und im an ieden finger stoßen ainn rink
Von gold, er sei alt oder ain jünglink.
Darnach sie im ain heftlein[14] an heft,
Darinn da steet ain stain, der hat solch kreft,
Wenn in ain man bei im hat,
Was frauen und junkfrauen für in gat,
Die müßen in von ganzem herzen lieb haben

12. engl., Goldmünze.
13. Mut, Tapferkeit.
14. Kleiderspange, Agraffe.

Und haben in für ainn stolzen freien knaben
Und bedünken sich all und künnen nit anders verstan
Denn er sei der schön Apsolon.
Das clainet[15] wil die praut dem vierden verern
Und wil mit freuntschaft nimer mer von im kern.

Der sibent:

Welche frau das pest thut mit tanzen,
Mit hübschen triten, mit ümbher schwanzen[16],
Mit züchtigem lachen, mit lieplichem schmutzen,
Mit guter geperd, mit freuntlichem angutzen,
Der wil man schenken ainn pernleinkranz,
Der leuchtet als der sunnen glanz
Von eiteln kosperm edeln stainn;
Und vorn dran so siht man ainn,
Der ist mit kunst darauf geheft;
Der stain der hat solch macht und kreft,
Welche frau in bei ir tregt,
Die wirt groß wird und eer an gelegt
Von künig und von künigein,
Wann sie dünkt di allerschönst sein,
So sie auf erden ie lebendig ward.
Die schon hat sie von des steines art.
Der kunig und die kunigin
Die wollen gein ir so demutig sein
Und werden ir paide auf setzen den kranz
Und der künig wirt mit ir vor tanzen ainn tanz.

Der acht:

Wer auf dem hof ist der legst,
Der aller feulst und der tregst
Mit stechen und mit andern sachen,
Da mit man schimpf und freud sol machen,

15. *Schmuckstück, Kleinod.*
16. *einherstolzieren.*

Dem wil man ainn jering[17] esel schenken
Und tausent silbrein schellen dran henken,
Do iezliche an der schwern hot
An lauterm silber zehen lot.
Der esel ist mit eim greten sammet verdeckt
Und darauf hundert straußfedern gesteckt
Und izliche in ainer silbrein rörn,
Als denn den straußfedern zu gehörn.
Der esel ist vorn und hinden beschlagen
Mit vier güldein hufeisen, die muß er tragen
Als lang, als der hof und di hochzeit wert.
Das hat der künig und die künigin begert.

Der prief:

Wer auf die hochzeit kumen wil
Und treffen kan das recht zil
Und hofft und maint die clainet erraichen,
Der hör hie, das man niemant wil laichen[18]
Mit disen gaben köstenleich.
Da für hat man zwelf pürgen reich,
Die haben all dar für gesprochen,
Das niemant sol werden ab geprochen,
Wer eerlich thut für ander leut
Da auf der hochzeit vor der preut.
Die pürgen schült ir all erkennen,
Wann ich iezlichen pei namen wil nennen.
Der erst pürg der künig von Bellmerinn,
Der ander von Frankreich der telfin[19],
Der dritt der künig von Granatten,
Der vierd der herzog von Schallatten,
Der fünft zu Allkeir der künig Soldan,
Der sechst der künig von Arrigan,
Der sibent der hochmaister zu Preußen,

17. alten.
18. betrügen.
19. Dauphin.

Der acht herzog Schwidrial in Reußen,
Der neunt pürg reich, mechtig und stark
Das ist der künig in Tennmark,
Der zehent der künig in Schottenlant,
Der ailft der herzog in Prafant[20],
Der zwelft der künig von Portigal;
Die wöllen, das man sie all bezal,
Wer da die clainet mit ern erlangt.
Ir aller sigel an disem prief hangt
Zu urkund, das sie all pürgen sein
Den, die die clainet schülln nemen ein[21].
Wer aber da hin nit kumen möcht
Und auf die hochzeit mit kunst nit töcht,
Der zu alt wer oder zu krank,
Der verdient da mit kainn undank,
Der pleib da heimen und schon seins leibs
Und hüt die selben weil seins weibs,
Das im kain ander sein waid ab fretz[22].
Die ler habt euch allen zu einer letz!

20. *Brabant.*
21. *bekommen sollen.*
22. *abweide.*

Weiterführende Leseliste

Die ausgewählten Textbeispiele sind zumeist zentralen Werken entnommen, deren vollständige Lektüre empfohlen wird. Sie werden deshalb in dieser Rubrik nicht mehr einzeln aufgeführt. Genaue bibliographische Angaben hierzu sind im Quellenverzeichnis zu finden. Besonders berücksichtigt werden hier die leicht zugänglichen Textausgaben in Reclams Universal-Bibliothek.

Kulturdokumente

Deutschenspiegel und Augsburger Sachsenspiegel. Hrsg. von K. A. Eckhart u. A. Hübner. Hannover ²1933.

Konrad von Ammenhausen: Das Schachzabelbuch des Kunrat von Ammenhausen. Hrsg. von F. Vetter. Frauenfeld 1892.

Livländische Reimchronik. Hrsg. von L. Meyer. Paderborn 1876.

Mainauer Naturlehre. Hrsg. von W. Wackernagel. Stuttgart 1851. (Bibliothek des Litterarischen Vereins in Stuttgart. Bd. XXII.)

Tileman Elhen von Wolfhagen: Die Limburger Chronik des Tileman Elhen von Wolfhagen. Hrsg. von A. Wyss. Hannover 1883. (Monumenta Germaniae Historica. Deutsche Chroniken IV, 1.)

Spruchdichtung, Lehrdichtung

Ulrich Boner: Der Edelstein. Hrsg. von F. Pfeiffer. Leipzig 1844. (Dichtungen des deutschen Mittelalters. Bd. 4.)

Meister Eckhart: Von dem edeln Menschen. In: Meister Eckharts Traktate. Hrsg. von J. Quint. Stuttgart 1963. (Die deutschen Werke. Bd. 5.)

Freidank: Fridankes Bescheidenheit. Hrsg. von H. E. Bezzenberger. Halle 1872.

Heinrich von Neustadt: Gottes Zukunft. In: H. v. N., Gesamtausgabe. Hrsg. von S. Singer. Berlin 1906. (Deutsche Texte des Mittelalters 7.)

Heinrich der Teichner: In: Lehrhafte Litteratur des 14. und 15. Jahrhunderts. Hrsg. von F. Vetter. Stuttgart 1889. (Deutsche National-Litteratur 12, 1.2.)

Hugo von Trimberg: Der Renner. Hrsg. von G. Ehrismann. Tübingen 1908/09. (Bibliothek des Litterarischen Vereins in Stuttgart. Bd. CCXLVII und CCXLVIII.)

Rulman Merswin: Der Gottesfreund vom Oberland. Hrsg. von K. Rieder. Innsbruck 1905.

Nicolaus von Cues: Gespräch über das Seinkönnen. Hrsg. von H. Rupprich. Stuttgart 1963. (Reclams UB Nr. 8855.)

Barthel Regenbogen: In: F. H. von der Hagen, Minnesinger. Leipzig 1838. Photom. Nachdruck Aalen 1962/63. Bd. 2, S. 309. Bd. 3, S. 344–354.

Rûmelant von Sachsen: In: Deutsche Liederdichter des zwölften bis vierzehnten Jahrhunderts. Eine Auswahl von K. Bartsch. 4. Aufl. besorgt von W. Golther. Berlin 1906. S. 278 f.

Der Stricker: Strickers Frauenehre. Hrsg. von F. Pfeiffer. In: Zeitschrift für deutsches Altertum und deutsche Literatur 7 (1849) S. 478–521.

Peter Suchenwirt: Peter Suchenwirts Werke aus dem 14. Jahrhundert. Hrsg. von A. Primisser. Wien 1827. Nachdruck Wien 1961.

Süsskint von Trimberg: In: Deutsche Liederdichter des 13. Jahrhunderts. Hrsg. von C. von Kraus. Bd. 1. Tübingen 1952. Nr. 56. S. 421.

Johannes Tauler: Die Predigten Taulers. Hrsg. von F. Vetter. Berlin 1910. (Deutsche Texte des Mittelalters 11.)

Thomas von Kempen: Das Buch von der Nachfolge Christi. Übers. von J. M. Sailer, bearbeitet von W. Kröber. Stuttgart o. J. (Reclams UB Nr. 7663 [3].)

Lyrik

Burkart von Hohenfels: Ich wil reigen; Dô der luft; Mich müet daz sô maniger sprichet. In: Deutscher Minnesang (1150 bis 1300). Stuttgart 1954 u. ö. (Reclams UB Nr. 7857 [2]; zitiert als: Deutscher Minnesang.)

Frauenlob: Ich lobe ein reinez wîp; O wîp trût vîolgarte; Owê herzelîcher leide. In: Deutsche Liederdichter des zwölften bis vierzehnten Jahrhunderts. Eine Auswahl von K. Bartsch. 4. Aufl. besorgt von W. Golther. Berlin 1906. S. 309 ff. (Zitiert als: Bartsch/Golther.)

Gottfried von Neifen: Ich hoer aber die vogel singen. In: Deutscher Minnesang.

Günter von dem Forste: Si liebe, si schoene (IV); Nu her, ob ieman (V). In: Deutsche Liederdichter des 13. Jahrhunderts. Hrsg. von C. von Kraus. Bd. 1. Tübingen 1952. (Zitiert als: KLD.)

Heinrich von Laufenberg: Es taget minnencliche. In: Ph. Wackernagel, Das deutsche Kirchenlied. Bd. 2. Leipzig 1867. Nr. 709. S. 535.

Hugo von Montfort: Ich fragt ein wachter. In: H. v. M., Hrsg. von K. Bartsch. Tübingen 1879. (Bibliothek des Litterarischen Vereins in Stuttgart. Bd. CXLIII.) S. 66 f.

Johannes Hadloub: Ach ich sach si; Swem ist mit edlem sange wol. In: Deutscher Minnesang.

Konrad von Würzburg: Jârlanc wil diu linde. In: Deutscher Minnesang. – Jârlanc vrîjet sich. In: Bartsch/Golther, S. 282.

Mönch von Salzburg: Das Taghorn; Das Kühhorn. In: F. A. Mayer u. H. Rietsch, Die Mondsee-Wiener Liederhandschrift und der Mönch von Salzburg. Berlin 1894/96. (Acta Germanica. Bd. III u. Bd. IV.) S. 228–234.

Oswald von Wolkenstein: »Nu huss!« sprach der Michel von Wolkenstein; Des himels trone; Los, frau, und hör des hornes schal; Der mai mit lieber zal; Wenn ich betracht; Zergangen ist meins herzens we; Mein sünd und schuld; Ain anefangk. In: O. v. W., Lieder. Hrsg. von B. Wachinger. Stuttgart o. J. (Reclams UB Nr. 2839 [2].)

Otto von Botenlouben: Waere Kristes lôn. In: Deutscher Minnesang. – Singet, vogel, singet (III); Ich hân erwelt mir (V); Wie sol ich den ritter (XIII). In: KLD, S. 307 ff.

Peter von Arberg: Wächterruf. In: Die deutsche Literatur. Texte und Zeugnisse. Hrsg. von W. Killy. Mittelalter. Hrsg. von H. de Boor. München 1965. Bd. 2. S. 1698.

Steinmar: Sumerzît, ich fröuwe mich dîn. In: Deutscher Minnesang.

Tannhäuser: Der winter ist zergangen. In: Deutscher Minnesang. – Min frouwe diu wil lonen mir; Der künec von Marroch. In: F. u. E. Wentzlaff-Eggebert, Deutsche Literatur im späten Mittelalter. Reinbek 1971. Bd. 1 u. Bd. 3. (rde 350 bis 352 und 356–358.)

Ulrich von Lichtenstein: In dem walde; Eren gernde ritter; Disiu liet diu heizent. In: Deutscher Minnesang. – Ein schœniu maget. In: KLD, S. 473 f.

Ulrich von Winterstetten: Ist iht mêre schoenes; Sumer wil uns aber bringen. In: Deutscher Minnesang.

Wenzel II. von Böhmen: Sît daz der winter; Ez taget unmâzen schône. In: KLD, S. 585–587.

Epik, Erzählung

Albrecht von Scharfenberg: Jüngerer Titurel. Hrsg. von W. Wolff. Berlin 1955. (Deutsche Texte des Mittelalters 45. Bd. 1.)

Hadamar von Laber: Die Jagd. Hrsg. von K. Stejskal. Berlin 1880.

Heinrich von Neustadt: Apollonius von Tyrland. Hrsg. von S. Singer. Berlin 1906. (Deutsche Texte des Mittelalters 7.)

Hermann von Sachsenheim: Die Mörin. Hrsg. von F. Martin. Stuttgart 1878. (Bibliothek des Litterarischen Vereins in Stuttgart. Bd. CXXXVII.)

Johann von Würzburg: Wilhelm von Österreich. Hrsg. von E. Regel. Berlin 1903. (Deutsche Texte des Mittelalters 3.)

Kudrun. Übers. von K. Simrock, eingel. u. überarbeitet von F. Neumann. Stuttgart 1958. (Reclams UB Nr. 465 [3].)

Mechthild von Magdeburg: Das fließende Licht der Gottheit. In: Deutsche Mystikertexte I. Hrsg. von J. Quint. Bonn 1929.

Die Minneburg. Hrsg. von H. Pyritz. Berlin 1950. (Deutsche Texte des Mittelalters 43.)

Der münch mit dem genßlein. 13 spätmittelalterliche Verserzählungen. Aus dem Codex Karlsruhe 408 hrsg. von R. M. Kully u. H. Rupp. Stuttgart 1972. (Reclams UB Nr. 9379 [3].)

Passional. In: Das alte Passional. Hrsg. von K. A. Hahn. Frankfurt a. M. 1845.

Rudolf von Ems: Der gute Gerhard. Hrsg. von M. Haupt. Leipzig 1840.

Schwankerzählungen des deutschen Mittelalters. Hrsg. von H. Fischer. München 1967.

Der Stricker: Verserzählungen. Hrsg. von H. Fischer. Tübingen 1960. (Altdeutsche Textbibliothek 53.)

Ulrich von Lichtenstein: Der vrouwen buoch. Hrsg. von K. Lachmann. Berlin 1841.

Ulrich von Türheim: Tristan und Isolt. Hrsg. von H. F. Mass-

mann. Leipzig 1843. (Dichtung des deutschen Mittelalters. Bd. 2.)
Wolfdietrich. Hrsg. von H. Schneider. Halle 1931. (Altdeutsche Textbibliothek 28.)

Drama

Sammlungen

Das Drama des Mittelalters. Hrsg. von R. Froning. 3 Bde. Berlin u. Stuttgart 1891. (Deutsche National-Litteratur 14, 1–3.)
Das Drama des Mittelalters. Hrsg. von E. Hartl. 3 Bde. Leipzig 1937–42. (Deutsche Literatur in Entwicklungsreihen. Reihe Drama des Mittelalters. 1.2.4.)
Fastnachtspiele des 15. und 16. Jahrhunderts. Hrsg. von D. Wuttke. Stuttgart 1973. (Reclams UB Nr. 9415 [6].)

Einzelwerke

Das Eisenacher Zehnjungfrauenspiel. Hrsg. von K. Schneider. Berlin, Bielefeld u. München 1964. (Texte des späten Mittelalters 17.)
Ludus de Antichristo. Das Spiel vom Antichrist. Hrsg. von R. Engelsing. Stuttgart 1968. (Reclams UB Nr. 8561.)
Neidhartspiele: A. Dörr: Sterzinger Neidhartspiel aus dem 15. Jahrhundert. In: Der Schlern 25 (1951) S. 103 ff. – H. Rupprich: Das Wiener Schrifttum des ausgehenden Mittelalters. Wien u. Leipzig 1954. (Wiener Sitzungsberichte, Phil.-hist. Kl. 228/5, S. 137 ff.: St. Pauler Neidhartspiel.)
Das Redentiner Osterspiel. Hrsg. von B. Schottmann. Stuttgart 1975. (Reclams UB Nr. 9744 [4].)

Ausgewählte Forschungsliteratur

Bibliographien, Handbücher, Lexika und Literaturgeschichten s. die Angaben im entsprechenden Abschnitt in Band 1 dieser Reihe. Zu den einzelnen Autoren s. besonders die entsprechenden Artikel in: Die deutsche Literatur des Mittelalters. Verfasserlexikon. Hrsg. von K. Langosch. Bd. 1–5. Berlin 1933–55.

Allgemeine Literatur

Bertau, K.: Deutsche Literatur im europäischen Mittelalter. Bd. II: 1195–1220. München 1973. S. 1139 ff.

Borst, A: Lebensformen im Mittelalter. Frankfurt a. M. u. Berlin 1973.

Brunner, O.: Kaiser und Reich im Zeitalter der Habsburger und Luxemburger. In: P. Rassow, Deutsche Geschichte. Stuttgart 1953. S. 210 ff.

Burger, H. O.: Annalen der deutschen Literatur. Geschichte der deutschen Literatur von den Anfängen bis zur Gegenwart. Stuttgart ²1971.

Fischer, H.: Neue Forschungen zur deutschen Dichtung des späten Mittelalters (1230–1500). In: Deutsche Vierteljahrsschrift für Literaturwissenschaft und Geistesgeschichte 31 (1957) S. 303 ff. Vgl. auch: Janota, J.

Hauser, A.: Sozialgeschichte der Kunst und Literatur. München 1969. S. 127–135 und S. 243–282.

Huizinga, J.: Herbst des Mittelalters. Stuttgart 1928. u. ö.

Janota, J.: Neue Forschungen zur deutschen Dichtung des Spätmittelalters (1230–1500). 1957–1968. In: Deutsche Vierteljahrsschrift für Literaturwissenschaft und Geistesgeschichte 45 (1971) Sonderheft Forschungsreferate, S. 2–242. Vgl. auch: Fischer, H.

Kuhn, H.: Minnesangs Wende. Tübingen 1952.

Kuhn, H.: Dichtung und Welt im Mittelalter. Stuttgart ²1969.

Kunisch, H.: Spätes Mittelalter. In: F. Maurer u. F. Stroh, Deutsche Wortgeschichte 1 (1943) S. 2111 ff.

LeGoff, J.: Das Hochmittelalter. Frankfurt a. M. 1965. (Fischer Weltgeschichte. Bd. 11.)

Neumann, C.: Ende des Mittelalters? Legende der Ablösung des Mittelalters durch die Renaissance. In: Deutsche Vierteljahrsschrift für Literaturwissenschaft und Geistesgeschichte 12 (1934) S. 134 ff.

Ranke, F.: Zum Formwillen und Lebensgefühl in der deutschen Dichtung des späten Mittelalters. In: Deutsche Vierteljahrsschrift für Literaturwissenschaft und Geistesgeschichte 18 (1940) S. 307 ff.

Ranke, F.: Vom Kulturverfall und Wiederaufbau in der deutschen Dichtung des Mittelalters. In: F. Ranke, Gott, Welt und Humanität in der deutschen Dichtung des Mittelalters. Tübingen 1952. S. 77 ff.

Rosenfeld, H.: Die Literatur des ausgehenden Mittelalters in soziologischer Sicht. In: Wirkendes Wort 5 (1954/55) S. 330 ff.

Rupprich, H.: Die deutsche Literatur vom späten Mittelalter bis zum Barock. Erster Teil: Das ausgehende Mittelalter, Humanismus, Renaissance. 1370–1520. München 1970. (H. de Boor u. R. Newald: Geschichte der deutschen Literatur. Bd. 4, 1. Zitiert als: Rupprich.)

Stammler, W.: Schrifttum und Bildkunst im deutschen Mittelalter. In: Deutsche Philologie im Aufriß. Berlin ²1962. Bd. 3. S. 613 ff.

Für Literaturangaben über Epik, Lyrik, Drama und Lehrdichtung als Gattungen vgl. die Bibliographie Rupprich, S. 734 ff.

Zu einzelnen Autoren

Verweise auf Stellen in den Literaturgeschichten von de Boor und Ehrismann, wo die entsprechenden Autoren oder Texte ausführlich behandelt werden, sind jeweils – wie im Band »Mittelalter I« – in dem Quellenverzeichnis mit aufgeführt. (de Boor I = Helmut de Boor: Die höfische Literatur. Vorbereitung, Blüte, Ausklang. 1170 bis 1250. München. ⁸1969. [Helmut de Boor u. Richard Newald: Geschichte der deutschen Literatur von den Anfängen bis zur Gegenwart. Zweiter Band.] – de Boor II = Helmut de Boor: Die deutsche Literatur im späten Mittelalter. Zerfall und Neubeginn. Erster Teil: 1250–1350. München 1962. [Helmut de Boor u. Richard Newald: Geschichte der deutschen Literatur von den Anfängen bis zur Gegenwart. Dritter Band, Erster Teil.] – Ehr. II 2,2 = Gustav Ehrismann: Geschichte der deutschen Literatur bis zum Ausgang des Mittelalters. Zweiter Teil: Die mittelhochdeutsche Literatur. Schlußband. München 1935. Unveränd. Nachdruck 1966.)

Burkart von Hohenfels

Kuhn, H.: Minnesangs Wende. Tübingen 1952. S. 7–43.
Sydow, M.: Burkhard von Hohenfels und seine Lieder. Berlin 1901.

Eike von Repgow

Eckhardt, K. A.: Die Entstehungszeit des Sachsenspiegels und der Sächsischen Weltchronik. Berlin 1931. (Abhandlungen der Gesellschaft der Wissenschaften zu Göttingen, Phil.-hist. Kl. NF. Bd. 23. Nr. 2.)
Eckhardt, K. A.: Sachsenspiegel. Landrecht. Göttingen 1955.
Möllenberg, W.: Eike von Repgow und seine Zeit. Burg b. Magdeburg 1934.

Frauenlob

Bertau, K. H.: Untersuchungen zur geistlichen Dichtung Frauenlobs. Diss. Göttingen 1954 (masch.).
Bertau, K. H.: Genialität und Resignation im Werk Heinrich Frauenlobs. In: Deutsche Vierteljahrsschrift für Literaturwissenschaft und Geistesgeschichte 40 (1966) S. 215–226.
Kern, J.: Das höfische Gut in den Dichtungen Heinrich Frauenlobs. Berlin 1934.
Kron, J.: Frauenlobs Gelehrsamkeit. Beiträge zu seinem Verständnis. Diss. Straßburg 1906.
Saechtig, O.: Über die Bilder und Vergleiche in den Sprüchen und Liedern Heinrichs von Meißen genannt Frauenlob. Diss. Marburg 1930.

Gebrauchsliteratur, Fachliteratur

Eis, G.: Mittelalterliche Fachliteratur. Stuttgart ²1967. (Sammlung Metzler M 14.)
Keil, G. u. a. (Hrsg): Fachliteratur des Mittelalters. Festschrift für G. Eis. Stuttgart 1968.

Gottfried von Neifen

De Yong, C. M.: Gottfried von Neifen. Paris 1935.
Kuhn, H.: Minnesangs Wende. Tübingen 1952. S. 44–77.

Johannes Hadloub

Kuhn, H.: Minnesangs Wende. Tübingen 1952. S. 125 f.

Lang, H.: Johannes Hadlaub. Berlin 1959.

Leppin, R.: Der Minnesänger Johannes Hadlaub. Monographie und Textkritik. Diss. Hamburg 1961.

Schröder, E.: Hadlaub und Manesse. In: Zeitschrift für deutsches Altertum und deutsche Literatur 70 (1933) S. 136–142.

Heinrich von Mügeln

Kibelka, J.: Der ware meister. Denkstile und Bauformen in der Dichtung Heinrichs von Mügeln. Berlin 1963.

Stackmann, K.: Der Spruchdichter Heinrich v. Mügeln. Vorstudien zur Erkenntnis seiner Individualität. Heidelberg 1958.

Heinrich Wittenwîler

Boesch, B.: Phantasie und Wirklichkeitsfreude in Heinrich Wittenweilers »Ring«. In: Zeitschrift für deutsche Philologie 67 (1942) S. 139–161.

Boesch, B.: Heinrich Wittenwîlers »Ring«. Weltsicht und Denkform eines bürgerlichen Dichters um 1400. In: Bodenseebuch 40 (1965) S. 41–52.

Brinkmann, R.: Zur Deutung von Wittenwîlers Ring. In: Deutsche Vierteljahrsschrift für Literaturwissenschaft und Geistesgeschichte 30 (1956) S. 201–231.

Martini, F.: Heinrich Wittenwîlers »Ring«. In: Deutsche Vierteljahrsschrift für Literaturwissenschaft und Geistesgeschichte 20 (1942) S. 200–235.

Wiessner, E.: Ring-Studien. In: Zeitschrift für deutsches Altertum und deutsche Literatur 84 (1952/53) S. 159–171.

Johannes von Tepl

Blank, W.: Aspekte der »Ackermann«-Interpretation. In: Der Deutschunterricht 17 (1965) S. 63–79.

Buchtmann, E.: Die »Ackermann«-Dichtung. Ein Beitrag zu ihrer Interpretation. Diss. Marburg 1960 (masch.).

Jaatinen, M.: Der Dichter des »Ackermann aus Böhmen«. In: Neuphilologische Mitteilungen 65 (1964) S. 268–278.

Kroogmann, W.: Untersuchungen zum »Ackermann«. In: Zeitschrift für deutsche Philologie 76 (1957) S. 95–106.

Wolff, L.: Der »Ackermann aus Böhmen«. In: Wirkendes Wort 1 (1950/51) S. 23–31.

Konrad von Würzburg

Brauneck, M.: Die Lieder Konrads von Würzburg. Diss. München 1965.

Gernentz, H. J.: Konrad von Würzburg. Charakter und Bedeutung seiner Dichtung. – In: Weimarer Beiträge. Zeitschrift für deutsche Literaturgeschichte 7 (1961) S. 27–45.

Halbach, K. H.: Gottfried von Straßburg und Konrad von Würzburg. Klassik und Romantik im 13. Jahrhundert. Stuttgart 1930.

Kluxen, W.: Studien über die Nachwirkung Konrads von Würzburg. Diss. Köln 1948 (masch.).

Leitzmann, A.: Zu den kleinen Dichtungen Konrads von Würzburg. In: Beiträge zur Geschichte der deutschen Sprache und Literatur 62 (1938) S. 361–383.

Rupp, H.: Rudolf von Ems und Konrad von Würzburg. Das Problem des Epigonentums. In: Der Deutschunterricht 17 (1965) H. 2, S. 5–17.

Der Marner

Götze, A.: Der Name Marner. In: Zeitschrift für deutsche Philologie 53 (1928) S. 184–186.

Karg-Gasterstädt, E.: Der Marner. In: Verfasserlexikon. Hrsg. von K. Langosch. Bd. 3. Berlin 1953. Sp. 265–268.

Oswald von Wolkenstein

Altpeter, A.: Die Stilisierung des Autobiographischen bei Oswald von Wolkenstein und seinen Zeitgenossen Hugo von Montfort, Muskatplüt und Michel Beheim. Diss. Tübingen 1950 (masch.).

Klein, K. K.: Oswald von Wolkenstein, ein Dichter, Komponist und Sänger des Spätmittelalters. In: Wirkendes Wort 13 (1963) S. 1–12.

Mayr, N.: Die Reiselieder und Reisen Oswalds von Wolkenstein. Innsbruck 1961. (Schlern-Schriften 215.)

Neumann, F.: Oswald von Wolkenstein. In: Verfasserlexikon. Hrsg. von K. Langosch. Bd. 5. Berlin 1955. Sp. 817–830.
Wolkenstein-Rodenegg, Graf A. von: Oswald von Wolkenstein. Innsbruck 1930.

Reinmar von Zweter

Bonjour, E.: Reinmar von Zweter als politischer Dichter. Ein Beitrag zur Chronologie seiner politischen Sprüche. Bern 1922.
Gierach, E.: Reinmar von Zweter. In: Verfasserlexikon. Hrsg. von K. Langosch. Bd. 3. Berlin 1953. Sp. 1068–71.

Rudolf von Ems

Ehrismann, G.: Studien über Rudolf von Ems. Beiträge zur Geschichte der Rhetorik und Ethik im Mittelalter. Sitzungsberichte der Heidelberger Akademie der Wissenschaften, Phil.-hist. Kl. 1919, 8. Abh.
Etzdorff, X.: Rudolf von Ems. Untersuchungen zum höfischen Roman im 13. Jahrhundert. München 1967.
Rupp, H.: Rudolf von Ems und Konrad von Würzburg. Das Problem des Epigonentums. In: Der Deutschunterricht 17 (1965) H. 2, S. 5–17.
Sengle, F.: Die Patrizierdichtung »Der gute Gerhard«. Soziologische und dichtungsgeschichtliche Studien zur Frühzeit Rudolfs von Ems. In: Deutsche Vierteljahrsschrift für Literaturwissenschaft und Geistesgeschichte 24 (1950) S. 52–82.

Steinmar

Auty, R.: Studien zum späten Minnesang mit besonderer Berücksichtigung Steinmars und Hadlaubs. Diss. Münster 1937 (masch.).

Der Stricker

Agricola, E.: Die Komik der Strickerschen Schwänke, ihr Anlaß, ihre Form, ihre Aufgabe. Diss. Leipzig 1954 (masch.).
Fischer, H.: Strickerstudien. Ein Beitrag zur Literaturgeschichte des 13. Jahrhunderts. Diss. München 1953 (masch.).
Menhardt, H.: Der Stricker und der Teichner. In: Beiträge zur Geschichte der deutschen Sprache und Literatur 84 (1962) S. 266–295.

Tannhäuser

Kuhn, H.: Minnesangs Wende. Tübingen 1952. S. 110–119.
Mohr, W.: Tannhäusers Kreuzlied. In: Deutsche Vierteljahrsschrift für Literaturwissenschaft und Geistesgeschichte 34 (1960) S. 338–355.
Weller, K.: Zur Lebensgeschichte des Tannhäuser. In: Festgabe für Karl Bohnenberger. Tübingen 1938. S. 155–163.

Ulrich von Lichtenstein

Brecht, W.: Ulrich von Lichtenstein als Lyriker. In: Zeitschrift für deutsches Altertum und deutsche Literatur 49 (1908) S. 1–122.
Höfler, O.: Ulrichs von Lichtenstein Venusfahrt und Artusfahrt. In: Festschrift Fr. Panzer. Heidelberg 1950. S. 131–152.
Neumann, F.: Ulrichs von Lichtenstein Frauendienst. Eine Untersuchung über das Verhältnis von Dichtung und Leben. In: Zeitschrift für Deutschkunde 7 (1926) S. 373–386.
Schneider, K. L.: Die Selbstdarstellung des Dichters im Frauendienst Ulrichs von Lichtenstein. Bedeutung und Grenzen des Autobiographischen in der älteren deutschen Dichtung. In: Festgabe für Ulrich Pretzel. Berlin 1963. S. 216–222.

Ulrich von Winterstetten

Kuhn, H.: Minnesangs Wende. Tübingen 1952. S. 91–110.
Selge, A.: Studien über Ulrich von Winterstetten. Germanistische Studien 71. Berlin 1929.

Wernher der Gartenære

Ittenbach, M.: Höfische Symbolik II. Helmbrechts Haube. In: Deutsche Vierteljahrsschrift für Literaturwissenschaft und Geistesgeschichte 10 (1932) S. 404–411.
Lange, G.: Das Gerichtsverfahren gegen den jungen Helmbrecht. Versuch einer Deutung nach dem kodifizierten Recht und den Landfriedensordnungen des 13. Jahrhunderts. In: Zeitschrift für deutsches Altertum 99 (1970) S. 222–234.
Neumann, F.: Meier Helmbrecht. In: Wirkendes Wort 2 (1951/52) S. 196–206.
Reusner, E. von: Helmbrecht. In: Wirkendes Wort 22 (1972) S. 108–122.

Synoptische Tabelle

	Literatur	*Geschichte*	*Künste, Wissenschaft und Technik*
um 1230	Walther von der Vogelweide gest. Eike von Repgow: Sächsische Weltchronik Heinrich von dem Türlîn: Der Aventiure Crône Freidank: Bescheidenheit		
ab 1230	Gottfried von Neifen		
1230/35	Ulrich von Türheim: Tristan		
1233	Freidank gest.		Chinesen verwenden Schießpulver gegen Mongolen
1234			Dom von Worms vollendet
1235/37	Rudolf von Ems: Wilhelm von Orlens (nach 1235)	Mainzer Landfrieden. Aufruhr Heinrichs VII. niedergeschlagen	Dom von Limburg (Lahn) vollendet

1237		Friedrich II. besiegt die nord-ital. Städte Berlin wird Stadt	Die gotische Elisabeth-Kirche in Marburg a. d. Lahn begonnen Plastiken in Naumburg und Bamberg
1239	Sammlung der Edda auf Island		Friedrich II.: Praktikum und Anatomie für Ärzte
1240	Ulrich von Winterstetten Kudrun Der Stricker: Pfaffe Âmîs Ulrich von Türheim: Rennewart	Internationale Messe in Frankfurt a. M.	Zweite Welle der Mystik Reiterstandbild im Bamberger Dom (1230–40)
1241/43		Mongoleneinfall in Ungarn und Polen	
1243	Ulrich von Singenberg gest.		
1244		Endgültiger Verlust Jerusalems	
1245	Neidhart gest. Rudolf von Ems: Alexander	Konzil von Lyon: Innozenz IV. läßt Friedrich II. absetzen	Schießpulver bei den Arabern entdeckt Roger Bacon lehrt in Paris Naturwissenschaften
1247	Der Marner: Sprüche und Lieder (bis 1267)	Wendenkreuzzug	

1248	Ortnit- und Wolfdietrich-Epen	Ludwig IX. von Frankreich Zunftbuch der Bologneser Tischler 7. Kreuzzug (bis 1254) Weimar wird Stadt	Baubeginn des Kölner Doms
1250	Reinmar von Zweter: Letzte Sprüche Osterspiel von Muri Mechthild von Magdeburg (bis 1265): Das fließende Licht der Gottheit Reinmar von Zweter gest. Rudolf von Ems: Weltchronik Wartburgkrieg (bis 1260)	Friedrich II. gest. Konrad IV. (bis 1254) Vernichtende Niederlage der Kreuzfahrer	Straßburger Münster (bis 1325) Dom von Siena Domkirche von Uppsala Albertus Magnus: Aristoteles-Kommentare (bis nach 1270)
1251	Rudolf von Ems gest.	Die »Paradisus Magnus« transportiert 200 Menschen und 240 Tonnen Waren von Genua nach Tunis Italienzug Konrads Revolte französischer Bauern	
1252		Goldmünzen in Genua und Florenz	
1253		Ältestes Beispiel einer Diskontverrechnung	

1254		Rheinischer Städtebund Tod Konrads IV. Interregnum (bis 1273)	Italien: Einführung der arabischen Zahlen und der Null
1255	Ulrich von Lichtenstein: Frauendienst Gottfried von Neifen zuletzt bezeugt	Gründung von Königsberg	
1256			Stifterfiguren (Uta) im Naumburger Dom
1258		Manfred, König von Sizilien	
1260	Konrad von Würzburg: Herzmære; Der Welt Lohn (1255/1260)		N. Pisano: Kanzel und Baptisterium in Pisa – Erneuerung der antiken Reliefkunst Bologna: Zentrum der weltlichen Buchproduktion Windmühle im Abendland allgemein üblich
1261		Aufstand der Preußen gegen die Kreuzritter	Chirurgenschule in Paris gegründet
1265			Dom von Münster vollendet
1266	Thomas von Aquin: Summa theologica Tannhäuser gest. (nach 1266)	Manfred fällt in der Schlacht bei Benevent	

1268		Tod Konradins	Papiermühlen in Italien
1269	Konrad von Würzburg: Engelhard (vor 1270)		Pierre de Maricourt: Traktat über den Magnetismus
1270	Der Schwabenspiegel Albrecht von Scharfenberg: Jüngerer Titurel	8. (letzter) Kreuzzug	
1271		Hungersnot in Deutschland (bis 1273) Reise Marco Polos nach China und Südostasien (bis 1295)	
nach 1272			Cimabue: Porträt des hl. Franziskus von Assisi Erste Spinnmaschine mit Wasserantrieb
1273		Rudolf von Habsburg, Kaiser (bis 1291)	
1274			Thomas von Aquin gest. (geb. 1224)
1275	Deutschenspiegel (um 1275) Ulrich von Lichtenstein gest. Steinmar	Durchschnittl. Lebenserwartung in England: 35 Jahre	Wilhelm von Saliceto: Chirurgia. Erste Erwähnung von Leichenöffnung im Mittelalter

	Jean de Meung: Rosenroman, 2. Teil – antihöfische Scholastik Konrad von Würzburg: Die Goldene Schmiede.		
1278		Deutsche Handelsniederlassung in Bergen	
1280	Ulrich von Winterstetten zuletzt bezeugt Carmina Burana (nach 1230 bis um 1300) Jansen Enikels Weltchronik	Streik und Aufstand der Textilarbeiter, u. a. in Brügge, Rouen, Orléans Große Hungersnot in Osteuropa (bis 1282)	Albertus Magnus gest.
1282	Wernher der Gartenære: Helmbrecht (vor 1282)	Sizilianische Vesper: Vertreibung der Franzosen aus Sizilien	Brillen (geschliffene Augengläser) in Italien erfunden
1283		Preußen vom Deutschen Orden erobert	
1284			Erwin von Steinbach, Werkmeister im Straßburger Münster
1286			Erste medizinische Sektion in Cremona (Italien)
1288		Aufstand der Handwerker in Toulouse	

1291		Fall von Akkon: Verlust der letzten Fränkischen Besitzungen im Vorderen Orient (Syrien). Ende christl. Herrschaft in Palästina Gründung der Schweizer Eidgenossenschaft	
1293		Florenz: 73 Adelsfamilien werden auf Anordnung der Justiz enteignet und verbannt	
1294/95		Erste Geldentwertung (in Frankreich)	
1295	Dante: Vita nuova Meister Eckhart (bis 1327): Mystische Schriften		
1296			Giotto malt »Leben des Heiligen Franziskus« (bis 1304)
1298	Marco Polo: Das Buch der Wunder (Reise nach China, bis 1301)	Regelmäßiger Seeverkehr Genua–England–Flandern	
1300	Kleine Heidelberger Liederhandschrift (Ende 13. Jh.)	Italien: der Wechsel bürgert sich ein	Erste Erwähnung der Brille

	Hugo von Trimberg: Renner Passional (um 1300) Mainauer Naturlehre		
1301	Hadloub: Minnelieder	Salzkartell zwischen Neapel u. Frankreich	Gebrauch von Glaslinsen
1302		Flämische Bürger schlagen ein frz. Ritterheer bei Kortrijk Päpstliche Bulle »Unam Sanctam«	
1304			Giotto: Fresken in Padua (bis 1306)
um 1306	1305 Wenzel II. von Böhmen gest.		Piero de Crescenzi: Ruralia commoda. Summe des landwirtschaftlichen Wissens im Mittelalter
1306		Paris: Geldentwertung; Meuterei der Handwerker	
1308		Prozeß gegen die Templer (bis 1314), Aufhebung des Ordens	
1309		Papstsitz nach Avignon verlegt	Bau der Marienburg (Ostpreußen)

			Grundsteinlegung zum Dogenpalast in Venedig
1310	Meister Eckhart: Von dem edeln Menschen (zwischen 1308 u. 1311)	Italienzug Heinrichs VII.	Erste Aufführung einer Passion (Rouen)
1311		Konzil von Vienne: Forderung nach Kirchenreform	
1313	Dante: Göttliche Komödie (um 1313)	Heinrich VII. stirbt in Pisa	
1315		Schlacht am Morgarten: Schweizer Fußsoldaten besiegen die Habsburger Große Hungersnot im Abendland (bis 1317)	Meister Eckhart lehrt in Köln Sektion weiblicher Leichen in Bologna
1316		Papst Johannes XXII. (bis 1334)	
1318	Frauenlob gest. (geb. um 1250) Dante gest. Österreichische Reimchronik		Dritte Welle der Mystik (um 1320) Abul Feda berechnet Oberfläche der Erde
1324	Große Heidelberger Liederhand-	Marsilius fordert oberste Gewalt	

	schrift (Manesse-Handschrift; 1. Hälfte 14. Jh.)	in Staat und Kirche für das Volk	
1327	Heinrich Seuse: Büchlein der Ewigen Weisheit Meister Eckhart gest.	Italienzug Ludwigs des Bayern (bis 1330)	
1331			Pulvergeschütze in Friaul verwendet
1335	Hadamar von Laber: Die Jagd		
1336		Beginn des Hundertjährigen Krieges zwischen Frankreich und England	Herstellung von Metallkanonen in Europa
1337	K. v. Ammenhausen: Schachzabelbuch		Giotto gest.
1338		Kurverein von Rense: Der von den Kurfürsten gewählte Kaiser bedarf keiner päpstlichen Bestätigung	Handfeuerwaffen
1339	Tauler (bis 1371): Predigten		
1340	Nicolaus von Jeroschin: Krônike von Prûzinlant		Buridan entdeckt das Trägheitsgesetz

1343			Gründung der Universität Pisa
1345		Zusammenbruch der Banken in Florenz Wirtschaftskrise in Europa	
1346		Deutschritter kaufen Estland von Dänemark Karl IV. (bis 1378)	
1348		Große Pestepidemie in Europa, der »Schwarze Tod«. Geißlerzüge	Erste deutsche Universität in Prag
1349	Konrad von Megenberg: Buch von der Natur Boner: Der Edelstein		
1350	St. Pauler Neidhartspiel Frankfurter Dirigierrolle (Passionsspiel 1350/60) Heinrich von Mügeln: Der Meide Kranz (1350/60) Minneburg	Tuchmanufakturen in England	Turm von Pisa
1351	Jenaer Liederhandschrift	Pestepidemie in Europa	
1353	Boccaccio: Decamerone Des Antichrist Fastnacht Innsbrucker Osterspiel (um 1354)	Osmanische Türken nehmen ersten Stützpunkt in Europa	Peter Parler in Prag

1355	Heinrich der Teichner: Reimreden (1350/77)		Drahtziehmaschine in Frankfurt a. M. gebaut
1356		Die Goldene Bulle	
1361	Johannes Tauler gest. (geb. um 1300)		
1362	Heinrich Seuse: Der Seuse		
1366	Heinrich Seuse gest. (geb. um 1300)		
1367	Rulman Merswin: Mystische Schriften (1367/82)		
1372	Gawain and the Green Knight (um 1370)	John Ball fordert kommunistische Gütergemeinschaft	
1374	Petrarca gest. (geb. 1304)		
1375	Boccaccio gest. (geb. 1313)		
1378		Das große Schisma der Kirche	
1379		Einführung einer Kopfsteuer in England	

1380	Hugo von Montfort: Gedichte (1380/1423)		
1386			Universität Heidelberg
1388			Universität Köln: Gründung durch Rat und Bürgerschaft
1389	Wenzelbibel	Schlacht auf dem Amselfeld: die Türken vernichten Serbien	Gründung der Universität Erfurt
1390	Chaucer: Canterbury Tales Suchenwirt: Reimreden		Nürnberg: erste deutsche Papiermühle
1397	Der Große Alexander		
1400	Johannes von Tepl: Der Ackermann aus Böhmen Oswald von Wolkenstein (1400 bis 1445) Chaucer gest.		Erfindung des Eisengusses (um 1400) Holzschnitt als erste graphische Drucktechnik
1402		Erste deutsche Bank in Frankfurt a. M. als Stadtbank	
1403	»1001 Nacht« in Kairo als Sammlung bekannt		
1405			Rathaus in Frankfurt a. M.: Römer

1409			Universität Leipzig gegründet
1410	Heinrich Wittenwîler: Der Ring (nach 1410)		
1411		Deutschritter zahlen Tribute an Polen und Litauen	
1414		Konstanzer Konzil (bis 1418)	
1415	Johannes Rothe: Ritterspiegel (1415/16) Muskatblüt: Lieder, Sprüche (bis 1433)		Entdeckung der Grundgesetze der Perspektive durch Brunellesco
1417		Ende des großen Schismas	
1419		Hussitenkriege (bis 1436)	Gründung der Universität Rostock
1420	Thomas von Kempen: De Imitatione Christi (um 1420)		
1425			Instrumentalbegleitung zum Kirchengesang (Dunstable)
1426			Der Maler Hubert van Eyck gest. (geb. um 1370)

1429	Hans Schiltberger: Reisebuch Heinrich von Laufenberg: Regimen sanitatis	Jeanne d'Arc befreit Orléans	
1430	Elisabeth von Nassau-Saarbrücken: Prosa-Romane (1430/40)		Technik des Kupferstichs in Deutschland entwickelt
1441	Hans Rosenplüt: Des Künig von Engellant Hochzeit		Stephan Lochner: Dombild (Köln; um 1440)
1450			Erfindung des Buchdrucks durch Gutenberg (um 1450)

Quellenverzeichnis

Die Angaben in Klammern hinter der Fundstelle verweisen in Abkürzungen auf die ausführliche Behandlung und weitere Literaturangaben über den Autor oder Text in den Literaturgeschichten von de Boor und Ehrismann.
Überschriften, die mit einem Sternchen versehen sind, stammen vom Herausgeber, sind aber zumeist dem Text des Autors entnommen.

Des Antichrist Fastnacht

In: Fastnachtspiele aus dem fünfzehnten Jahrhundert. Hrsg. von Adelbert Keller. Stuttgart 1853–58. (Bibliothek des Litterarischen Vereins in Stuttgart. Bd. XXIX.) 2. Teil. Nr. 68. S. 598–603, 605 f., 608.
(Rupprich, S. 262. Ehr. II 2,2, S. 584.)

Burkart von Hohenfels

Nâch des aren site. In: Deutsche Liederdichter des 13. Jahrhunderts. Hrsg. von Carl von Kraus. Bd. 1. Tübingen: Niemeyer 1952. S. 33 f.
»Ich wil reigen«. Ebenda, S. 39 f.
(de Boor II, S. 347–350. Ehr. II 2,2, S. 273 f.)

Fritsche Closener

Straßburger Chronik. Stuttgart 1843. (Bibliothek des Litterarischen Vereins in Stuttgart. Bd. I.) S. 76, 82 f., 113 f.
(Rupprich, S. 144. Ehr. II 2,2, S. 533.)

Eike von Repgow

Sachsenspiegel (Landrecht). Hrsg. von Cl. Frhr. von Schwerin. Stuttgart: Reclam o. J. (Universal-Bibliothek Nr. 3355 [2].) S. 19, 26–28.
(Ehr. II 2,2, S. 439.)

Frauenlob (eig. Heinrich von Meißen)

Gevîolierte blüete kunst. In: Die deutsche Literatur. Texte und Zeugnisse. Hrsg. von Walther Killy. Mittelalter. Hrsg. von Helmut de Boor. 2 Bde. München: C. H. Beck 1965. S. 693 (mit Übersetzung).
Her künic, ir habt ze lanc gebeit. Ebenda, S. 1040 f.
Ein hane sol krên. In: Deutsche Liederdichter des zwölften bis vierzehnten Jahrhunderts. Eine Auswahl von Karl Bartsch. 4. Aufl. besorgt von Wolfgang Golther. Berlin: Behr 1906. S. 311 f.
Gesegen mich hiute ein wîbes güete. In: Die deutsche Literatur, S. 1799.
Ich saz ûf einer grûne. In: Bartsch/Golther, S. 316 f.
(de Boor III, S. 466–476. Ehr. II 2,1, S. 301–304.)

Gebrauchsliteratur

Krankheits- und Arzneikunde*. In: Lehrhafte Litteratur des 14. und 15. Jahrhunderts. Hrsg. von Friedrich Vetter. Berlin u. Stuttgart: Spemann o. J. [1889]. (Deutsche National-Litteratur. Bd. 12.) 1. Teil: Weltliches. S. 441 f.
Kochbuch*. Ebenda, S. 442 f.
Kleiderordnung*. In: Nürnberger Polizeiordnungen aus dem 13.–15. Jahrhundert. Hrsg. von Josef Baader. Stuttgart: Spemann 1861. S. 95.
(Rupprich, S. 348–372. Ehr. II 2,2, S. 645–654.)

Gottfried von Neifen

Sumer, dîner fröidebernden wunne. In: Deutsche Liederdichter des 13. Jahrhunderts. Hrsg. von Carl von Kraus. Bd. 1. Tübingen: Niemeyer 1952. S. 83 f.
Wê dir, winter. Ebenda, S. 100 f.
(de Boor II, S. 350–355. Ehr. II 2,2, S. 272.)

Johannes Hadloub

Er muoz sîn. In: Die Schweizer Minnesänger. Hrsg. von Karl Bartsch. Frauenfeld: Huber 1886. (Bibliothek älterer Schriftwerke der deutschen Schweiz. Bd. 6.) Nr. 7. S. 294 f.
Ich ergienc mich. Ebenda, Nr. 6, S. 293 f.
Wâ vund man. Ebenda, Nr. 8, S. 296 f.
(de Boor III, S. 341–344. Ehr. II 2,2, S. 281 f.)

Heinrich von Mügeln

Ein frouwe sprach. In: Deutsche Liederdichter des zwölften bis vierzehnten Jahrhunderts. Eine Auswahl von Karl Bartsch. 4. Aufl. besorgt von Wolfgang Golther. Berlin: Behr 1906. S. 358.
Der Meide Kranz. Hrsg. von Willy Jahr. Diss. Leipzig: Noske 1909. S. 112 f.
(Rupprich, S. 22. Ehr. II 2,2, S. 463–466.)

Heinrich Wittenwîler

Der Ring. In: Heinrich Wittenweilers Ring. Hrsg. von Edmund Wießner. Leipzig: Reclam 1931. (Deutsche Literatur in Entwicklungsreihen. Realismus des späten Mittelalters. Bd. 3.) S. 245–249 (V. 6979–7127), S. 328–330 (V. 9632–9700).
(Rupprich, S. 108–113. Ehr. II 2,2, S. 484–486.)

Das Innsbrucker Osterspiel

In: Das Innsbrucker Osterspiel. Das Osterspiel von Muri. Hrsg. von Rudolf Meier. Stuttgart: Reclam 1962 u. ö. (Universal-Bibliothek Nr. 8660 [2].) S. 4–7, 67–89.
(Rupprich, S. 245 f. Ehr. II 2,2, S. 567.)

Jans Enikel

Deutsche Stämme und Sitten*. Aus: Jansen Enikels Weltchronik. In: Jansen Enikels Werke. Hrsg. von Philipp Strauch. Hannover: Hahnsche Buchhandlung 1891. (Monumenta Germaniae Historica: Deutsche Chroniken. Bd. III, 1.) S. 534–536 (V. 27 419–522).
(de Boor II, S. 191–194. Ehr. II 2,2, S. 430–432.)

Johannes von Tepl

Der Ackermann aus Böhmen. Hrsg. von Felix Genzmer. Stuttgart: Reclam o. J. (Universal-Bibliothek Nr. 7666.) S. 32–38.
(Rupprich, S. 393–400. Ehr. II 2,2, S. 655–659.)

Konrad von Megenberg

Von dem Monen. Aus: Das Buch der Natur von Konrad von Megenberg. Die erste Naturgeschichte in deutscher Sprache. Hrsg. von Franz Pfeiffer. Stuttgart: Aue 1861. Nachdruck Hildesheim u. New York: Olms 1971. Nr. 7. S. 64–68.
(Rupprich, S. 349. Ehr. II 2,2, S. 645.)

Konrad von Würzburg

Über die Dichtkunst*. Aus: Der Trojanische Krieg. Hrsg. von Adelbert von Keller. Stuttgart 1858. (Bibliothek des Litterarischen Vereins in Stuttgart. Bd. XLIV.) S. 2 f. (V. 102–211).
Der Mîssenær hât sanges hort. In: Kleinere Dichtungen Konrads von Würzburg. Hrsg. von Edward Schröder. Berlin: Weidmann'sche Verlagsbuchhandlung 1959. Bd. 3. S. 65.
Got wil zejungest. Ebenda, S. 56.
Tou mit vollen aber triufet. In: Deutscher Minnesang (1150–1300). Hrsg. von Friedrich Neumann. Stuttgart: Reclam 1954 u. ö. (Universal-Bibliothek Nr. 7857 [2].) S. 144 f.
Swâ tac erschînen sol. In: Kleinere Dichtungen, Bd. 3, S. 50.
Die Goldene Schmiede. Hrsg. von Edward Schröder. Göttingen: Vandenhoeck & Ruprecht 1926. (V. 1–138).
Engelhard. Hrsg. von Moriz Haupt. 2. Aufl. besorgt von Eugen Joseph. Leipzig: Hirzel 1890. S. 163 f. (V. 5135–83), S. 198–201 (V. 6278–6389), S. 203–205 (V. 6440–6504).
Das Herzmære. In: K. v. W., Heinrich von Kempten. Der Welt Lohn. Das Herzmære. Hrsg. von Heinz Rölleke. Stuttgart: Reclam 1968. (Universal-Bibliothek Nr. 2855 [2].) S. 78–84 (V. 213–348).
(de Boor II, S. 27–52. Ehr. II 2,2, S. 35–54.)

Prosa-Lanzelot

In: Lanzelot. Hrsg. von Reinhold Kluge. Bd. 1. Berlin: Akademie-Verlag 1948. (Deutsche Texte des Mittelalters 42.) S. 34 f.
(de Boor II, S. 121–123. Ehr. II 2,2, S. 436.)

Der Marner

Sing ich den liuten. In: Deutsche Liederdichter des zwölften bis vierzehnten Jahrhunderts. Eine Auswahl von Karl Bartsch. 4. Aufl. besorgt von Wolfgang Golther. Berlin: Behr 1906. S. 231 f.
Wê dir, von Zweter Regimâr. Ebenda, S. 228 f.
(de Boor II, S. 324–326. Ehr. II 2,2, S. 299 f.)

Muskatblüt

Ir priester werde. In: Die Lieder Muskatplüts. Hrsg. von E. von Groote. Köln 1852. S. 192.
Furst erenrich. Ebenda, S. 189 ff.
Ir ritter knecht. Ebenda, S. 189 ff.
Richter amptlude. Ebenda, S. 192.
Schweigt vnde lost. Ebenda, S. 255.
(Rupprich, S. 223 f. Ehr. II 2,2, S. 546–548.)

Nicolaus von Jeroschin

Krônike von Prûzinlant. In: N. v. J., Die Deutschordenschronik. Hrsg. von Franz Pfeiffer. Stuttgart: Köhler 1854. (Beiträge zur Geschichte der mitteldeutschen Sprache und Litteratur.) Nachdruck Hildesheim: Olms 1966. Nr. 14. S. 15–23.
(de Boor II, S. 207–209. Ehr. II 2,2, S. 670 f.)

Das Osterspiel von Muri

In: Das Innsbrucker Osterspiel. Das Osterspiel von Muri. Hrsg. von Rudolf Meier. Stuttgart: Reclam 1962 u. ö. (Universal-Bibliothek Nr. 8660 [2].) S. 142–147.
(Rupprich, S. 244. Ehr. II 2,2, S. 561.)

Oswald von Wolkenstein

Es fuegt sich. In: O. v. W., Lieder. Hrsg. von Burghart Wachinger. Stuttgart: Reclam o. J. (Universal-Bibliothek Nr. 2839 [2].) S. 36–45.
Sag an, herzlieb. In: Die Lieder Oswalds von Wolkenstein. Hrsg. von Karl Kurt Klein. Tübingen: Niemeyer 1962. (Altdeutsche Textbibliothek 55.) S. 155 f.
Stand auff, Maredel. In: Lieder, UB, S. 16 f.
Durch Barbarei, Arabia. Ebenda, S. 68–73.
(Rupprich, S. 172–176. Ehr. II 2,2, S. 452–456.)

Reinmar von Zweter

Turnieren was ê ritterlich. In: Deutsche Liederdichter des zwölften bis vierzehnten Jahrhunderts. Eine Auswahl von Karl Bartsch. 4. Aufl. besorgt von Wolfgang Golther. Berlin: Behr 1906. S. 221 f.
Rôme zwô tohtern. In: Die Gedichte Reinmars von Zweter. Hrsg. von Gustav Roethe. Leipzig: Hirzel 1887. Nr. 224. S. 521.
(de Boor II, S. 418–424. Ehr. II 2,2, S. 292–294.)

Hans Rosenplüt

Des Künig von Engellant Hochzeit. In: Fastnachtspiele aus dem fünfzehnten Jahrhundert. Hrsg. von Adelbert Keller. Stuttgart 1853–58. (Bibliothek des Litterarischen Vereins in Stuttgart. Bd. XXIX.) 2. Teil. Nr. 100. S. 761–767.
(Rupprich, S. 214. Ehr. II 2,2, S. 491–494.)

Johannes Rothe

Der Ritterspiegel. Hrsg. von Hans Neumann. Halle: Niemeyer 1936. (Altdeutsche Textbibliothek 36.) S. 51–55.
(Rupprich, S. 298 f. Ehr. II 2,2, S. 461.)

Rudolf von Ems

Wilhelm von Orlens. Hrsg. von Victor Junk. Berlin: Weidmann'sche Buchhandlung 1905. (Deutsche Texte des Mittelalters 2.) S. 71–73 (V. 4456–4595).
Weltchronik. Hrsg. von Gustav Ehrismann. Berlin: Weidmann'sche Buchhandlung 1915. (Deutsche Texte des Mittelalters 20.) S. 31–34 (V. 2220–2394).
(de Boor II, S. 176–187. Ehr. II 2,2, S. 23–25.)

Hans Schiltberger

Reisebuch. Hrsg. von Valentin Langmantel. Tübingen 1885. (Bibliothek des Litterarischen Vereins in Stuttgart. Bd. CLXXII.) S. 93 f., 99, 111 f.
(Rupprich, S. 160. Ehr. II 2,2, S. 522.)

Heinrich Seuse

Der Seuse. In: H. S., Deutsche Schriften. Hrsg. von Karl Bihlmeyer. Stuttgart: Kohlhammer 1907. Unveränderter Nachdruck 1961. S. 7 f.
Büchlein der Ewigen Weisheit. Ebenda, S. 236 f.
(Rupprich, S. 158. Ehr. II 2,2, S. 619.)

Steinmar

Ich wil gruonen. In: Die Schweizer Minnesänger. Hrsg. von Karl Bartsch. Frauenfeld: Huber 1886. (Bibliothek älterer Schriftwerke der deutschen Schweiz. Bd. 6.) S. 186 f.
Swer tougenlîche. Ebenda, S. 176.
Ein kneht der lac verborgen. In: Deutsche Liederdichter des zwölften bis vierzehnten Jahrhunderts. Eine Auswahl von Karl Bartsch. 4. Aufl. besorgt von Wolfgang Golther. Berlin: Behr 1906. S. 303 f.
Sît si mir. Ebenda, S. 300–302.
(de Boor III, S. 338–341. Ehr. II 2,2, S. 280 f.)

Der Stricker

Âmîs und der Bischof*. Aus: Der Pfaffe Âmîs. In: Erzählungen und Schwänke. Hrsg. von Hans Lambel. Leipzig: Brockhaus 1872. (Deutsche Classiker des Mittelalters. Bd. 12.) S. 18–30.
(de Boor II, S. 231–247. Ehr. II 2,2, S. 106–109.)

Suchensinn

Ich clag die liechten sumertage. In: Suchensinn und seine Dichtungen. Hrsg. von Emil Pflug. Breslau: Marcus 1908. (Germanistische Abhandlungen. H. 32.) Nr. 5. S. 73 f.
(Rupprich, S. 179 f. Ehr. II 2,2, S. 548.)

Tannhäuser

Diu schœnen wîp. In: Die deutsche Literatur. Texte und Zeugnisse. Hrsg. von Walther Killy. Mittelalter. Hrsg. von Helmut de Boor. 2 Bde. München: C. H. Beck 1965. S. 707.
Daz ich ze herren. Ebenda, S. 1024.
Wol ime, der nu beizen sol. Ebenda, S. 652–654 (mit Anmerkungen).
Gên disen wîhennahten. Ebenda, S. 1721–23 (mit Anmerkungen).
(de Boor II, S. 370–375. Ehr. II 2,2, S. 265–267.)

Ulrich von Lichtenstein

Alle die in hôhem muote. In: Deutsche Liederdichter des 13. Jahrhunderts. Hrsg. von Carl von Kraus. Bd. 1. Tübingen: Niemeyer 1952. S. 457.
Nu fröit iuch. Ebenda, S. 457 f.
Frauendienst. Hrsg. von Reinhold Bechstein. 2 Bde. Leipzig: Brockhaus 1888. (Deutsche Dichtungen des Mittelalters. Bd. 6.) S. 183.
(de Boor II, S. 337–345. Ehr. II 2,2, S. 262–265.)

Ulrich von Winterstetten

Bî liebe lac ein ritter. In: Deutsche Liederdichter des 13. Jahrhunderts. Hrsg. von Carl von Kraus. Bd. 1. Tübingen: Niemeyer 1952. S. 542 f.
»Swie gerne ich wære . . .«. Ebenda, S. 551 f.
(de Boor II, S. 355–358. Ehr. II 2,2, S. 274.)

Wernher der Gartenære

Helmbrecht. Hrsg. von Fritz Tschirch. Stuttgart: Reclam 1974. (Universal-Bibliothek Nr. 9498 [3].) S. 70–82 (V. 224–433).
(de Boor II, S. 262–266. Ehr. II 2,2, S. 101–106.)